地方政府教育投入产出效率
实证研究
——以滨州市为例

李明月 宗永刚 王晨倩 著

图书在版编目(CIP)数据

地方政府教育投入产出效率实证研究：以滨州市为例 / 李明月，宗永刚，王晨倩著. -- 大连：大连理工大学出版社，2023.8
ISBN 978-7-5685-4326-2

Ⅰ.①地… Ⅱ.①李… ②宗… ③王… Ⅲ.①地方教育－投入产出－研究－中国 Ⅳ.①G527

中国国家版本馆 CIP 数据核字(2023)第 060053 号

大连理工大学出版社出版

地址：大连市软件园路 80 号　邮政编码：116023
发行：0411-84708842　邮购：0411-84708943　传真：0411-84701466
E-mail:dutp@dutp.cn　URL:https://www.dutp.cn
北京虎彩文化传播有限公司印刷　　大连理工大学出版社发行

幅面尺寸：185mm×260mm	印张：14.25	字数：329 千字
2023 年 8 月第 1 版		2023 年 8 月第 1 次印刷

责任编辑：姚春玲　　　　　　　　　　　责任校对：刘俊如
　　　　　　　封面设计：张　莹

ISBN 978-7-5685-4326-2　　　　　　　　　定　价：45.00 元

本书如有印装质量问题，请与我社发行部联系更换。

地方政府教育投入产出效率实证研究——以滨州市为例

课题组成员

李明月　滨州职业学院副院长
宗永刚　滨州职业学院海洋学院讲师
王晨倩　滨州职业学院教务处讲师
邹玉兰　滨州职业学院教务处教学管理科副科长、副教授
陆宝成　滨州职业学院海洋学院教学科副科长、副教授
李培繁　滨州职业学院成人教育学院副科长、讲师
岳吉瑞　滨州职业学院教务处助教
崔凯琦　滨州职业学院成人教育学院助教
李倩玉　滨州职业学院教务处助教

本成果受山东省教育科学"十四五"规划重大招标课题"职业教育对山东省经济社会发展贡献度的实证研究"（课题编号：2021VZ003）资助，课题主持人：李明月。

序　言

滨州,渤海之滨、黄河之州。穿城而过的黄河不仅哺育了400万滨州人民,也为滨州塑造出一张底蕴深厚的城市名片。依托鲜明的文化特色和雄厚的产业基础,滨州积极打造"魅力滨州,幸福滨州",谱写了高质量发展的新篇章。

教育是国之大计、党之大计。党的十八大以来,在以习近平同志为核心的党中央的坚强领导下,新时代教育投入工作得到了前所未有的重视,取得了前所未有的成就,基本实现了幼有所育、学有所教。滨州顺应时代大势,把握历史主动,肩扛"山东走在前、滨州怎么办"使命担当,全力改善办学条件、优化资源配置、深化教育改革,十年来教育经费总投入超过500亿元,全市各级各类教育实现了协调发展。现如今,滨州市适龄儿童学前三年毛入园率达到97.72%,普惠性幼儿园覆盖率达到83.76%;10个县市区全部通过国家义务教育基本均衡验收,资源布局更加优质均衡;普通高中教育多元化发展,强科培优、强课提质行动平稳起步,高考质量不断取得突破;职业教育及高等教育创新发展全面起势,"五院十校N基地"产教融合格局基本形成,"智者智城"的品牌更加响亮,"职教名城"的风采也愈加绚丽。

滨州职业学院副院长李明月深耕教育领域数十载,始终心怀对教育事业的热忱,带领着学校"鲁彬之"研究团队,围绕教育投入与城市发展积极开展研究工作,为探究地方政府教育投入与产出效率做出了重要贡献,故今采撷部分研究成果编著成书。

该书具备一定的理论创新性。首先,在厘清地方政府教育投入产出效率理论分析的基础上,构建了地方政府教育投入产出效率模型。其次,基于《山东省教育经费统计年鉴》《山东省教育事业发展统计公报》等大规模的实证数据,对滨州市行业发展及总体投入情况开展了实证研究。最后,通过在时间轴上对滨州市近五年的教育投入产出效率进行纵向分析、在空间轴上对山东省各地市进行横向教育投入产出效率对比研究,总结出滨州市地方政府教育投入产出方面的优势与不足之处,形成了具有较高理论价值的研究成果,为解决与教育息息相关的经济社会问题贡献了智慧。

该书具备一定的实践应用性。首先,本书以具体省市的教育投入产出情况为研究对象,总结出了各级各类教育办学规模、师资队伍、办学条件等现实情况,并针对不同教育类型和教育层级进行精准模型建构,能够对区域内教育发展的实然状态进行现实透视,对于优化地方政府教育投入产出比、提升学校办学质量有重要意义。其次,本书通过提出教育投入产出效率优化路径，有利于提高政府财政支出效益，为地方政府优化财政支出结构提供推力，扭转"重硬件轻软件、重支出轻绩效"的政府教育经费使用困境，提高政府教育监督管理能力和教育财政治理水平。

赓续历史，立足当下，创新未来。党的二十大提出了加快教育强国建设和到2035年建成教育强国的目标任务，彰显和表达出新阶段我国教育事业发展所担负的国家责任和时代使命。目前我们虽然取得了诸多历史性成就，但是面对人民群众对公平而有质量教育的美好期盼和多元化需求，我们的教育仍存在诸多问题亟待解决。教育投入作为教育事业的物质基础，是推动教育事业高质量发展的重要保障。站在新的历史起点上，我们应继续加大投入、强化保障，让教育改革发展成果更多更公平地惠及全体人民。希望本书能够为奋战在教育一线的同仁带来启发和思考，也希望大家能够进一步凝聚共识，为办好人民满意的教育，实现教育公平与教育质量同频共振，打造教育强国提供重要支撑！是为序。

华东师范大学终身教授

前 言

　　2021年11—12月，项目团队根据滨州市教育局的安排，以其起草的《滨州市教育行业发展报告》为前期数据基础，对滨州市特殊教育、学前教育、义务教育、高中阶段教育、中等职业教育和高等职业教育等教育类型开展了调研。在调研期间，项目团队走访了市教育局、人力资源和社会保障局、工业和信息化局等职能单位12个。项目团队还查阅了2016年至2020年山东省及其17个地市的《国民经济和社会发展统计公报》、《教育事业发展统计公报》、《国民经济和社会发展第十三个五年规划纲要》、山东省及东部省市《高等职业教育年度质量报告（2016—2020）》等文献资料，掌握了本次研究所需要的第一手资料。本次研究以滨州市各级各类教育投入产出情况为研究对象，坚持中国视角、国际视野，首先通过梳理与总结国内外地方政府教育投入产出效率实证研究文献成果，对地方政府教育投入产出效率的理论基础、测量方法、作用机制等方面进行综述分析，在此基础上，运用Eviews和DEA工具及投入产出模型等研究方法，并基于柯布-道格拉斯生产函数构建地方政府教育投入产出效率模型。其次归纳与分析滨州市教育行业发展以及山东省17地市教育投入总体情况，并基于具体学段和教育类型进行投入产出效率实证研究，总结出当前地方政府教育投入产出效率发展的现状。最后基于理论探究和实证分析，建构立足于山东省和滨州市长期发展目标的教育发展规划，并从基础设施扩充、师资队伍建设等方面提出具体性的教育投入效率优化建议。

　　教育投入作为一项基础性、战略性投资，是教育事业发展的重要物质基础。"十四五"时期，我国教育事业已步入注重质量提升的内涵发展阶段。进入新发展阶段，面对新发展格局，务必重视加大财政教育投入的必要性和紧迫性，提高教育产出效率，转变绩效管理观念，实现"均衡、效率和协调"的资源配置。本书以新发展理念为引领，从建设高质量教育体系、重视政府财政投入绩效管理、加大教育投入力度和健全教育投入制度体系及绩效监督机制等方面提出了政策建议。研究表明,适度增加其他教育投入,能有效提高教育资源配置效率,推动各教育类型质量变革和效率变革,实现更高质量、更有效率、更可持续的发展。

2023 年 8 月

目 录

第一章　绪　论 …………………………………………………………… 1
　　第一节　研究背景和意义 …………………………………………… 1
　　第二节　国内外相关研究 …………………………………………… 5
　　第三节　研究思路、方法和内容 …………………………………… 16
　　第四节　主要理论基础 ……………………………………………… 19

第二章　地方政府教育投入产出效率评价 ……………………………… 30
　　第一节　地方政府教育投入产出效率评价的原则和方法 ………… 30
　　第二节　投入产出效率评价方法的局限及优化 …………………… 41

第三章　滨州市教育行业发展及投入总体情况 ………………………… 46
　　第一节　滨州市教育行业发展总体情况 …………………………… 46
　　第二节　滨州市教育经费总投入的效益分析 ……………………… 54

第四章　滨州市学前教育投入产出效率实证分析 ……………………… 58
　　第一节　滨州市学前教育投入产出总体情况 ……………………… 58
　　第二节　滨州市学前教育投入产出效益分析 ……………………… 62

第五章　滨州市义务教育投入产出效率实证分析 ……………………… 78
　　第一节　滨州市义务教育投入产出总体情况 ……………………… 78
　　第二节　滨州市义务教育投入产出效益分析 ……………………… 86

第六章　滨州市普通高中教育阶段投入产出效率实证分析 …………… 102
　　第一节　滨州市普通高中教育阶段发展总体情况 ………………… 102
　　第二节　滨州市普通高中教育阶段投入产出效益分析 …………… 107

第七章　滨州市中等职业教育投入产出效率实证分析 ………………… 125
　　第一节　滨州市中等职业教育发展总体情况 ……………………… 125
　　第二节　滨州市中等职业教育投入产出效益分析 ………………… 132

第八章　滨州市高等职业教育投入产出效率实证分析 ………… 150
第一节　滨州市高等职业教育发展总体情况 ………… 150
第二节　滨州市高等职业教育投入产出效益分析 ………… 165

第九章　滨州市特殊教育投入产出效率实证分析 ………… 172
第一节　滨州市特殊教育及教育扶贫总体情况 ………… 172
第二节　滨州市特殊教育投入产出效益分析 ………… 176

第十章　"十四五"时期地方教育发展展望及提高教育投入产出效率政策建议 … 194
第一节　"十四五"时期各类型教育发展展望 ………… 194
第二节　"十四五"时期提高教育投入产出效率政策建议 ………… 204

参考文献 ………… 213

第一章 绪 论

第一节 研究背景和意义

教育是国之大计、党之大计。教育投入作为教育事业的物质基础,不仅是支撑国家长远发展的基础性、战略性投资,也是公共财政的重要职能。本节将围绕教育投入机制和地方政府教育投入现状进行背景分析,在此基础上明确进行地方政府教育投入产出效率研究的重要目的与意义。

一、研究背景

(一)历史溯源:我国教育财政政策框架基本形成

党和国家始终坚持将教育置于优先发展的战略地位,逐渐形成了结构合理、体系完善的现代化教育体系,为经济发展和国家进步做出了突出贡献。随着教育事业的蓬勃发展,切实保障教育投入稳定增长,调整优化教育经费投入结构,合理配置教育资源成为当下促进教育高质量发展的重要战略命题。为建设高质量的教育保障体系,我国不断完善教育财政政策,在教育事业发展中发挥着重要保障作用。

回顾我国教育财政政策的演进历程,大体可以划分为四个发展阶段。第一阶段是新中国成立初期到改革开放前,我国社会主义事业刚刚发展,尚未形成适应社会主义教育体制的教育财政政策,主要以政府单一投入为主,预算内教育财政支出比徘徊在6%~8%。第二阶段是1978—1993年,十三届三中全会以后,我国着力深化教育体制改革,1985年颁布的《中共中央关于教育体制改革的决定》拉开了教育领域体制改革的序幕,明确了基础教育"地方负责、分级管理",中等职业技术教育"主要由地方负责",高等教育实行"中央、省(自治区、直辖市)、中心城市三级办学"的原则。教育财政责任也基本按办学主体划分,我国教育财政体制进入分权化时期,地方教育投入的积极性显著提高。1993年中共中央、国务院颁布《中国教育改革和发展纲要》,提出到20世纪末"国家财政性教育经费支出占国内生产总值的比例到4%"的目标。第三阶段是1994—2011年,我国正式实行分税制财政管理体制,逐渐形成了"政府投入为主、受教育者合理分担"的机制,至此我国教育投入的框架基本形成。为保障教育投入持续稳定增长,1995年颁布的《中华人民共和国义务教育法》提出了"各级政府教育财政拨款的增长要高于同级财政经常性收入的增长""在校学生人均教育经费逐步增长""教师工资和学生人均公用经费逐步增长"三个增长目标。第四阶段是2012年至今,我国首次达到4%的公共教育投入增长目标,并连续多年保持在4%以上,教育投入总量持续扩大,逐步建立健全以政府投入为主、多渠道筹措教育经费的体制机制,以满足社会多方位对教育的需求。

总的来说,伴随着中国现代化进程的不断推进和教育事业的飞速发展,我国教育财政政策框架也逐步完善,并逐渐将重点转移到多渠道筹措教育经费、完善支付制度、提高资金使用效益、加强资金使用管理等内涵建设方面。

(二)现实困境:地方政府教育投入与产出效益备受关注

20世纪80年代以来,我国地方财政教育投入所占比例基本上都在85%以上[1],地方财政教育投入成为财政教育经费的主要来源。通过衡量地方财政教育经费投入,一方面可以更清晰地判断出地方政府对教育的重视程度,另一方面可以展现地方政府在教育投入方面的治理差异。

随着地方政府对教育经费投入总量的持续增长,能否科学合理配置教育经费,提高教育经费使用效率逐渐受到社会各界的广泛关注。2018年国务院办公厅印发的《关于进一步调整优化结构 提高教育经费使用效益的意见》指出,地方经费使用存在"重硬件轻软件、重支出轻绩效",监督管理有待进一步强化等问题。具体来说,一是在经费投入效益上,受各地方政府之间的竞争等因素影响,一味追求规模扩张和速度增快,整个教育系统处于一种"高投入、低产出"的状态,个别地方政府未能充分结合本区域经济社会发展的实际状况,盲目投入教育经费,逐渐演变成"规模财政",造成了教育资源的浪费,如何有效利用财政资源成为当下地方政府必须面临和解决的问题。二是在经费投入管理上,缺乏有效的分配和监督机制,教育经费管理人员职责不清、监管乏力、缺少绩效评价等问题日益凸显,因此建立权责清晰的财政绩效管理体制成为教育经费投入机制改革的重点。

总的来说,在地方政府教育投入占据主要内容的现行体制下,仍存在教育经费配置不协调、教育经费投入管理机制不完善等问题,在很大程度上影响了地方政府教育经费的投入产出效率及教育事业的发展。因此需全面加强教育经费投入使用管理,建立健全地方财政教育经费投入长效机制,做到"花钱必问效、无效必问责"。

---

[1] 沈百福.地方教育投资研究[M].北京:北京师范大学出版社,2003:2.

(三)发展趋势:"后4%时代"地方政府教育投入面临新的挑战

自2012年我国国家财政性教育经费支出占GDP达到4%以上,现已进入"后4%时代"。但与达到4.9%的世界平均水平相比,还有很长的一段路要走。当前我国经济发展迈入"新常态",全新的发展格局和不断变化的经济形势也为教育事业的可持续发展带来了新的挑战。

"后4%时代"背景下,地方政府教育投入也呈现出了新的样态。一是经济发展速度减缓,地方财政收入增长乏力,导致地方财政性教育经费投入总量减少,增幅整体降低,应进一步完善财政支付转移制度,切实保障好对教育的投入力度。二是人口出生率降低,城乡人口比例不协调,对教育资源配置尤其是义务教育阶段的教育资源优化提出了新的要求,应进一步优化教育投入结构,缩小城乡教育差距,促进教育公平。三是新常态下追求精细化、规范化和科学化的管理方式,以追求财政收入的可持续增长,因此在规模扩张的过程中应进一步注重质量提升,完善教育支出比例,加强对教育资金使用的监督和管理,从而减少教育资源浪费。

总的来说,"后4%时代"下我国教育投入的水平还较低,新发展背景下应主动适应新形势,应对新变化,在巩固原有成果的基础上形成保障教育经费的长效机制,提高教育资金使用效率。

基于以上三方面,本书通过对教育经费投入的研究,探索地方政府教育投入与产出的效率,以期促进教育学、经济学等各学科的融合创新,为地方政府完善教育经费投入机制提供有益借鉴。

二、研究目的

第一,梳理与总结地方政府教育投入产出效率实证研究文献成果。对涉及本书的投入产出等相关理论进行解读和分析;对国内外政府教育投入、教育产出以及投入产出比优化的相关研究与实践进行梳理和归纳。总结和分析本书已有相关成果的基础与不足,并基于此构建适用于本书的地方政府教育投入产出效率模型。

第二,归纳与分析滨州市教育行业发展以及山东省17地市教育投入总体情况,并基于具体学段和教育类型进行投入产出效率实证研究,据此总结出当前地方政府教育投入产出效率发展的现状。

第三,研究与探寻地方政府教育发展策略与教育投入产出效率优化路径。建构立足于山东省和滨州市长期发展目标的教育发展规划,从基础设施扩充、师资队伍建设等方面提出具体性的教育投入效率优化建议。

三、研究意义

在理论意义方面，首先，本书在地方政府教育投入产出效率理论分析的基础上，建立教育投入产出效率评价方法体系，对于投入产出法的局限性进行了深层理论分析，并在理论对比分析的基础上选取相应指标架构起优化模型。其次，针对滨州市行业发展及总体投入情况开展实证研究，以基于《山东省教育经费统计年鉴》《山东省教育事业发展公报》等大规模的实证数据支撑地方政府教育投入产出效率优化理论体系的构建。最后，通过在时间轴上对滨州市近五年的教育投入产出效率进行纵向分析、在空间轴上对山东省各地市进行横向教育投入产出效率对比研究，总结出滨州市地方政府教育投入产出方面的优势与不足之处，形成独特的理论化研究成果。

在实践意义方面，首先，本书有利于提高政府财政支出效益，为地方政府优化财政支出结构提供推力，扭转"重硬件轻软件、重支出轻绩效"的政府教育经费使用困境，提高政府教育监督管理能力。本书以滨州市各级各类教育投入产出情况为研究对象，基于参数分析及非参数分析方法进行效率分析，针对滨州市当前教育经费投入对社会发展的影响进行模型建构与实证分析，有利于提升政府教育财政治理水平。其次，有利于增强教育收益，实现教育投入产出最优比，促进学校办学质量提升。本书以滨州市的教育投入产出情况为研究对象，总结各级各类教育办学规模、师资队伍、办学条件等现实情况，并针对不同教育类型和教育层级进行精准模型建构，能够对区域内教育发展的实然状态进行透视，对于优化地方政府教育投入产出效率有重要的现实意义。

四、研究对象

为了探究地方政府教育投入与产出效率，本书选择山东省滨州市为研究对象，通过滨州市真实教育和经济统计数据，开展实证研究，以期获得沿海经济大省地级市教育投入与产出效率。

滨州市是山东省辖地级市，位于华北平原东部、黄河三角洲腹地，地处黄河三角洲高效生态经济区，是山东省的北大门。滨州市地势南高北低，大致上由西南向东北倾斜。截至2021年，滨州市辖2区、4县，代管一个县级市，总面积9 660平方千米。2021年滨州市地区生产总值2 872.11亿元，按可比价格计算，比上年增长8.3%。根据第七次人口普查数据，截至2020年11月1日零时，滨州市常住人口为3 928 568人。

滨州市新旧动能提速转换。2021年，滨州改造提升传统动能，实施重点工业技改项目396个，工业技改投资比上年增长19.3%，其中制造业技改投资增长34.0%。

中高端铝制品占比达65.2%,邹平轻量化铝新材料获批国家新型工业化产业示范基地。培育壮大新动能,战略性新兴产业、高技术制造业增加值分别增长15.2%、42.8%,分别高于规模以上工业增加值5.9个百分点、33.5个百分点。高新技术产业产值比上年增长28.0%,占规模以上工业产值比重达42.0%,比上年提高1.4个百分点。

滨州市对外开放持续拓展。滨州市惠民县获评国家级外贸转型升级基地(复合材料),滨州市邹平市获评省外贸高质量发展区,滨州市阳信县获评省进口贸易促进创新区。滨州市博兴县内陆港开通运营,滨州市无棣县保税物流中心跻身全国50强。2021年,滨州跨境电商贸易额达24.2亿元,实现历史性突破。全年新签约、立项项目270个,实际到位市外资金891.95亿元,比上年增长37.2%,其中实际利用外资5.14亿美元,增长42.6%。引进本科以上大学生1.27万人,人才流入结构日趋优化。

滨州市创新活力加速释放。2021年,滨州全市专利授权总量9355件,其中,发明专利授权量872件;PCT国际专利申请16件,每万人口发明专利拥有量达到8.37件。自主创新能力不断增强,登记科技成果179项,6项科技成果获得省科技进步奖,其中二等奖2项,三等奖4项。技术合同成交额107.90亿元,比上年增长37.4%。新增高新技术企业147家,总量达到392家,分别比上年增长88.5%、60.0%;国家科技型中小企业评价入库达736家,比上年增长68.0%。5家企业跻身2021年省科技领军企业榜单。

滨州市教育事业不断进步。2021年,滨州新建、改扩建中小学、幼儿园38所,规划面积235 000 m², 完成投资80 608万元,新增学位数21 060个。规划建设教师周转宿舍662套,总面积29 724 m²,完成投资5 060万元,竣工669套。从幼儿园到大学全覆盖的资助政策全面落实到位,及时发放资助资金1.2亿元,资助150 823人次。全市新建义务教育集团76个,覆盖中小学456所,实现了乡镇薄弱学校全覆盖。"四名"引育计划深入实施,引进名校长10人,优秀教育人才及硕士以上研究生193人。

截至2021年底,滨州市已打造形成"5+5"万亿级"十强"产业集群,其中,高端铝业、精细化工、智能纺织、食品加工、畜牧水产等五大千亿级产业集群,主营业务收入已超过1.1万亿元。2021年,滨州市规模以上工业利润达到609亿元,居全省第1位。2022年1—6月份,滨州市规模以上工业营收4 889.33亿元,同比增长18.05%,分别居全省第3位、第1位。2022年,滨州市一般公共预算收入总量突破300亿元,规模以上工业营收突破万亿元,固定资产投资、工业技改投资实现两位数高速增长,更高水平的富强滨州建设将迈上新的更大的台阶。

第二节 国内外相关研究

伴随着教育的飞速发展以及社会公众对教育公平问题的日益关注,越来越多的学者开始注重研究教育投入产出效率的相关问题。本节将通过查阅国内国外相关文献，对地方政府教育投入产出效率的理论基础、测量方法、作用机制等方面进行综合分析，以了解与掌握本研究领域的现状、不足及发展趋势。

一、国外相关研究

（一）政府教育投入产出理论基础研究

人力资本在增长过程中的理论重要性可以追溯到亚当·斯密和李嘉图。作为经济学的代表人物，亚当·斯密（1776）指出，蕴含在个体身上可利用的能力是国家财富和经济发展的主要来源，但他并没有将其称为人力资本。关于教育作为一种投资的第一篇文章来自20世纪上半叶，斯特鲁米林（1929）对各地区借助教育投资刺激劳动产生了兴趣。他通过实证研究得出了教育公共支出在前10年可得到回报，30年后其回报效益将超过投入的两倍的结论。而个体劳动者在其整个职业生涯中所获得的教育支出回报是投入的11倍。因此，他建议政府加大教育投资，提高国家生产力。

通过人力资本的改善和适当的人力资本政策来支持经济增长的内生增长理论，出现于20世纪50年代和60年代。保罗·罗默（Paul Romer）和罗伯特·卢卡斯（Robert Lucas）、达斯古普塔（Dasgupta）和查克拉博蒂（Chakraborty）对此进行了阐述。在卢卡斯的模型中，人力资本作为一种投入进入生产。罗伯特·默顿·索洛（Robert Merton Solow）在其索洛模型中将劳动力增长率视为促进经济增长的一个关键点，将人力资本作为生产函数中附加因素，为人力资本赋予了生产功能。由罗默提出的内生增长模型保留了索洛模型的基本假设，即技术进步是经济增长的核心。但同时该理论承认，在模型中人力资本作为技术进步的催化剂而非经济持续增长的独立来源，能够增强人们适应变化和提出新技术的能力，很大一部分发明是对经济激励做出反应而进行的有目的的研究和开发活动的结果（Driffield，等，2007）。[①] 此外，在新公共管理理论的指导下，以提高公共支出的有效性和政府效率为目标的绩效预算已经开始应用到财政教育支出领域，并取得了很大的成效。在朗罗德（J. S. Langrod）的理论中，行政管理是为某种公共使命服务的人的有计划的组合。1887年，由于行政部门一直作为公共权力的执行机构，威尔逊在处理公共事务的语境中使用了公共行政一词。新公共管理理论强调将公共组织视为订购者和承包者之间的关系链；将国际组织的传统职能分解为一种准合同或准市场关系；开展公共机构、企业和社会组织在公共服务领域的竞争；用管理文化、创业文化和市

[①] Driffield N, Mahambare V, Pal S. How does ownership structure affect capital structure and firm value? Recent evidence from East Asia. Economics of Transition. 2007, 15: 535-573.

场文化取代行政、等级和文书式的组织文化；在可能的情况下，通过引入竞争机制和承包服务提高政府在教育中的投入产出效率(Stroińska,Ewa,2022)。[①]

(二)政府教育投入产出实证测量方法

政府教育投入产出比是衡量教育绩效的重要标准。教育绩效评价是建立在多重投入和多重产出的基础上的，单一产出为基础的回归难以准确测量出教育的真实绩效产出。因此有关政府教育投入与产出测量的实证研究方法多采用非参数分析，如构建 ARDL 自回归分布滞后模型、数据包络分析(DEA)、利用 VAR 模型确定滞后阶数、Johansen 协整检验方法、格兰杰因果检验等具体分析模型和方法。

在变量选择方面，Tajnikar 和 Debevec(2008)共同认为在确定效率时，产出可分为内部产出和外部产出。内部产出即内部效率，是教育过程的直接目标，而外部产出则是随后在劳动力市场和经济发展中表现出来的间接后果。[②] 因此，教育过程的外部效率可以通过国内生产总值增长、社会和经济发展以及教育投资回报率来衡量。在教育内部，Smith 和 Naylor(2001)以教育系统当年毕业生数量和毕业时的平均成绩作为变量[③]；芬兰研究者 Loikkanent 等人(1998)则考虑到辍学率而将课程完成人数和继续升入更高一级教育的学生人数作为变量。[④]

Afzal 等研究者(2010)在巴基斯坦使用了自回归分布滞后(ARDL)模型，证实了学校教育与经济增长之间存在的直接关系。另一方面，Hussin 等人(2012)使用矢量自回归(VAR)证明了马来西亚以 GDP 为代表的经济增长与固定资本形成、劳动力和政府教育支出之间的正相关关系。[⑤]

Omojimite 等人(2010)使用 1980 年至 2005 年的时间序列数据，进行 Johansen 数据协整和格兰杰因果检验(Granger causality test)，以调查尼日利亚的教育公共支出和经济增长之间是否存在很强的关系。结果表明，公共支出与经济增长具有

[①]Stroińska, Ewa. New Public Management as a Tool for Changes in Public Administration, 2022.

[②]Tajnikar M, Debevec J. Funding system of full - time higher education and technical efficiency: case of the University of Ljubljana. Education Economics. 2008, 16: 289-303.

[③]Smith J, Naylor R. Determinants of Degree Performance in UK Universities: A Statistical Analysis of the 1993 Student Cohort. Oxford Bulletin of Economics and Statistics. 2001, 63: 29-60.

[④]Kirjavainen, Tanja, Loikkanent, Heikki A. Efficiency differences of finnish senior secondary schools: An application of DEA and Tobit analysis. Economics of Education Review, Elsevier. 1998, 17(4): 377-394, October.

[⑤]Hussin M Y, Muhammad F, Hussin M F, Razak A A. Education Expenditure and Economic Growth: A Causal Analysis for Malaysia. Journal of economics and sustainable development. 2012, 3: 71-81.

显著相关性。因果检验还发现,教育公共长期支出与经济增长之间存在双向因果关系。[1]

Trofimov(2020)关于公共教育支出对产出影响的最新研究涵盖了1980—2012年的50个发达、发展中经济体和转型经济体。他采用面板回归固定效应模型(fixed effects model),模型中引入了因变量实际GDP和利益变量政府教育支出占GDP的比重。实证结果表明,教育支出对公共部门生产率的影响大于对私营部门的影响。此外,研究还揭示了政府教育支出占GDP的5.05%是最适宜的规模。Barro(1991)通过横截面数据面板(Cross-sectional panel data)确定了人均GDP相对于人力资本的增长率,并计算出小学教育入学率每增加1%,人均GDP增长就增加0.025%,中学教育入学率增加0.035%。[2]

Aristovnik和Obadić(2011)以研究和教学作为教育产出的两个代表性变量,即作为教学代理的高等教育教学的毕业生数量和作为研究代理的出版物数量为因变量。在应用DEA测量高等教育的投入与产出效率时,以学校毛入学率、接受高等教育的劳动力占比和接受高等教育的失业率作为衡量指标。[3]

Maitra(2016)在研究中尝试了以GDP作为控制变量,并涉及了固定教育总额、贸易开放程度、政府消费、就业和政府规模等数据协变量。在采用Johansen检验实证结果后,发现变量之间存在长期正相关关系,由于接受教育和成为劳动力的生产参与者是一个耗时的过程,只有在受过教育的工人获得了实际经验后,才开始对经济增长做出贡献。因此经济增长实际要滞后于政府教育投入。[4] Tamang Pravesh(2011)应用Johansen协整检验来支持印度政府教育支出与经济增长之间存在长期关系。[5]

Chandra(2009)采用格兰杰因果关系法,也发现了1951—2009年印度的教育公共支出与经济增长之间的显著关系。他的实证结果表明,经济增长影响教育公共支出水平,教育投资只有在6年或更长时间后才会影响经济增长,而且,两个变量的影响幅度随着时间的推移趋于减小。如果在这一时期的开始,政府在教育上的支

---

[1] Omojimite B U, Akpokodje G. A comparative analysis of the effect of exchange rate volatility on exports in the CFA and non-CFA countries of Africa. Journal of Social Sciences. 2010,24(1):23-31.

[2] Barro R. Economic growth in a cross section of countries. The Quarterly Journal of Economics. 1991,106(2):407-443.

[3] Aristovnik Aleksander, Obadić Alka. The funding and efficiency of higher education in Croatia and Slovenia: a non-parametric comparison. University Library of Munich, Germany. 2011, MPRA Paper 31466.

[4] Maitra B. Investment in Human Capital and Economic Growth in Singapore. Global Business Review.2016,17(2):425-437

[5] Tamang Pravesh. The Impact of Education Expenditure on India's Economic Growth. 2011.

出每改变1%,GDP(当前)就会增加0.024 1%,那么在这一时期结束时,该指标为0.009 3%,GDP对教育支出也会产生同样的影响。[①]

(三)政府教育投入产出作用机制研究

教育投入在国际上普遍被视为人力资本投入,综合来看,学界多认为政府通过教育投入能够促进适龄劳动者就业、拉动经济增长和促进社会公平。但同时,亦有学者通过数据面板计算,认为政府教育投入与经济增长之间并不具有显著相关关系。

在促进劳动者就业方面,政府在教育上的支出是一种投资,目的是增加生产制造部门的技术工人数量,熟练劳动力数量的增加也将影响整个社会收入的增加和最终需求的总支出的增加。同时,经济部门技术劳动力数量的增加会提高劳动生产率,对整体经济增长产生积极的影响。因此,政府在教育上的支出成为一些国家增加工人数量的主要支出之一。具体而言,政府教育投入能够提高劳动参与率和降低失业率(Blankenau, Camera, 2009)。[②] 政府在教育上的支出也有可能在未来通过不同层级间的政府支出培养更多熟练劳动力(Viaene, Zilcha, 2013)。[③] 政府在教育上的支出分配不仅改善了当前的技术劳动力水平,而且还可以在未来产生更多的技术劳动力,以满足劳动力需求,从而改变经济的不确定性和不稳定性(Watson, 2005)。

在直接拉动经济增长方面,多数学者认为教育投入与经济增长具有显著正向关系,人力资本对经济增长的作用在理论和实证研究中得到了肯定。研究人员认为,人力资本可以被视为生产功能的任何其他投入,教育是人力资本的组成部分,如果进行投资,可以提高效率、知识和创造力,从而增加生产和加快增长。通过扩大政府的教育投入,能够实现教育反哺经济发展,学者们认为至少存在三种机制在政府教育投入和产出之间发挥作用。首先,教育增加了劳动力中的人力资本积累,从而提高了劳动生产率,提高了均衡产出。其次,教育可以增加经济的创新潜力,因为有关新技术、产品和工艺的知识可以促进经济增长(Aghion, Howitt, 1992)。[④] 第三,教育有助于传播理解和处理新信息所需的知识,再次加速了经济增长

[①] Chandra P. Project Planning, Analysis, Selection, Financing, Implementation, and Review. Tata McGraw Hill Education Private Limited, New Delhi. 2009.

[②] Blankenau W, Camera G. Public Spending on Education and the Incentives for Student Achievement. Economica. 2009, 76(303): 505-527.

[③] Viaene J M, Zilcha I. Public Funding of Higher Education. Journal of Public Economics. 2013, 108: 78-89.

[④] Aghion P, Howitt P. A Model of Growth through Creative Destruction. Econometrica. 1992, 60: 323-351.

(Nelson, Phelps, 1966)。[①] 具体而言,多数实证研究选择了公共教育支出作为回归因子,从侧面证实了人力资本投资,特别是教育投资对经济增长的重要性。绝大多数实证研究表明,教育支出对经济增长具有积极和显著的影响。Dauda(2011)和Idowu(2014)发现,当将教育支出作为控制变量时,国民健康与经济增长之间存在正相关关系,也就是说教育投入能够转换为对个体身心的多重影响从而反作用于经济增长。

在促进社会公平方面,政府的教育支出可被视为社会转移机制,社会转移是经济资源在社会不同群体之间重新配置以实现公平的必要途径。教育、医疗和劳动力市场等资源应该向社会中的个人开放。高效而平等的资源分配会带来更平等的产出,比如个人之间收入不平等的降低。政府的社会发展预算分配被视为一种社会转移,政府在其中重新分配财政资源以减少贫困和不平等(Sharp, Broomhill, 2002)。[②] 同时,在全球化背景下,出现了各国政府普遍减少初级教育支出、增加中等和高等教育支出的趋势。然而处于社会经济弱势地位的学生主要受益于小学教育支出,而社会文化资本较高的学生则从高等教育支出中受益更多(Blanden, Machin, 2004)。[③] 因此,全球化对公共教育支出构成的影响可能会在长期内扩大社会贫富差距。一方面,有证据表明,在发展中国家,用于初级教育的公共资源的"社会回报率"高于用于高等教育的公共支出(Lockheed, Verspoor, 1991)。[④] 另一方面,高等教育支出的增加从侧面暗示了一个日益由技术驱动的世界,激烈的国际竞争需要更多的高技能劳动力。政府加大教育支出能够帮助处于劣势社会背景的学生掌握可供立足的技能。此外,公共教育投入是贫困国家赶超发达国家的途径之一,通过对初等教育的投入保障贫困儿童入学权利,缓解童工问题(Strulik, 2004)。[⑤]

但同时也有部分学者认为政府教育投入与经济增长之间并不存在长期关系或相关性较弱。Blaug(1970)和Sheehan(1971)提出教育投资只不过是一种消费的观点,因为获取知识或技能的投资只是为了个人利益,对经济增长没有任何贡献。Bils 和 Klenow(2000)利用1961—1990年的三十年间52个国家的大量数据计算得

[①] Nelson R, Phelps E. Investment in humans, technological diffusion, and economic growth. American Economic Review: Papers and Proceedings. 1996, 61: 69-75.

[②] Sharp R, Broomhill R. Budgeting for Equality: The Australian Experience. Feminist Economics. 2002, 8: 25-47.

[③] Blanden J, Machin S. Educational Inequality and the Expansion of UK Higher Education. Scottish Journal of Political Economy. 2004, 51: 230-249.

[④] Lockheed M E, Verspoor A M. Improving primary education in developing countries. Oxford: Oxford University Press for the World Bank. 1991.

[⑤] Strulik H. Child Mortality, Child Labour and Economic Development. Economic Journal. 2004, 114: 547-568.

出,要证实教育或学校成绩显著促进经济增长的结论尚显薄弱。[①] Reinikka 和 Svensson(2005)认为,政府支出与教育结果之间的负相关关系可能归因于政府在转移资金和创造有价值的教育资源方面的低效率。教育资源和学生表现之间存在一致关系的证据有限。在结果输出中,也有研究者认为在教育资本支出和经济增长之间以及小学入学率和经济增长之间没有建立因果关系。[②] Barro(2001)和 Gupta 等人(2002)的跨国面板数据分析发现,增加学校资源和教育公共支出可能会提高受教育程度。另一方面,一些早期的实证研究发现,公共支出与教育机会和绩效之间存在微弱的、微不足道的关系。Devarajan 等人(1996)认为,政府在教育上的过度投入会对人力资本积累和经济增长产生负面影响。尽管政府的教育投入有积极的影响,但同时也有消极的影响,因为人力资本的增加可能会阻碍收入平等。[③]

二、国内相关研究

(一)地方政府教育投入产出影响因素研究

在地方政府教育投入方面,地方经济发展水平对于地方政府在教育支出方面的财政比例具有正向影响关系,即政府的教育投入会随着地方经济发展水平提高而增加。我国基础教育财政投入主要由县级政府负责,人均财政收入是衡量区域经济发展的主要指标,因此区域内的人均财政收入是影响地方政府教育投入的重要因素。地方财政分权程度也是影响教育投入的重要因素之一。财政分权是地方政府的税收权力结构和支出责任范围,包括财政自给率和支出自主决定权。财政分权程度会导致学历教育在空间分布上有显著的异质性特征(孙开,等,2019)[④],在区域财政支出下经济投入能够转化为公共服务供给,在省域内有力形成教育公共服务的"保障性供给"。财政自给率是一般公共预算收入和一般公共预算支出之比,高财政自给率意味着教育投入可用资金绝对值的增长,政府可支付的结余资金较多,教育投入能力较强(姚昊,等,2020)[⑤]。同时,区域内的历史文化和政府执政理念也影响着对教育的重视程度。只有当政府重视教育发展,加大教育经费投入

[①]Bils M, Klenow P J. Does Schooling Cause Growth? American Economic Review. 2000, 90: 1 160-1 183.

[②]Reinikka R, Svensson J. Fighting Corruption to Improve Schooling: Evidence from a Newspaper Campaign in Uganda. Journal of the European Economic Association. 2005, 3: 259-267.

[③]Devarajan S, Swaroop V, Zou H. The Composition of Public Expenditure and Economic Growth. Journal of Monetary Economics. 1996, 37: 313-344.

[④]孙开,沈安媛.财政分权、空间效应与学历教育发展——基于SDM模型的经验研究[J].财政研究,2019(04):42-54.DOI:10.19477/j.cnki.11-1077/f.2019.04.003.

[⑤]姚昊,马银琦.局部塌陷:省域内高中生均经费投入的地区差异透视——基于江苏省的实证分析[J].教育学术月刊,2020(08):10-18.DOI:10.16477/j.cnki.issn1674-2311.2020.08.002.

时,才能发挥教育对经济增长的有效正向作用。反之,轻视教育发展,投入过少的教育经费将会导致人力资本折旧难以弥补,从而造成财政浪费(方颀,等,2018)[1]。此外,地方政府中的晋升激励机制和官员特征对于地方财政教育支出行为也有显著影响。基本公共服务支出大多由基层政府承担与执行(黄佩华,等,2009)[2]。而在政府结构中,党政领导的执政理念与改革政策制定、任职背景与个人特征等方面都对地方公共支出特别是教育支出有一定影响。官员的任职年龄与任期长短之间的差异导致对晋升激励的敏感性有所相异,从而影响了当地教育支出。相对来说,年长官员更加重视教育投入,而任职期限则与教育投入呈倒 U 形曲线关系(易雯,2018)[3]。

在影响地方教育产出的因素方面,可归纳为学校层面因素以及家庭层面因素。在学校层面,因素一是重点校、示范校、骨干校的建设会影响地方教育产出。从保定市的高考成绩发现,学校间的质量差异在学生的学业成绩方面起到了 60%～80%的影响作用(马晓强,等,2006)[4]。在国家、省、市、县四级"层层重点"格局下,办学资源的倾斜和差异会拉大地区内校与校之间的差距,有研究证明重点校与非重点校的学生在家庭背景和个人能力两方面具有差异(王骏,2015)。但从另一方面而言,有学者根据 HLM 分析方法指出,学业成绩更多由学生自身的学习能力决定(丁延庆,等,2009)[5],因此重点校的建设能在一定程度上打造区域高质学校发展样板,引领同类学校发展。因素二则是学校层面的教育投入结构和教师投入以及班级规模等中微观因素。学校内部要素投入结构的合理性和科学性影响着教育产出的效果(栗玉香,2010)[6]。在校生占比对教育经费投入具有"稀释作用",随着教育不断普及、学生数的增加,教育效益会有所下降,需要政府继续加大教育投入。而在教师投入上,西部地区基础教育发展项目监测调查数据显示,教师的教学差异

---

[1]方颀,褚玉静,朱小川.分层级教育投入的国民经济产出效果研究——基于教育投入的时间滞后效应[J].大连理工大学学报(社会科学版),2018,39(01):56-64.DOI:10.19525/j.issn1008-407x.2018.01.008.

[2]黄佩华,余江,魏星.中国能用渐进方式改革公共部门吗?[J].社会学研究,2009,24(02):39-60+244.DOI:10.19934/j.cnki.shxyj.2009.02.004.

[3]易雯.官员特征、晋升激励与地方财政教育支出行为[J].西安财经学院学报,2018,31(05):13-19.DOI:10.19331/j.cnki.jxufe.2018.05.002.

[4]马晓强,彭文蓉,萨丽·托马斯.学校效能的增值评价——对河北省保定市普通高中学校的实证研究[J].教育研究,2006(10):77-84.

[5]丁延庆,薛海平.高中教育的一个生产函数研究[J].华中师范大学学报(人文社会科学版),2009,48(02):122-128.

[6]栗玉香.区域内义务教育财政均衡配置状况及政策选择——基于北京市数据的实证分析[J].华中师范大学学报(人文社会科学版),2010,49(01):106-112.

是导致学生学业发展差异的重要因素(梁文艳,等,2011)。[1] 在家庭层面上,家庭社会经济背景和货币、时间投入是影响学生教育产出的因素。通过对上海、北京、郑州等多个大型城市以及CFPS等全国性的数据项目进行OLS回归分析和Logistic回归分析发现,家庭经济背景主要通过影响父母期望来影响学生学业发展(王甫勤,等,2014)[2]。高教育期望的家庭里父母将会进行更高程度的卷入,如开展亲子交流、家校互动等教育参与活动(李波,2018)[3]。

(二)地方政府教育投入产出评估指标研究

在指标选择原则上,以综合性、可操作性、科学性、适切性四大原则为指导,根据我国实际情况和区域内教育发展的实然状态合理制定指标(杜诗韵,2015)。[4] 也有学者提出应当包含人文性,即强调教育的本质育人属性。教育投入产出的人文性具体指能够实际影响教育过程及其结果的人类主体品质,以及教育过程中具有的人文价值的结果。具体包括个体特质和人际互动过程两个方面(张羽,等,2022)[5]。

在具体指标制定上,我国学者多以西方人力资本理论和教育经济理论为基础,将政府教育投入划分为教育财政支出和教育政策导向两大类别(丁维莉,等,2005)[6],其中教育财政支出作为易测变量,多被划分为人力、财力以及办学基础设施的投入三部分(何景师,2022)[7]。而在教育产出方面,概括而言包括个人经济回报、经济增长、认知能力、非认知能力、非市场回报、溢出效应和社会效应七类(张羽,等,2022)。在测算指标方面,由于我国当前已建立起内部完整的较为庞大的教育体系,各教育阶段都有其自身发展规律,因此学者多根据不同学段的实然发展状态进行教育产出评估指标的剖析,用以衡量教育投入产出效率。

在基础教育阶段多以毛入学率、毕业生升学率、学校数量、在校学生数、校均规模和义务教育巩固率为产出指标体系(杜诗韵,2015)。在中等教育阶段,强调选取

---

[1] 梁文艳,杜育红.基于学生学业成绩的教师质量评价——来自中国西部农村小学的证据[J].北京大学教育评论,2011,9(03):105-120+191.DOI:10.19355/j.cnki.1671-9468.2011.03.010.

[2] 王甫勤,时怡雯.家庭背景、教育期望与大学教育获得基于上海市调查数据的实证研究[J].社会,2014,34(01):175-195.DOI:10.15992/j.cnki.31-1123/c.2014.01.011.

[3] 李波.父母参与对子女发展的影响——基于学业成绩和非认知能力的视角[J].教育与经济,2018(03):54-64.

[4] 杜诗韵.基于DEA的基础教育绩效评价研究[D].东北大学,2015.

[5] 张羽,刘惠琴,石中英.教育投入产出的人文属性[J].教育研究,2022,43(08):121-140.

[6] 丁维莉,陆铭.教育的公平与效率是鱼和熊掌吗——基础教育财政的一般均衡分析[J].中国社会科学,2005(06):47-57+206.

[7] 何景师.我国高等职业教育投入产出效率及影响因素研究[J].黑龙江高教研究,2022,40(11):129-136.DOI:10.19903/j.cnki.cn23-1074/g.2022.11.019.

能够多角度、全方位反映高中阶段教育投入的指标,在产出指标上主要以招生数量、在校生数量和毕业生数量为二级指标,测量与教育经费投入的相关性(李亚坤,等,2022)[①]。

在高等教育阶段,现代大学的三大基本功能分别是人才培养、科学研究和服务社会。基于此在高等教育内部根据不同教育类型对三类指标进行了分化,在普通高等学校中,有研究者将产出指标中的人才培养具体界定为高等学校毕业生人数;科研成果则包括科技论文与著作发表总数、国家级项目验收数;社会服务方面以受高等教育的就业人口总数为二级指标(周小刚,等,2022)[②]。在研究生阶段,则将产出指标具体界定为研究生在校学生数、发表学术论文篇数、知识产权授权数,以及技术转让合同金额(彭莉君,等,2018)[③]。而在高等职业教育中,人才培养的测量指标为学生在校数量,同时考虑到高等职业教育的强社会面向性,科研与社会服务中共包含横向技术服务到款额、纵向科研经费到款额、技术交易到款额(岑家峰,2021)[④]。

(三)地方政府教育投入产出效率优化研究

教育经费投入存在的主要问题有三点:首先是教育投入相对而言仍显不足,高等教育投入产出效率总体上呈现出下降趋势,其次是区域间教育投入差异较大,呈微弱收敛态势,如东西部地区不均衡。即使是在发达省域内部,也存在绝对差值逐步扩大趋势。如在江苏省,在苏南、苏中、苏北三大区域之间存在高中教育阶段投入的"俱乐部收敛",即差距的扩大化(姚昊,2020)。最后是教育收益较低,存在部分投入资源冗余的情况,在追求均等化的同时导致了义务教育投入效率较低(周均旭,等,2021)[⑤]。

针对当前教育投入产出存在的问题,研究者从以下几点提出了富有建设性的优化策略。第一,在继续扩大教育财政投入的同时以质量产出替代数量产出,提高经费收益率,扩大教育总量。政府可以采取委托、采购、分包等方式,以财政补贴、奖励等形式加大对学校办学的支持。还应注意紧跟现代化发展,在加强经费投入

[①]李亚坤,颜俊,陈新武.我国高中教育资源投入产出效率的时空分异研究[J].教育观察,2022,11(20):69-72.DOI:10.16070/j.cnki.cn45-1388/g4s.2022.20.016.

[②]周小刚,林睿,陈晓,陈熹.系统思维下中国高等教育投入产出效率评价研究——基于三阶段 DEA 和超效率 DEA 的实证[J].系统科学学报,2022,30(04):58-62.

[③]彭莉君,余菡,白丽新,韩云炜.中央部属高校的研究生教育投入产出效率研究——基于2009—2014年的面板数据[J].现代教育管理,2018(03):104-110.DOI:10.16697/j.cnki.xdjygl.2018.03.017.

[④]岑家峰.新时代高职院校社会服务现状及能力提升路径研究——基于广西高水平高职学校质量报告的分析[J].职业技术教育,2021,42(18):47-52.

[⑤]周均旭,刘子俊.省际均等化视角下我国义务教育投入效率研究[J].现代教育管理,2021(09):1-11.DOI:10.16697/j.1674-5485.2021.09.001.

的同时也要强化教育信息化、智能化投入(王欢,2014)[①]。政府在教育投入方面还要注重公平效益,即改变"扶强"的政策导向,避免在争优创先活动中出现"强者愈强、弱者愈弱"的马太效应,而应坚持教育资源配置均衡原则,注重对办学困难学校的补助和引导(崔玉平,等,2013)。[②] 政府应加大对低层级教育的倾斜,全面提高基础教育水平,以教育质量效益的明显提升拉动经济可持续增长(郝晓伟,等,2022)。[③] 第二,创新经费投入模式,引导企业等社会力量共同参与,政府通过完善政策环境和承担管理职责,为行业企业以及社会组织参与教育投入提供良好环境和行为规范。例如可在企业积极参与并达到一定标准时给予税收优惠和文化奖励。同时还要协助学校提高自身筹融资能力,以多元投资主体为契机,探索股份制、混合所有制以及集团办学等多样化模式,吸引教育投入(唐文忠,2015)。[④] 第三,要注重引导教育的内涵式发展。不能仅以外部的教育投入催动教育质量提升,以教育资源共享机制平台的搭建提高资源利用效率,促进资源流转,减少资源闲置,盘活资源存量等。同时还可开展示范校与普通校、发达区与欠发达区之间的对口合作交流,通过校际、区际合作最大限度推动教育内生发展,提高教育投入产出效率(秦澄,2012)。[⑤] 第四,要建立教育投入刚性约束机制,针对各级教育搭建投入产出监测平台,严格评估收益效果。要建立起贯穿办学全环节、全链条的教育投入产出机制,从项目计划、阶段考察到项目完成,皆落实到具体单位衡量投入产出效益。以约束机制提高学校的资源使用效率,促进其发展模式从粗放式转向集约型,以最大化实现教育投入产出效益(王超辉,等,2015)[⑥]。

三、研究述评

从研究内容上看,在教育产出方面现有研究多将学校职能进行指标解构,通过对学校这一层次进行分析和指标综合绩效评价,在一定程度上将动态的、复杂的教育产出机制转化为可测量、更直观的内容。但同时也存在着缺乏微观层面的观照,导致了指标内容的主观性和单一性,多数研究在指标选择上较为趋同,从而导致研

[①]王欢.县域职业教育资源配置实证分析——以 S 市县域为例[J].职业技术教育,2014,35(16):55-59.

[②]崔玉平,武晓晗.我国初中教育投入与产出省际差异的量化分析[J].教育与经济,2013(01):42-47.

[③]郝晓伟,闵维方.各级教育投入与经济增长的关系研究[J].清华大学教育研究,2022,43(05):21-29+58.DOI:10.14138/j.1001-4519.2022.05.002109.

[④]唐文忠.我国高等职业教育投入产出的经济学分析与对策思考[J].福建师范大学学报(哲学社会科学版),2015(02):15-21+166.

[⑤]秦澄.高职院校投入产出要素分析与指标体系构建[J].会计之友,2012(20):120-122.

[⑥]王超辉,冯彩芸.论高等职业教育投入与产出的关系[J].职业技术教育,2015,36(05):33-36.

究结论较为相似。

从研究方法上看,国际上对于教育投入产出已形成了完善的理论机制,但国内对于理论基础分析较少,主要沿用西方人力资本理论、新公共管理理论以及经济效率理论进行投入产出比分析,存在着理论建构本土化不足的问题,理论运用中仍有与我国国情不相匹配之处。在实证研究方面,主要采用DEA和Malmquist生产率指数进行动态分析,对于旨在解决内生性增长模型的实证研究尚显不足。教育是复杂的社会活动,与多个社会子系统皆有紧密联系,因此在现有模型中虽纳入了丰富的自因变量以及控制了多个无关变量,但仍存在遗漏变量,导致在模型构建和计算研究中存在一定的偏差和数值异化。增值模型的使用相对较少,忽略了从教育投入到产出这一过程是动态变化的过程。

从研究视角上看,国际与国内呈现出了明显差异。国外学者多以教育投入对经济增长和劳动力市场结构性变化的现实作用为主要视角,着重于分析教育投入产出的经济价值和政治影响因素。但国内学者多以区域均衡发展和省际均等化视角为切入点,强调教育投入的社会正义公平价值和转移性支付的影响作用,以家庭层面和学校层面的微观因素作为构建教育投入产出效益函数的协变量。

第三节 研究思路、方法和内容

本节将以地方政府教育投入产出效率为研究对象,明确本书的具体思路与方式方法,并基于研究的目的与意义构建起地方政府教育投入产出效率的分析框架。

一、研究思路

对于教育行业的发展来说,衡量政府部门对教育行业的投入是否有效主要通过各级各类教育产生的效益及其程度。因此本书基于"理论基础-实证研究-政策建议"的研究思路,以滨州市各级各类教育投入产出情况为研究对象,对滨州市近五年各级各类教育的经费投入、师生规模、办学条件等方面进行实证分析,与山东省其余地市教育投入产出情况进行比较分析,归纳总结出当前地方政府教育投入产出效率的现实状况,进而对优化地方教育投入产出效率提出政策建议,提升地方政府的办学绩效。具体如图1-1所示。

二、研究方法

(一)文献分析法

该方法主要用于地方政府教育投入产出效率的文献分析、研究方法厘定与相

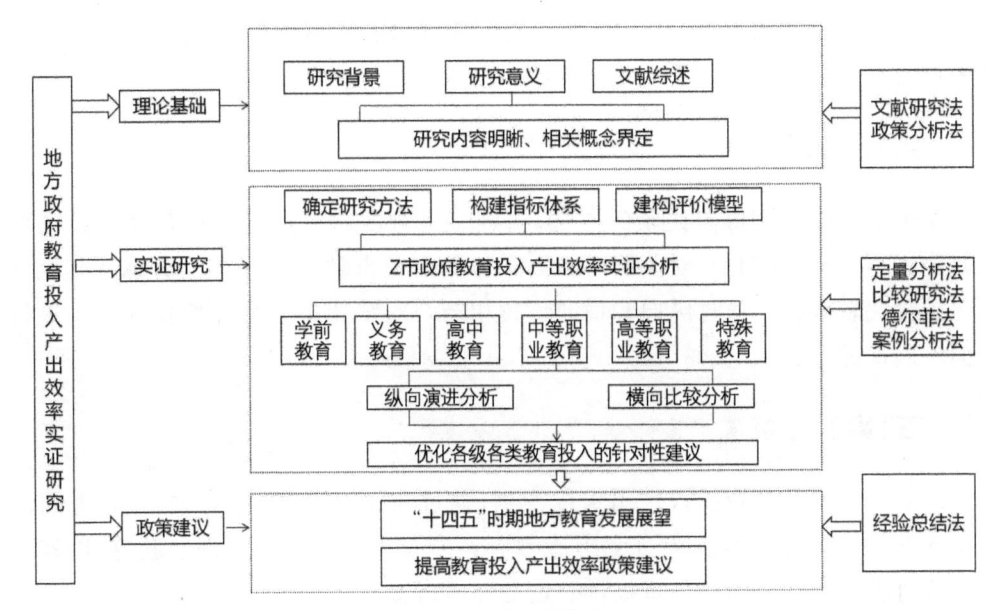

图 1-1 研究思路图

关概念界定,以丰富本书的理论基础,形成研究框架。一方面,通过梳理当前我国关于教育经费投入的政策文本,掌握地方政府教育投入与产出的现实状况,明晰教育经费投入的政策框架和改革方向;另外一方面,通过梳理和归纳国内与国外对地方政府教育投入产出的相关研究,对教育经费投入与产出的相关理论以及前期研究进行系统梳理和归纳,掌握本书的方法模型和最新成果,为本书的展开奠定坚实的理论基础。

(二)定量分析法

以滨州市学前教育、义务教育、高中教育、中等职业教育、高等职业教育及特殊教育的投入与产出情况为研究对象,基于柯布-道格拉斯生产函数测度了滨州市各级各类教育与经济增长之间的关系;通过数据包络分析法(DEA)构建出教育绩效评价模型,对滨州市教育经费投入产出效率进行测度,通过分析各级各类教育投入产出的规模效率特点,判断滨州市各级各类教育投入是否得到有效利用;进一步分析了滨州市各级各类教育投入和产出的变化趋势,掌握滨州市地方政府对教育投入的力度与政策变迁。综合各方面的分析,总结出滨州市地方政府在各级各类教育投入过程中的优点与不足,为进一步优化教育资源配置,促进教育与经济协同发展提供针对性建议。

(三)德尔菲法

该方法主要通过多种形式广泛征求教育经济学领域的专家意见,以判断教育经费投入与产出的关系及互动作用,从而为构建教育投入与产出效率的评价指标体系奠定基础。

(四)比较研究法

本书采用纵向和横向比较的方法。纵向上,对滨州市近五年教育经费投入变化趋势进行分析;横向上,对滨州市与山东省其余地市教育投入产出效率及其变动情况进行比较分析。通过纵向和横向比较相结合对滨州市教育经费投入产出进行全面深层次的了解。

(五)案例分析法

以滨州市教育经费投入产出情况为例,通过访谈、查询学校官方网站、查阅滨州市近五年教育统计年鉴等,了解其在教育经费投入过程中的先进经验等,以期为地方政府教育决策者和管理者提供一定的经验借鉴。

除去以上列举的基本研究方法,本书还应用了政策分析法、经验总结法等辅助研究方法。

三、研究内容

本书主要研究的问题是"地方政府教育投入与产出效率",基于此,本书分为四个部分:首先对地方政府教育投入与产出效率的理论基础进行研究;其次综合分析比较地方政府教育投入与产出效率的研究方法,选择最适宜的方法与模型作为本书的主要研究方法;基于所选用的研究方法选取滨州市教育投入产出情况进行现状研究;最后针对如何有效提升地方政府教育投入与产出效率提出对策建议。

(一)地方政府教育投入产出效率的理论研究

通过政策梳理和资料归纳,了解当前我国教育投入政策的基本框架、地方政府教育投入产出现状及存在的现实问题,明确本书的理论与现实意义;通过文献梳理,掌握国际与国内针对地方政府教育投入与产出方面的理论研究、方法探索、指标构建、机制保障等方面的内容,明确本书的现状、趋势和问题;基于理论研究,对地方政府教育投入与产出进行概念界定,为本书研究奠定坚实的理论基础。

(二)地方政府教育投入产出效率的方法研究

通过文献研究,探索教育经费投入产出效率的研究方法,通过比较分析明确适合研究滨州市教育经费投入产出效率的方法。基于对研究目的的达成度、所选取研究方法的特征、研究数据的可获得性等因素,选取相应指标作为本书的投入与产出指标,构建地方政府教育投入产出效率评价指标体系,并建立教育投入产出效率评价模型。

(三)地方政府教育投入产出效率的实证研究

基于《山东省教育经费统计年鉴》《山东省教育事业发展公报》等数据,选取滨州市各级各类教育投入产出情况为研究对象,通过所确定的研究方法及构建的评价模型从定量的角度对滨州市教育投入产出效率进行综合评价分析,包括近五年滨州市教育的纵向演变和与山东省其余地市的横向对比两个方面,总结归纳出滨州市在教育投入产出中的优点与不足,并提出针对性的建议。

(四)地方政府教育投入产出效率的对策研究

基于上述研究基础和现实分析,结合"十四五"时期我国教育的发展趋势,因地制宜为各地区优化教育投入与产出效率提供政策建议。

第四节 主要理论基础

上述章节针对教育投入产出效率研究的背景、目的、内容以及国内外相关研究进行了整理综述,本节将对地方政府教育投入产出效率的相关概念界定进行阐述整理,并分析介绍关于教育投入产出效率的五个主要理论基础:人力资本理论、教育成本分担理论、投入产出理论、规模经济理论、帕累托最优理论。这五个理论基础对滨州市教育投入产出效率的研究都起到了重要的支撑性作用,也为经济、社会以及教育中的投入产出效率研究起到一定程度的借鉴作用。

一、核心概念界定

(一)教育类型

通常情况下,教育类型主要是根据教育所面向的受众、开展的教育活动和教育活动的明显特征来划分的。从开展教育活动主体维度划分,教育包含学校教育、家庭教育和社会教育。不具有固定的教育场所和教育内容、固定的受众群体、固定的教育方式的家庭教育和社会教育,一般称为非形式化教育。学校教育则与家庭教育和社会教育有着明显的区别,它具有固定的受众群体、固定的教育方式、固定的教学场所和相对固定的教学内容,因此学校教育被称为形式化教育,是学术界研究教育领域最关注的问题,本书为了探索教育投入与产出效率,后续内容主要面向形式化教育展开[①]。2021年修订的《中华人民共和国教育法》[②]中明确指出:国家实行学前教育、初等教育、中等教育、高等教育的学校教育制度。但2022年新颁布的《中华人民共和国职业教育法》[③]指出:"国家优化教育结构,科学配置教育资源,在义务教育后的不同阶段因地制宜、统筹推进职业教育与普通教育协调发展。"可见,当前我国的教育类型已经发生了改变。从现有我国教育实践看,我国现行的教育类型包含学前教育、初等教育、职业教育、高等教育和特殊教育。在具体实施过程中,初等教育又分为义务教育和普通高中教育,职业教育又分为中等职业教育和高等职业教育,高等职业教育又分为专科层次职业教育和本科层次职业教育。本书结合山东省滨州市的教育实践的具体情况,结合数据的可获得性与学校行政隶属关系,将滨州市教育类型定义为包含学前教育、义务教育、高中阶段教育、中等职业教育、高等职业教育和特殊教育六个层面。后续投入产出效率将围绕六个层面展开。

(二)教育投资主体

投资主体一般指从事某项活动,投入一定的资源,并对活动享有收益的权利、责任和义务的统一体,而教育投资主体指对教育活动进行投入人、财、物等资源,并对教育活动享有权利、责任和义务的主体。在我国教育发展过程中,教育投资主体以国家、省和地方政府投入为主,企业投入的教育投资主体共存。企业投入主体一般为企业事业组织、社会团体及其他社会组织和公民个人,他们利用非国家财政性教育经费,面向社会举办经县级以上政府或县级以上教育行政部门审批通过的学校及其他教育机构。本书中的教育投资主要指滨州市人民政府和教育行政部门的投入,不包含企业投入经费和办学。

(三)教育经济

教育作为人类社会特有的活动,发挥了至关重要的作用。根据马克思经济学的观点,教育起源于劳动,人类劳动社会积累下的劳动资本和劳动技能都要依靠教育一代一代地传承下去,因此教育活动与劳动生产紧密结合,是经济活动中不可或缺的一种。教育与经济在互动中逐步形成了教育经济。[④] 魏世中认为"教育经济是

[①]李政云,欧阳河.论教育类型的划分[J].教育评论,2003(01):32-34.
[②]教育部.中华人民共和国教育法[EB/OL].[2021-05-06].http://scjgj.yibin.gov.cn/sy/xxgk/zcwj/202105/t20210506_1454599.html.
[③]教育部.中华人民共和国职业教育法[EB/OL].[2022-04-21].http://www.moe.gov.cn/jyb_sjzl/sjzl_zcfg/zcfg_jyfl/202204/t20220421_620064.html.
[④]魏世中.论教育经济[J].河北师范大学学报(教育科学版),2001,(01):53-61.

指以知识的生产、传播、运用,人才的培养、交流、培训为纽带,通过大学与企业、大学产业部门的多种形式的经济功能的强化而形成的经济实体或经济群。"从实践来看,教育经济是指教育投资的经济效益,在经济全球化的大背景下,教育经济的地位越来越重要,20世纪50年代,教育经济就在美国等发达资本主义国家形成和发展起来,并逐步发展成为世界潮流。可见,教育经济的发展对全社会经济发展至关重要。为了探究滨州市教育经济的发展状况,本书将教育经济定义为滨州市教育主管部门和教育行政部门的教育投入和产出,以及教育投入和产出形成的经济实体和经济群。

(四)教育投入

"教育投入"在经济学领域指国家、地区或单位根据教育发展而进行的人力、物力和财力的投资总和[①]。其中人力投入主要指所有除学生以外的人员,包括教师、研究人员、行政人员等;物力投入指在各种基础设施设备上的投资,包括各类建筑物、教学仪器和设备、各种书籍等;财力投入主要指教育经费投入,包括国家财政性教育经费投入和非财政性教育经费投入两部分,涉及教职工工资支出、学生奖助学金等。

(五)教育产出

教育领域的产出区别于经济领域的产出,指学校所培养出来的各种具有创造性和实践性的人才以及科学研究的成果,[②]主要包括人才培养、科学研究和社会服务等层面。

(六)效率

"效"在《新华字典》中有"致力"的意思,本义为献出、尽力。"率"的本义为两个相关的数在一定条件下的比值。"效率"放在一起即为在给定环境下,定量投入所产生的最优化目标。常见于机械做功中,如机械效率、做功效率、热效率等,也常见于各类评价中,如资源使用效率、资源配置效率等。本书中"效率"是指在限定条件下,教育投入与产出的比值,或者指教育的定量投入,得到的最优化产出。

(七)投入产出

"投入产出"一般是经济学用语,主要用于国家经济管理部门对经济各部门生

[①] 靳希斌.教育经济学[M].北京:人民教育出版社,1997:8-9.
[②] 马卓.长江经济带高等教育投入产出效率测度及空间差异研究[D].武汉工程大学,2022.DOI:10.27727/d.cnki.gwhxc.2022.000530.

产要素投入和生产产品的分配进行平衡的手段。投入产出最早可追溯至瓦尔拉的一般均衡理论。此后经历了由封闭式发展为开启式的第一阶段,由静态模型发展为动态模型的第二阶段,由单一的投入产出模型发展为与现代科学管理方法相结合的第三阶段。20世纪60年代后,发达国家开始采用投入产出分析本国经济情况,我国大约于20世纪70年代后,陆续开展经济投入产出分析。随后投入产出出现在各个经济分支领域[①]。本书中对滨州市教育经济的投入和产出进行了分析,对劳动投入(教育投入中的师资投入、经费支出和固定资产等)和产出产品(人才培养、科技成果和社会服务等)进行分析。

(八)教育投入产出效率

教育投入与产出效率指教育经济作为经济社会非常重要的一部分,在既定条件下,教育投入一定,教育产出的产品达到最优,是教育经济学中常见的评价方法。主要考量教育投入的最优化问题,通过投入产出效率分析,得出教育投入存在的问题,为后续教育行政部门决策提供依据。"效率"一词最初起源于管理学领域,指用有限的资源投入而获得最大的产出。[②] 教育投入产出效率可以简单理解为教育所付出的人力、物力、财力是否获得了最大收益。王善迈先生曾给出关于教育供给效率的公式:教育供给效率=教育成果(产出)÷教育资源效率(投入),指出教育投入产出效率就是教育产出与教育投入之比。基于此,本书中教育投入产出效率就是指地方政府投入教育经费后在人才培养、科学研究、社会服务等方面是否达到了最大收益,用公式表达就是地方政府教育投入产出效率=地方政府教育产出÷地方政府教育投入。

二、主要理论基础

(一)人力资本理论

人力资本理论由美国哈佛大学教授J.R.Walsh提出,最早是在经济学研究领域提出相关概念,产生于18世纪欧洲工业革命之后,并在20世纪60年代盛行,在此期间不断有学者提出新的经济理论来丰富和发展人力资本理论,这一理论的主要贡献者有西奥多·W.舒尔茨、丹尼森、加里·贝克尔等,其中舒尔茨系统地阐述和概括了人力资本理论,被称为"人力资本理论的创建者和促进者",他的研究成果对

[①] 赵小峰.涉农高等职业院校教育"投入-产出"效率研究[D].西北农林科技大学,2018.
[②] 李蓓蓓.政府教育投入效率的DEA研究[D].云南师范大学,2021.DOI:10.27459/d.cnki.gynfc.2021.000243.

该理论的丰富发展起到了极大的推动作用。其中他提出人力资本是指通过后天投资所获得的劳动所呈现出来的智慧、技能和知识能力,并直接影响到社会未来的发展方向。

人力资本理论的主要关注点是围绕如何提高人力资源即劳动力质量与素质,并强调教育是促进经济增长的主要方式之一,教育是以人力资本即劳动力来促进教育人才技能的提升,充分开发人力资源,实现经济增长,提高社会生产力,因此教育在其中起到了无可替代的关键作用。其中,学者们强调教育投入在人力资本中的特殊价值,以及对人力资本产生的巨大影响,因此教育投入是人力资本理论中的核心观点,人力资本将教育和社会经济发展联系结合在一起,促使人们开始重视并关注对教育的投入。另外,研究者还指出,人力资源可以进一步区分为拥有不同素质和技能水平的人力资源,在经济增长过程中,高素质高水平劳动力的产出效率很大程度上是高于那些具有较低综合素质的人力资源的产出效率的。

人力资本理论特别提出,人类的进步是依靠教育形成高素质高质量人才,进而为社会带来更大的价值。[①] 国家对教育投入中人力资源利用开发的重视和关注,促使各级各类教育改革发展过程中各主体着重对高素质高质量人才培养体系的建设和保障,通过各主体对教育的投入来间接地促进经济增长和社会进步,各要素之间相互影响、相互促进并相互制约,最终能够为国家以及社会带来最大程度的教育产出价值呈现。例如,义务教育是我国在提升学生基本素质和道德素养过程中起着至关重要作用的一种教育类型,是我国国民教育的基础和保障,因此,国家加强对义务教育均衡发展的重视就是对人力资本投入积累的重视,这在更好推动国民经济和教育进步发展的过程中发挥着不可或缺的关键作用。

教育投入对一个国家以及地区的经济发展起着非常重要的作用。本书中的义务教育、中等职业教育以及高等职业教育中教职工及专任教师数量等作为人力资源投入的高低,代表着区域对各类教育人力投入力度的大小。本书以滨州市为研究样本,以柯布-道格拉斯生产函数为基础,通过经济计量的方法,探讨滨州市各类教育投入对经济增长的贡献。研究发现,政府需要合理协调各级各类教育的资源分配,实现整体产出效率的最优化。比如,在我国对高等教育投入以及教职工数量现状调查中发现,人力资本投资是重要投资之一,需要国家对教育的发展投入更多的精力,通过人力资本促使个体教育活动和国家经济增长连接起来,并成为培养高质量高水平人才的重要手段,因此,人力资本理论在本书中起到关键的理论支撑性作用。

---

① 马卓. 长江经济带高等教育投入产出效率测度及空间差异研究[D]. 武汉工程大学,2022. DOI:10.27727/d.cnki.gwhxc.2022.000530.

(二)教育成本分担理论

在 20 世纪 80 年代,美国著名经济学家 D.B.约翰斯通(D.Bruce Johnstone)为解决美国高等教育出现的经费短缺问题,提出了教育成本分担理论,教育成本是用来解决教育成本由谁来承担以及各自承担比例的大小等诸多问题。[①] 教育成本分担理论指出教育投入的资本与收益成反比关系,即在教育投入规模不变的前提下,教育投入的资本成本越高,教育的回报率就越低;反之,回报率就越高。因此,可以利用教育成本吸引教育投资主体加大对各级各类教育领域的投入,同时促进国家教育需求的增长。

教育成本分担理论指出,国家、社会、企业以及学生群体等主体都能够从教育的巨大影响力中获取各自的所需利益,因此教育成本的承担主体应该是由政府、企业、社会、家庭和个人等多元投入结构组成。例如,针对高职教育的投入状况来说,其社会属性决定了其成本支付和补偿既不能完全由社会市场来承担,也不能完全由政府用公共财政来支付。[②] 另外,在不同的教育阶段中,个人教育成本和社会教育成本所占的比例存在一定的差异,两者存在一定的约束关系,并受到社会教育投入的影响。例如,通过高等教育,学生自身的综合素质和技能获得提升,企业和社会也收获了通过高等教育培养出来的大批专业型职业人才,进而能够推动经济社会以及教育事业的发展,那么学生个人需要承担大部分教育成本费用,企业和社会也需要承担相应的教育成本费用。但在高等教育这个时期,个人教育支出是要高于义务教育时期需要支出的费用占比的。因此,教育成本分担理论是当前我国促进各级各类教育持续健康稳定发展的一个重要研究理论,对该理论的学习和研究也是更好地促使社会、经济和教育等多方面增长进步的重要途径之一。

本书以滨州市为研究样本,以柯布-道格拉斯生产函数为基础,通过经济计量的方法,探讨滨州市各类教育投入对经济增长的贡献。针对滨州市各级各类教育的基本情况以及当前教育成本分担机制,以政府为投入主导者,以社会、企业、学校以及个人为主体,增加对各类教育的投入力度,更多考虑除政府拨款之外的企业等多方教育投入来源,多元筹措资金经费,并结合不同承担主体的具体支付能力来科学合理地分担教育成本,更好地促进各级各类教育产出效益的获得,进而推动国家以及区域经济的均衡协调增长。因此,需要多个受益主体共同承担教育成本投入的这份责任,充分结合国家和社会市场的现实情况,构建出合理科学的成本分担机制。

[①] D.B.约翰斯通.高等教育的成本分担:英国、德国、法国、瑞典和美国的学生财政资助[M].北京:人民教育出版社,1986:120.
[②] 李嘉欣.广东省高职教育经费投入现状及其绩效研究[D].广东技术师范大学,2022.DOI:10.27729/d.cnki.ggdjs.2022.000149.

另外,各方受益主体可以根据从教育事业中所获得的利益情况来分担相应部分的教育成本。例如,家庭和学生个人通过各级各类教育的培养和获得,可以提高各自的社会地位、收入水平以及个人价值;国家和企业对教育的投资宏观上可以促进社会人才综合素质和能力的提升,进而促进国家经济增长和企业行业转型升级。因此,各个主体之间在教育投入上要保持一定的合理性和公平性,来保证我国各类型教育事业的持续稳定发展。

(三)投入产出理论

投入产出法是美国经济学家华西里·列昂惕夫(Wassily Leontief,1906—1999)首先提出的。但与这一类模型有联系的早期研究可追溯到1758年发表的F.奎奈的经济表、19世纪到20世纪初数理经济学派L.瓦尔拉的全局均衡理论以及苏联编制的国民经济平衡表。1904年俄国经济学家德米特里耶夫提出了计算产品完全劳动消耗的思想和公式。1936年列昂惕夫提出"投入产出分析说"这个经济学概念,其论文《美国经济系统中投入与产出的定量关系》的发表标志着投入产出理论概念的诞生[1],他在后期还进一步完善了其理论框架。该理论主要分析某一特定经济活动中各部门的生产投入与产出之间数量的平衡以及依赖关系,投入产出分析主要通过编制投入产出表、建立线性方程并建立相应的数字模型这三个步骤来分析投入产出主体间的相互依存关系。其中,投入是指生产过程中使用的各种资源和要素消耗,产出是指生产过程中创造的各种商品及劳务价值体现,借助各种技术将投入转化成产出,并最终综合分析出各种经济体系中存在的复杂的投入、产出、再投入、再产出的比例关系。

其中投入产出表是由投入表和产出表两者纵横交叉组成的,投入表包括物质消耗、劳动报酬和剩余价值,后二者又可以统称为新创造价值,产出表包括中间产出和最终产出,简化形式见表1-1。[2]借助各种图表和模型处理,得出各个部门之间投入与产出的数量或线性关系,并且可以在实际操作时,结合具体情况,选择不同类型和结构的表格和模型。

表 1-1 投入产出表

投入	产出		
	中间产出	最终产出	总产出
物质消耗	X_{ij}	Y	X_i
新创造价值	N		
总投入	X_j		

---

[1] Leontief W. Quantitative input-output relations in the economic system of the United States[J]. The Review of Economic and Statistics.1936,18(3):105-125.
[2] 王春花.基于投入产出理论的河北高校重点学科建设绩效评价研究[D].河北大学,2015.

投入产出理论随着学者们研究的深入以及与社会经济实际的融合碰撞,在不断地发生着变化并被广泛应用到各个研究领域中。其中,教育投入和产出的关系是在教育经济研究领域中最主要的经济关系。对各级各类教育的投资实际上是一种生产性的投资,投资中需投入教育成本,然后从教育产出的产品中获取相应的效益。[①] 在我国当前各区域各地区教育事业的发展中,教育投入无法满足需求、教育投入是否被有效利用、教育产出效率如何、如何提供教育服务等都是需要重视关注的教育现实问题,因此,学习并利用投入产出理论对教育资源投入产出效率进行分析,是促进我国各地区教育资源能够被合理有效运用的关键一步。

在构建教育投入产出模型时,可采取多种操作方法,如经济计量方法、最优控制方法等。本书以滨州市为研究样本,以柯布-道格拉斯生产函数为基础,通过经济计量的方法,探讨滨州市各类教育投入对经济增长的贡献。在我国教育投入研究的发展中,可以发现,投入的来源是多样化的,包括人力、物力、财力资源的投入消耗;产出即提供的教育服务也是多样化的,包括学校教育活动,课堂传授知识等方式培养出优质高水平人力资源。教育投资作为一种生产性投资可以计算投入与产出的关系,因此,将投入产出理论运用到教育领域中是可行且科学的。

但教育投入建设不是一个简单易行的投资活动,它是涉及关于人的多投入和多产出的教育活动,存在很多无法估量、无法计算,甚至不会显现出来的产出效果。因此,要想更好地反映教育投入发展的效率和水平,就要积极引用学习投入产出理论中与实际教育建设发展相关的内容,切忌完全按照经济学理论进行生搬硬套,要厘清在教育领域中教育投入与产出的关系,从多角度、多维度去分析教育资源投入产出的效率现状,构建各级各类教育投入产出效率最优体系。

(四)规模经济理论

规模经济理论是经济学领域的一个重要概念,由经济学家亚当·斯密提出,旨在明确阐述生产规模对生产效率的作用关系,反映出投入与产出的关系,与规模收益关联度较高。规模经济理论的典型代表人物还有阿尔弗雷德·马歇尔(Alfred Marshal)、张伯伦(E.H.Chamberin)、罗宾逊(Joan Robinson)和贝恩(J.S.Bain)等学者。

规模经济理论指出,在经济生产过程中,生产效益一定程度上随着生产规模的扩大而增加,生产平均成本也会随之不断降低,此时每增加一单位的生产要素所增加的生产效益就是规模收益。[②] 另外,基于成本角度来看,当生产规模超过一定范

[①] 王联东. 基于DEA的云南省青少年校外活动中心投入产出效率研究[D].云南大学,2018.
[②] 张星星.湖北省高校教育投入与产出效率比较研究[D].武汉工程大学,2022.DOI:10.27727/d.cnki.gwhxc.2022.000266.

围后,平均生产成本被迫增加,生产效率会随着生产要素投入的增加而减少,就会出现规模不经济现象。[①] 因此,生产规模要保持最优合理范围,在这个范围内,扩大规模才可以带来生产效益的增加,如超出范围就会产生相反的效果,导致效益降低。该理论实质上反映的是投入与产出的关系,规模经济是实现规模利益和利润最大化的必要步骤之一。

本书中在各级各类教育的 DEA 模型以及理论研究的基础上,对滨州市各级各类教育的综合效率、纯技术效率、规模效率和规模收益进行测算分析,其中的规模效率分析和规模收益分析可以体现出规模经济理论中的主要论点。首先,规模效率是指规模安排是否适宜,反映实际规模与最优生产规模的差距,当规模效率值等于 1 时,说明教育经费投入产出的规模已达到最优状态,规模过大或过小都会影响投入产出效率。其次,规模收益反映的是当其他条件不变的情况下,决策单元的投入要素变化所带来的产出变化情况,主要分为递增、递减和不变三种情况:

$$f(tx_1,tx_2,\cdots,tx_n) > tf(x_1,x_2,\cdots,x_n)$$
$$f(tx_1,tx_2,\cdots,tx_n) = tf(x_1,x_2,\cdots,x_n)$$
$$f(tx_1,tx_2,\cdots,tx_n) < tf(x_1,x_2,\cdots,x_n)$$

当处于规模收益递增状态时,说明加大投入规模能获得成倍的产出;当处于规模收益递减状态时,说明加大投入规模不会得到成倍的产出;当处于规模收益不变的状态时,说明投入增加一倍,产出增加一倍。因此,要根据国家和区域当前的教育投入规模处于何种状态,分析出采取何种措施来获得更多的教育产出效益,进而促使各地区各院校教育实现最优化发展。

规模经济理论还指出,在某一程度的生产水平下,生产过程和想要达到的最佳规模效率之间存在差异,要尝试采取适当分工或寻求外部助力等措施对其进行调整,同时,在对社会劳动力的培养过程中,人才的质量水平和稳定状态也会影响到经济成本规模的数量和质量,因此,要通过加强劳动力的提升来促进新的经济以及教育效益的最优产出。

将规模经济理论应用到各级各类教育的研究领域中,教育效益在国家以及区域相应办学规模下会随着教育资源投入的增加而增加,教育成本会逐渐降低,但超过了一定的办学规模之后就会破坏规模效率的最优状态。[②] 国家对各级各类教育采取的政策支持以及措施保障,体现出对院校多样化发展的重视,各类教育也应根据各自的教育资源努力提高其教育规模效率,将规模经济理论运用到教育改革发

[①] 朱青.高等教育效率评价及影响因素研究[D].西南大学,2017.
[②] 张星星.湖北省高校教育投入与产出效率比较研究[D].武汉工程大学,2022.DOI:10.27727/d.cnki.gwhxc.2022.000266.

展中,尽可能使得教育规模达到最优状态,使其对教育系统的完善改革发挥出最好的经济效果。

(五)帕累托最优理论

帕累托最优理论也被称为帕累托效率理论,代表资源配置的一种理想状态,是用来界定经济效率是否有效的主要标准。帕累托效率是以20世纪初意大利经济学家维弗雷多·帕累托的名字命名的。当经济效率达到一种状态时,每个人的经济状况都好到任何人都不能再得到好处的程度,并且不会让另一个人受到任何损失,没有更多改进空间的状态称之为"帕累托最优",也可以理解为再增加一个人的福利便会无法避免地导致其他人的福利减少。但受到现实中各种条件的限制,只能作为资源配置的参照模板,因此这只是一种理想状态,在现实世界中是不可能达到"帕累托最优"状态的。虽然如此,帕累托最优理论仍然可以为本书进行教育资源投入产出研究提供一个理论支撑。

帕累托最优状态可以从配置效率这个因素角度来论证使得社会福利最大化。那么,资源最优配置可以理解为是一个纯粹经济效率概念,其本身不涉及任何有关社会福利的伦理道德标准问题,并且实现最优资源配置的必要条件就是实现帕累托效率和社会最大福利的必要条件。[①] 例如,从教育投入的研究角度来看,整个教育体系如果能够做到合理有效地分配教育资源,不存在一部分学校福利较其他学校更多的情况且又不存在损害他人利益的替代方案,那么该方案就达到了"帕累托最优"效果。

帕累托最优理论实质上是从社会福利的角度思考衡量资源分配合理性和有效性的一种价值判断。根据帕累托效率理论,在经济社会中,没有人可以在不损害别人利益的同时,提高自己的收益,而至少有一人可以在不损害别人利益的同时,提高自己的收益的过程,就是帕累托优化过程。[②] 教育资源投入可以看作是一个帕累托优化过程,如果教育资源能够被合理运用和分配,即教育投入和产出效率越高,就可以说教育资源投入分配达到了帕累托最优。另外,在我国市场经济的内在发展要求下,促使教育投入在各区域各层次做到均衡分布,在实现社会福利最大化条件的背景下,不断追求教育投入和产出效率的最优效果。

本书以滨州市为研究样本,以柯布-道格拉斯生产函数为基础,通过经济计量的方法,探讨滨州市各类教育投入对经济增长的贡献。基于帕累托最优理论,主要思

[①] 张晓第. 环境效率经济的理论与实践研究[D]. 中国地质大学(北京),2008.
[②] 卢钊丞. 江苏省高等教育投入产出效率评价及提升策略研究[D]. 南京师范大学,2021. DOI:10.27245/d.cnki.gnjsu.2021.003221.

考当前各级各类教育存在的教育投入和资源分配问题以及如何使得区域各级各类教育投入和产出效率达到最优效果。例如,当前高等职业教育资源投入的供给总量是小于需求总量的,存在某种程度上的错位和失衡,因此高职教育应该在教育投入总量不变的情况下,优化资源配置,适当调整投入规模,充分利用有限的人力、物力和财力,尽量避免教育资源的浪费,以便实现更大的产出效率和效益。总的来说,帕累托最优理论对于分析研究滨州市教育投入产出效率有着关键重要的理论支撑作用,通过该理论可以客观、科学地分析教育投入规模是否可以和社会经济发展水平的实际情况相匹配,找出在当前教育投入的体系以及结构等中存在的问题,不断调整优化我国各级各类教育投入的方向和研究思路。

第二章 地方政府教育投入产出效率评价

第一节 地方政府教育投入产出效率评价的原则和方法

投入产出分析理论自美国经济学家 Wassily Leontief 于 20 世纪 30 年代提出之后发展迅速,至今天理论体系已趋近完善,数学和经济学模型不断扩充改进。当前投入产出效率的模型评价方法分为两个大类:参数分析法和非参数分析法。参数分析法中的模型有具体包含参数的数学表达式,分析的任务是将参数用数据估计出来进行分析,如最常见的一元线性回归分析法;相反,非参数分析法中的模型没有具体表达式,有的只是一些分析目标和原则限制,分析任务是通过收集的数据和任务目标,运用相应的算法进行处理从而得出分析结果,如常用的主成分分析法。[1]除了基于数学模型的分析方法,我们还有不包含数学模型的分析方法,如绩效指标体系评价法等,这些方法在一些简单的投入产出分析中常有运用。本章将设定本书运用投入产出效率评价的原则,在此基础上,详细阐述当前在国际和国内教育领域常用的两大类投入产出模型分析方法以及非数学模型类分析方法,并对比分析其优缺点,从而选择出最适合地方政府教育投入产出效率评价的方法。

一、地方政府教育投入产出效率评价原则

(一)客观性原则

客观性是教育投入产出效率评价的基本要求。进行教育投入产出效率测算的目的在于给地方政府教育行政部门在人、财、物投入方面以客观的价值判定。缺乏客观性的教育投入产出效率评价是无意义的,会导致教育投入决策方向出现错误。

---

[1] 卢钊丞. 江苏省高等教育投入产出效率评价及提升策略研究[D].南京师范大学,2021. DOI:10.27245/d.cnki.gnjsu.2021.003221.

为了做到测算结果的客观性,应在投入产出效率测算标准方面保证客观,在投入产出效率测算方法方面保证客观;应以科学可靠的测算方法为工具,以真实可靠的数据资料为依托,以客观存在的事实为基础,客观地评价教育投入产出效率。

(二)最优性原则

最优性是指地方政府在评价教育投入产出效率时,要综合考虑教育投入资源的利用率和使用率,通过对投入产出效率进行实证测算,找出教育投入产出效率存在的问题,从而调整教育投入资源的产出最优化,使得教育投入资源的效率和利益最大化。

(三)发展性原则

地方政府教育投入产出效率评价应着眼于教育的进步、动态发展,着眼于教学质量的提升,以调动办学主体的积极性,提高教学质量。因此,地方政府教育投入产出效率评价应是鼓励办学主体提高教育投入资源使用效率的手段。

(四)整体性原则

地方政府教育投入产出效率评价应树立全面观点,从教育工作的整体出发,进行多方面的指标建设和评价,预防以点带面、以偏概全,整体性不等于个别化,也不等于评价化,要从决定地方政府教育投入产出效率低的主要矛盾上进行探讨。量化评价与质性评价相结合,以求全面、准确地接近客观实际。

(五)指导性原则

地方政府教育投入产出效率评价应在指出教育投入效率和产出效率的长处、不足的基础上,提出建设性意见,促使地方政府教育投入能够有效配置、产出效率提高。地方政府教育投入产出效率评价应给教育行政部门反馈信息,为教育投入配置指明方向和增添前进的动力。

二、投入产出参数分析方法

(一)生产函数法:柯布-道格拉斯生产函数

柯布-道格拉斯生产函数是美国数学家柯布(Charles W. Cobb)和经济学家道格拉斯(Paul H. Douglas)在分析研究美国制造业的投入生产情况时提出的模型。[①]

[①] 黄婷.贵州制造业发展障碍及对策的研究[D].贵州财经大学,2015.

起初,最原始变量选用的是制造业产出量 P、工人雇佣数 L、固定资本和流动资本总和 C,他们试图构建一个模型来厘清三者之间的关系,这就形成了最早的柯布-道格拉斯投入产出理论。之后他们又引入了技术水平因素,最终得出了生产函数的基本形式:

$$Y = A(t) \cdot K^{\alpha} \cdot L^{\beta}$$

Y 为一定时期的总产量或生产水平;$A(t)$ 代表一定时期的技术水平,通常包括劳动力水平、技术基础、经营管理能力等,现在学者常用生产效率系数 A 代替 $A(t)$;K 为资本投入,通常指固定资产投入;L 为劳动投入,一般为劳动力人数。α、β 分别为资本产出和劳动产出的弹性系数,这两个参数为开展投入产出分析的关键:当 $\alpha+\beta>1$ 时,代表该生产主体为规模收益递增型,认为"投入会获得超额产出回报",应扩大生产投入;当 $\alpha+\beta=1$ 时,认为该生产主体已达到最均衡的生产规模,为规模收益不变型,应保持投入不变,若想寻求新的产出收益突破,需在综合技术水平上多下功夫;当 $\alpha+\beta<1$ 时,为规模收益递减型,表示当前生产主体的生产规模过大,边际收益递减,应适当缩小规模,降低成本。①

一般地,该模型的拟合方法为两边取对数,变换为线性模型进行求解:

$$\ln Y = \ln A + \alpha \ln K + \beta \ln L$$

柯布-道格拉斯生产函数在提出之后,学者们就模型的适用性和因素独立性提出了质疑,并提出了一系列改进方法。美国经济学家 R. M. Solow 在研究美国 1909 年至 1949 年的经济增长时,发现除了资金资本和劳动力资本之外,还有其他资本存在。在技术中性的前提假设下,他解析出技术水平和技术进步对产出增长的贡献,推导出增长速度方程,$p = a + \alpha \cdot k + \beta \cdot l$,其中 p 为产出量增长速度,a 为技术水平因素的增长速度,k、l 分别代表资本投入和劳动投入增长速度,α、β 分别为资本产出和劳动产出的弹性系数,该方程表明产出增长率为各项投入增长率的加权和。②

周洛华(2001)为打破柯布-道格拉斯生产函数模型仅有资本、劳动力两种投入的限制,基于信息时代的特点提出了模型的改进形式:$Y = K_0^a \cdot L_0^b \cdot K_1^c \cdot L_1^d$,其中 K_0、L_0 为非信息的资本和劳动投入,K_1、L_1 为信息的资本和劳动投入,a、b、c、d 为对应的产出弹性系数。③ 周洛华在其专著《信息时代的创新及其发展效应》中运用了此模型,并验证了柯布-道格拉斯生产函数多要素投入的可行性,进一步充实了柯布-道格拉斯生产函数的理论,提高了可推广性。

随着柯布-道格拉斯生产函数进一步发展,该方法也逐渐被运用于教育活动的

---

① 董晓花,王欣,陈利.柯布-道格拉斯生产函数理论研究综述[J].生产力研究,2008(03):148-150. DOI:10.19374/j.cnki.14-1145/f.2008.03.054.

② 侯荣华.索洛模型中参数确定方法的改进[J].上海大学学报(自然科学版),2000(02):183-185.

③ 周洛华.信息时代的创新及其发展效应[M].复旦大学出版社,2001,ISBN:9787309030136

投入产出分析。李汝根据教育投入产出的特性改进了柯布-道格拉斯生产函数,并用其分析了我国高等教育投入产出效益,得出了21世纪初我国高等教育的投入产出规模收益递增,且劳动的投入效益远远大于资本的投入效益的结论。[①] 改进模型的形式为:

$$Q = A \cdot K^{\alpha_0 + \alpha_1 X_1 + \alpha_2 X_2} \cdot L^{\beta_0 + \beta_1 X_1 + \beta_2 X_2} \cdot e^{\gamma_1 X_1 + \gamma_2 X_2 + \varepsilon}$$

根据教育领域的特殊性,周洛华将教育产出 Q 确定为我国全日制普通高等学校在校生所占总人口比重,资本投入 K 为高校获得的投资总额,劳动力投入 L 为高校教师人数,e 为随机干扰项。改进模型的亮点是将对应的弹性系数 α、β 变式为国家财政资金投入占高等教育经费投入的比重 X_1、高校从业人员中专职教师占比 X_2 的线性组合,用于体现高等教育多元化的融资渠道特征和人力资本结构性特征。α_1、α_2、β_1、β_2 则分别代表资本投入结构、人力资源投入结构的变化对资本产出和劳动力产出弹性的影响;γ_1、γ_1 为资本投入结构、人力资源投入结构变化对教育产出的边际影响参数。A 为系数。

(二)回归分析法

回归分析是数据分析的奠基和基础的模型之一,自19世纪末被英国生物学家兼统计学家 Francis Galton 提出以来,被广泛应用于各个领域,其中线性回归模型因其通俗易懂的统计学原理和参数估计方法,应用范围最广。其模型的基本形式为:

$$Y = \alpha + \beta X + \varepsilon$$

上式中 Y 为因变量,X 为自变量,α、β 为模型参数,ε 为随机干扰项。回归模型直接明了地展现了解释变量与被解释变量之间的关系,当 $\beta > 0$ 时,X、Y 呈正相关,且 β 越大,X 对 Y 的拉动力越强;当 $\beta = 0$ 时,X、Y 不相关;当 $\beta < 0$ 时,X、Y 呈负相关,且 β 的绝对值越大,X 对 Y 的负影响力越强。该模型在投入产出分析中亦十分常见,分析的思路一般将 Y 作为产出,$X = (X_1, X_2, \cdots, X_n)$ 作为投入,拟合模型来量化研究投入产出之间的关系。

赵正洲和王鹏(2005)运用线性回归模型,测度了高等农业院校科研投入产出指标之间的数量关系。选取博士生人数、博士生导师人数、科研课题数、科研经费为投入;论文总数、出版的科技著作数、专利的授权与申请数等7项为产出。他们将投入产出两两进行组合进行一元回归,再就所有投入对每一项产出进行多元回归分析,逐一分析其定量相关关系。最终得出扩大博士生教育规模对提升学校科研水平有着决定性的作用,而扩大博士生教育规模最关键的则是充实博士生导师人

[①] 李汝.对我国高等教育投入产出效益的实证分析[J].辽宁教育研究,2006(01):34-37. DOI:10.16697/j.cnki.xdjygl.2006.01.010.

数,同时科研经费关系着科研课题和成果的产出数量和质量。[1]

Simar 等人(2007)在分析大学产出效率的影响因素时,发现未知的序列相关性使得已有的投入产出模型的估计效果不显著,因而为避免不可优化的潜在序列相关性,提出了 Bootstrap-truncated 回归分析方法。该方法的中心思想是通过 Bootstrap 重复采样观测数据,扩大数据的样本含量,而降低序列相关性,从而得到显著的模型估计结果[2]。

欧阳露莎等人(2009)运用偏最小二乘非线性回归分析模型解析了湖北省高等教育的投入产出情况,选用 X_1 为高校经费支出,X_2 为科研经费支出,X_3 为专职教师数,X_1、X_2、X_3 为投入指标;研究课题数为产出指标 Y,拟合模型 $Y = \alpha_0 + \alpha_1 X_1 + \alpha_2 X_2 + \alpha_3 X_3 + \alpha_4 X_1 X_2 + \alpha_5 X_2 X_3 + \alpha_6 X_1 X_3 + \alpha_7 X_1^2 + \alpha_8 X_2^2 + \alpha_9 X_3^2$。通过高契合度的估计模型,欧阳露莎等人证明并量化了三个投入指标与研究课题数之间的联系,并用估计模型和已知的投入情况对课题数产出量进行了精确预测[3]。

三、投入产出非参数分析方法

(一)主成分分析法

于 20 世纪初由统计学家 Chales Spearman 提出的主成分分析法是基础的非参数分析工具之一。降维是方法的核心思路,目的是从众多变量和指标中筛选出最具有代表性的,并用原有指标进行线性组合构造新的变量,降低指标之间的关联度,进而达到用少数变量代表全体的效果,降低后续分析的难度,同时提高后续方法模型的准确度。作为一种非参数分析方法,主成分分析法没有固定的模型公式,选择变量的原则是方差最大,构造主成分即新变量的方法是矩阵正交变换。具体步骤为:指标数据标准化—指标关联度计算—确定主成分个数—运用方差最大原则和正交变换得到各个主成分表达式—带入其他模型进行后续的分析。第 i 个主成分的表达式通常为:

$$F_i = \alpha_{1k} Z_1 + \alpha_{2k} Z_2 + \cdots + \alpha_{ik} Z_i$$

$\alpha_{1k}, \alpha_{2k}, \cdots, \alpha_{ik}(k=1,2\cdots m)$ 为指标集 X 的协方差矩阵的特征向量值,Z_i 为指标 X_i 标准化之后的数值。主成分一般选取 2~4 个,要求至少能代表总体 70% 以上的信息。在投入产出分析中,由于经济活动和生产活动的复杂性,投入产出指标

---

[1] 赵正洲,王鹏.高等农业院校科研投入——产出的定量研究[J].绥化学院学报,2005(01):172-175.

[2] Léopold Simar, Paul W, Wilson. Estimation and inference in two-stage, semi-parametric models of production processes[J]. Journal of Econometrics. 2007, 136(1):31-64.

[3] 欧阳露莎,刘寅,刘敏思.湖北省高等教育投入-产出状况的偏最小二乘回归分析[J].中南民族大学学报(自然科学版),2009,28(04):111-114.

数量和种类众多，因此降维成为指标处理的重要工具，主成分分析法成为众多投入产出研究的必选方法。

张玉韬等人(2010)运用主成分分析法将院士人数、重点实验室数量、重点学科数量等8个博士后教育投入指标进行处理，重新构造了3个投入指标，将论文国际期刊收录数量、专著数量、社会力量奖励次数等13个博士后教育产出指标进行处理构造了总产出指标。之后他们运用回归模型，分析了各项投入与总产出之间的关系，发现我国博士后教育与成果产出尽管存在正相关关系，但各投入因子与总产出的回归系数显著性不强、关联度不高，尤其是经费投入对博士后成果产出的影响不显著，得出了亟待提升经费利用效率的结论。[①]

杨怀宇等人(2014)在分析经管类实验教学示范中心投入产出效率时，运用主成分分析法将教师数量、专职教师数量、专职中高级职称人数、博士学位人数等9个投入指标降维构造出3个主成分投入指标，同时通过3个主成分包括的指标将经管类实验教学示范中心投入分为了三类：日常维护投入、人力资本投入、固定资本投入；将国内外交流成果推广、高校数量、省部级教学成果奖、中心专职人员发表教研论文等17个产出指标重新构造为4个产出总成分，并根据构成指标将产出归纳为科研实力、教学规模、教研能力和社会影响四类。对每一类产出主成分建立多元回归模型：$O_i = \alpha + \alpha_1 I_1 + \alpha_2 I_2 + \alpha_3 I_3 + \alpha_4 I_4$（$O$是Output的缩写，代表产出；$I$是input的缩写，代表投入）($i=1,2,3,4$)，分别分析投入与产出之间的关系，得出社会影响与资金投入密切相关，固定资本投入决定教学规模的大小，教研能力、科研实力产出的关键投入因素均为人力资本投入。[②]

(二)数据包络分析法：DEA模型

数据包络分析法DEA模型是由美国运筹学家、数学家Charnes和Cooper于20世纪末提出的一种线性规划模型，目前在效率评价和投入产出分析领域应用范围最广。这是一种适用于多投入-多产出的评价分析方法，将需要评价的各项指标看作一个评价群体的包络，继而逐一计算每个决策单元的投入产出比重，从评价群体中筛选出相对规模最优的一个或多个决策单元(DMU，Decision Making Unit)[③]。根据这些相对最优决策单元的生产组合能够得出有效生产规模，称为有效生产前

[①] 张玉韬，马宁玲，王松青，王修来.我国博士后教育的投入-产出关系分析[J].科技管理研究，2010，30(03)：191-193.
[②] 杨怀宇，平瑛，严芳.经管类实验教学示范中心投入产出探究[J].实验室研究与探索，2014，33(04)：137-141+174.
[③] 胡湘洪.基于数据包络分析的质量管理人才投入产出效率研究[D].合肥工业大学，2017.

沿,将该生产规模与当前生产模式进行对比:当 DMU 位于该生产前沿上时,认为此 DMU 生产规模有效;当 DMU 位于有效生产前沿下时,认为 DMU 生产规模无效,从而达到评价和建议的目的。[①] 如图 2-1 所示,折线 CD 为生产前沿,A、B 为可能的 DMU 生产规模,当 A、B 位于折线 CD 上任一点时认为生产规模有效,效率值为 1。[②]

DEA 模型不考虑复杂多变的中间过程,只关注最初投入和最终产值,同时计算分析过程不需人为赋权,推广和实用性极强,因此成为当前大部分投入产出分析的首选模型和方法。学者们为使 DEA 模型能契合地应用于各种生产情形和领域,构造出了多种 DEA 模型,最经典的是 DEA-CCR、DEA-BCC、DEA-Malmquist 这三类模型。

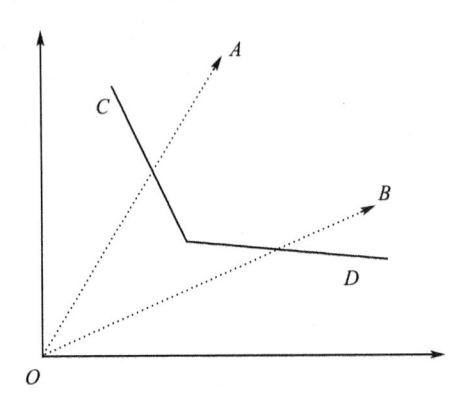

图 2-1 DEA 生产前沿示意图

1.DEA-CCR 模型

DEA-CCR 模型是 DEA 的传统模型,也称之为静态评价模型,是在假设规模收益不变的前提下评价决策单元(DMU)的相对效率。吴峰运用 DEA-CCR 模型,选用 8 个投入单元、8 个产出单元,分析了 4 所高等院校的教育成本投入与办学效益,得出了各校的成本规模曲线并分析比较了投入规模和效果,用实证分析验证了 DEA-CCR 模型用于教育投入产出理论的有效性。[③] 戚湧等人(2008)基于 DEA-CCR 模型设计了高校科研绩效评价体系,证明了该模型和方法在高校绩效评价的应用有效性。[④] 假设有 n 个评价决策单元,DEA-CCR 模型的基本形式如下:

---

①侯启娉.基于 DEA 的研究型高校科研绩效评价应用研究[J].研究与发展管理,2005(01):118-124.
②董洁.基于 DEA 方法的高校科研绩效评价研究[D].华中科技大学,2017.
③吴峰.高等院校教育成本投入与办学效益 DEA 评价研究[D].第三军医大学,2007.
④戚湧,李千目,王艳.一种基于 DEA 的高校科研绩效评价方法[J].科学学与科学技术管理,2008,29(12):178-181+186.

$$\max \frac{u^T y_j}{v^T x_j} = h_j, u^T \geqslant 0, v^T \geqslant 0$$

$$\frac{u^T y_j}{v^T x_j} \leqslant 1, j = 1, 2, \cdots, n$$

x_j 为 DMU 投入向量，y_j 代表 DMU 产出向量，u^T、v^T 为对应权重向量，h_j 为目标 DMU 决策单元的相对效率值。[1]

CCR 模型的中心思想即在相对效率不大于 1 的条件下，寻找权重的最佳组合使得相对效率最大。根据线性的优良性质，该公式可转化为线性规划模型进行求解，引入线性决策系数 λ 得到 CCR 投入模型：

$$\theta^* = \min \theta$$

$$\text{s.t.} \sum_{j=1}^{n} \lambda_j x_{ij} \leqslant \theta x_{ij}$$

$$\sum_{j=1}^{n} \lambda_j y_{vj} \geqslant y_{vj}$$

$$\lambda_j \geqslant 0$$

设 DMU 共有 m 个投入指标，s 个产出指标，则 x_{ij} 代表第 j 个 DMU 的第 i 个投入值，y_{vj} 代表第 j 个 DMU 的第 v 个产出值。$λ_j$ 为线性决策系数，$θ$ 为效率值，$θ^*$ 为拟合最优效率值，当最优解 $θ^* = 1$ 时，认为该 DMU 决策单元有效，当 $θ^* < 1$ 时，DMU 决策单元非有效。[2]

2.BCC 模型

BCC 模型是为解决 CCR 模型无法判断 DMU 技术有效性等情况而提出的，是一种纯技术模型。它去掉了规模收益不变的假设，进而达到在动态过程中对 DMU 的技术和报酬进行评价和分析的目的。魏一鸣等人（2014）运用 BCC 等 DEA 模型进行了高等学校内部——二级学院绩效评价的研究，分析计算了各内部学院的超技术率、规模效率等指标参数，对二级学院非 DEA 有效的因素和产出进行了分析，全面评价了学院投入产出的绩效并提出了改进意见，他们的实证研究充分表明了 BCC 模型应用于教育投入产出分析的有效性和高契合性。[3] 去掉了规模收益不变的假设，为估计有效性和合理性，BCC 模型假设 DMU 为有效凸性集合，即所有 DMU 处于同一生产规模下，模型形式如下：

---

[1] 胡博.DEA 经典模型发展综述[J].中国市场,2017(28):31-34.DOI:10.13939/j.cnki.zgsc.2017.28.031.

[2] 张伟达.我国高等教育财政效率评价研究[D].河北大学,2020.DOI:10.27103/d.cnki.ghebu.2020.000001.

[3] 魏一鸣,冯向前.基于 DEA 模型的高等学校二级学院绩效评价实证研究——以 N 大学为例[J].高校教育管理,2014,8(06):66-70+91.DOI:10.13316/j.cnki.jhem.2014.06.004.

$$\theta^* = \min\theta$$

$$\text{s.t.} \sum_{j=1}^{n} \lambda_j x_{ij} \leqslant \theta x_{ij}$$

$$\sum_{j=1}^{n} \lambda_j y_{vj} \geqslant y_{vj}$$

$$\sum_{j=1}^{n} \lambda_j = 1$$

$\lambda_j(j=1,2\cdots n)$ 为线性决策系数,差额变量中的对偶价格 $\sum_{j=1}^{n}\lambda_j=1$ 即为 BCC 模型的有效凸性假设表示形式。设 DMU 共有 m 个投入指标, s 个产出指标,则 x_{ij} 代表第 j 个 DMU 的第 i 个投入值, y_{vj} 代表第 j 个 DMU 的第 v 个产出值。θ 为某一单元的纯技术效率值(PTE),根据线性规划拟合模型,当最优解 $\theta^*=1$ 时,认为该 DMU 单元技术有效,当 $\theta^*<1$ 时,该 DMU 单元非技术有效,此时的 θ^* 值即为该单元的纯技术效率。同时,根据 CCR 和 BCC 的模型函数表达式,可以推导求解出规模效率的结构式:

$$规模效率(SE) = \frac{CCR \text{ 效率值}(TE)}{BCC \text{ 效率值}(PTE)} = \frac{\theta^{CCR}}{\theta^{BCC}}$$

上式中 CCR 的效率值 TE 又称为总效率,当 TE 和 PTE 都达到 1 时,总效率达到最大值。另外,根据上式可通过 CCR 模型的性质,拟合最优解 λ_j^* 来推断 BCC 模型的规模收益,当 $\sum_{j=1}^{n}\lambda_j^*=1$ 时 DMU 为规模收益不变型,即生产最优规模,投入量变化时,产出量成比例变化;当 $\sum_{j=1}^{n}\lambda_j^*<1$ 时,规模收益递减,应缩小投入规模;当 $\sum_{j=1}^{n}\lambda_j^*>1$ 时,规模收益递增,应扩大投入,以达到更优的生产模式。[1]

3.DEA-Malmquist 指数分析模型

DEA-Malmquist 指数分析模型主要适用于监测技术进步、技术效率和生产效率对于生产率变动的影响。这是一种动态模型,又称为全要素生产率分析模型,主要分析在时间上相邻几期的要素投入产出分析,评价不同时期生产率的变动情况。张伟达在评价高等教育财政效率的研究中通过 DEA-Malmquist 指数模型,对我国64 所部属高校 2007—2016 年的财政投入产出情况进行测度,分析了各高校的财政

---

[1]张伟达.我国高等教育财政效率评价研究[D].河北大学,2020.DOI:10.27103/d.cnki.ghebu. 2020.000001.

投入效果和运行状态等,充分验证了 DEA-Malmquist 模型用于教育投入产出的可行性。[①] 李欣悦运用 DEA-Malmquist 模型,对我国 2009—2018 年高等教育的投入产出进行监测分析,分析对比了我国中、西和东部区域的高等教育投入产出情况,同时,根据实际数据的分析,对影响教育效率的原因进行了归纳。[②]

DEA-Malmquist 指数模型最核心的部分为基于时间的距离函数和 Malmquist 指数的使用:

$$m_1(x_t, y_t) = \frac{d_0^t(x_{t+1}, y_{t+1})}{d_0^t(x_t, y_t)}$$

$$m_2(x_{t+1}, y_{t+1}) = \frac{d_0^{t+1}(x_{t+1}, y_{t+1})}{d_0^{t+1}(x_t, y_t)}$$

m_1、m_2 分别为在 t,$t+1$ 前后两个时期的技术条件下 x_t、y_t 到 x_{t+1}、y_{t+1} 的投入产出变化情况,x 为投入,y 为产出,$d(x,y)$ 为距离函数。DEA-Malmquist 指数(TPE)m_0 根据距离函数进行测算,计算方式为 m_1、m_2 的几何平均,$m_0 = \sqrt{m_1 \cdot m_2}$。由此可知,当以前一期为基准时,若 TPE<1,则说明综合生产率指数较前一期有所减小,为生产退步;若 TPE=1,则说明生产情况基本没变;若 TPE>1,则综合生产率指数较前一期有所增长,为生产增长。将生产率指数 TPE 进行分解,得到 TPE=EC×TC。其中,EC 代表技术效率变化指数,TC 代表技术进步变化指数。当 EC、TC>1 时,技术效率和技术进步拉动总生产率,反之则拖累生产效益,导致生产率下降。[①]

四、投入产出非数学模型分析方法

(一)绩效指标评价方法

绩效指标评价方法指的是针对教育活动投入产出的方方面面设定数据指标,进而量化测评每个指标的分值,达到投入产出效率评价的目的。[③] 绩效,意为成绩和效果。评定绩效常使用指标工具,管理学家贾勒特根据指标与管理系统的相对位置,将其分为了内部指标、外部指标和运行指标三个大类;Cullen 学者基于企业

[①] 张伟达.我国高等教育财政效率评价研究[D].河北大学,2020.DOI:10.27103/d.cnki.ghebu.2020.000001.

[②] 李欣悦.基于 DEA-Malmquist 组态的我国高等教育投入产出效率及影响因素探析[D].山西财经大学,2021.DOI:10.27283/d.cnki.gsxcc.2021.000277.

[③] 赵小峰.涉农高等职业院校教育"投入-产出"效率研究——以陕西省为例[D].西北农林科技大学,2018.

管理理论,将效益指标分为效率指标、经济指标和效益指标,即"3E"指标。①随着"新公共管理"概念被引入西方高等教育的管理理念当中,绩效指标评价方法在1980年前后开始成为西方国家高校绩效管理的主要方法。

美国田纳西州将绩效指标和绩效管理应用于高等教育资源的配置中,提高了教育资源的利用效率,绩效指标评价的有效性最终使得该方法成为美国高校管理工作的重要组成部分。英国应用"优秀(E)""满意(S)"和"不满意(U)"三个等级评价高等教育的现状,依托绩效指标评价体系邀请学术界和工商界的知名人士对院校各个方面进行打分。随着绩效指标评价在国外的成功应用,我国也逐渐开始使用该方法评价教育效果,尤其是高等教育,《普通高等学校教育评估暂行规定》(1990)、《关于加强教育督导与评估工作的意见》(1996)、《高职院校人才培养工作评估》(2003)、《高职院校内部诊断改进制度》(2015)等评估文件都包含了绩效指标评价的思想和方法。

应用绩效指标评价教育的投入产出效率也是近年来教育学者研究的热点,关燕从学习与发展、财务资源等四个方面选择评价指标,并利用层次分析法构建指标评价体系,研究高等学校二级学院的投入和产出情况,同时选取某高校下设的二级学院连续三年的投入产出指标数据进行了实证分析,总结了该校各二级学院的投入产出绩效现状和存在的问题,验证了绩效指标评价方法应用于教育投入产出的可行性。①魏一鸣和冯向前从高校内部管理的角度,基于师资、资金、办学条件三个维度选取投入指标,基于教育教学成果、科学研究成果、社会服务成果三类选取产出指标,建立了高等学校二级学院投入产出绩效评价指标体系,并对其投入产出效果进行了分析。②

(二)比率分析法

比率分析法是通过相关数据和指标之间的比值来分析教育投入产出情况的方法,该方法来源于会计学对财务报表的分析方法。通过有关指标的比率计算,用以分析和评价公司的经营活动以及公司的历史状况。同时,比率分析在财务上也承担测度企业财务状况和经营成果的任务。在教育投入产出方面,专职教师比、生师比、生均经费投入等都是运用比率分析法,用以测度具体投入产出指标的效果。常用的比率有以下三类:

(1)动态比率分析法:将动态指标不同时期的数据做比较,如同比增长速度、环比发展速度等,用以分析动态指标的变动趋势和发展情况。

---

① 关燕.基于 AHP/DEA 的高校二级学院投入产出绩效评价与实证研究[D].北京邮电大学,2017.

② 魏一鸣,冯向前.基于 DEA 模型的高等学校二级学院绩效评价实证研究——以 N 大学为例[J].高校教育管理,2014,8(06):66-70+91.DOI:10.13316/j.cnki.jhem.2014.06.004.

（2）相关比率分析法：将两个具有经济学关联度的指标做比值，建立两者之间的关系，进行对比分析，如生均实习实训工位数、生师比等，通过做比值的方式联系分析指标之间的关系，对指标的经济效率等进行评价。

（3）结构比率分析法：将部分指标的数据与总体指标的数据做比值，如就业率、证书获取比例等，通过占比多少来反映指标内部结构的组成及变化规律。[1]

第二节　投入产出效率评价方法的局限及优化

投入产出效率指的是在生产活动中损耗和成效的对比关系，通俗来讲，就是投入量和产出量的比例关系。可将教育活动视为一种特殊的经济学生产活动，从经济学领域中扩展出教育的"投入产出效率"，以分析教育投入与产出的比例关系。[1] 通过文献分析法可知，当前用于投入产出效率评价的分析方法甚多，方法的功能和达到的效果也有不同。上节总结了四种常用的应用于教育投入产出效率评价的模型和方法。本节将对上节介绍的各类投入产出效率评价的模型和方法进行对比，分析其优劣，进而从中选择出契合地方政府教育投入产出的方法。

一、各类投入产出效率评价方法对比分析

生产函数法以柯布-道格拉斯生产函数为代表，是一种经济学模型，模型的构建和参数解释都有有力的经济学原理和理论进行支撑；通过数学模型的方式量化投入与产出之间的关系，得到的结论有依据性、严谨性和可靠性；同时运用拟合的模型可以根据当期的投入对当期的产出进行预测，进而达到数据预测、预警和指导的作用。然而，对比其他方法，生产函数法的缺点也较为明显，一是只能适用于单产出对多投入的情形，无法综合分析多投入多产出的情形；二是生产函数法模型假设参数为线性，并不能适用于一些非线性情形。三是生产函数法只能得到该生产活动的规模收益情况，无法求得技术效率、规模效率等参数，功能和作用在投入产出分析中有较大局限性。

回归分析法是一种经典的统计学模型，原理简单，方法便于计算，通过数据处理变换能够拟合大多数情况的经济学数据，同时也能承担预测的任务，适用性较强。但是缺少经济学理论支撑，即使拟合出了最契合的模型，在模型解释时只能单纯地在数据上说明量化的正（负）相关关系，不能确定其是否确有经济学联系，因而模型的说服力弱于其他经济学函数，也不能分析出生产活动的规模收益、技术进步等经济学参数，因此建议在分析投入产出时只作为一种辅助验证或检验模型进行

---

[1]赵小峰.涉农高等职业院校教育"投入-产出"效率研究——以陕西省为例[D].西北农林科技大学，2018.

使用。

  主成分分析法作为一种降维工具,在计量经济学领域使用范围较广。由于经济活动尤其是生产活动的特性,各个投入指标之间、产出指标之间数据关联性较强,高关联度的数据对于参数分析方法的有效性影响较大。运用主成分分析法能够降低指标间的关联度,并构建新的投入产出指标进行分析,提高分析的可靠性;同时,通过构造新指标的过程,可以对原先的指标进行分类,将构造同一个主成分的指标归为一类,进而达到指标聚类的效果,有时这一方法能够得到较好的经济学结果。然而主成分分析法一般用作数据、指标预处理的工具,无法单独完成投入产出分析的任务;同时,通过主成分分析法,新的指标变为多个指标的线性组合,而这些新指标或许并不具有经济学意义,其中还有一些指标根据统计学数据原理被舍弃,因此该方法对于单个投入产出指标的解释和分析不具有准确性和针对性。

  数据包络分析(DEA)法是专门为进行投入产出分析而被提出的方法,又被众多学者进行扩充,形成了 CCR、BCC、Malmquist、Tobit 等多种模型。其模型功能目前几乎适用于全部的生产活动投入产出分析,能够依托经济学原理测度规模收益、纯技术效率、技术效率、超效率等各种投入产出参数,从而对投入产出进行全面、细致的分析;同时,该方法经众多学者论证,确认在教育领域同样有强有效性和适用性;另外,该方法不拘泥于参数模型,数据适用性较强,尤其适用于多投入-多产出情形的分析,相比其他方法而言,优势较大。但是该方法也有局限,一是要求评价主体(如学校)的同质性,比如相同的外部环境和教学任务;二是要求数据类型为量化的数值型,对于分类数据和等级数据 DEA 方法处理能力较差;三是该方法缺少鲁棒性(鲁棒性指一个系统或模型在受到外部扰动或内部参数摄动等不确定性因素干扰时,系统或模型仍保持其结构、功能和输出结果的稳定性),对于误差较为敏感及不准确或错误的数据,易得出不准确的分析结果,因此对数据质量要求较高。

  绩效指标分析方法是一种评价效益和效果的管理学方法。通过构造指标体系的方法,对教育投入产出进行分析,有简洁、系统的优势,有利于全面反映教育的投入产出效益各个方面的情况。但是,绩效指标的单一性使得评价体系只能一一评价每一指标或综合评价多个指标的表现情况,无法考虑环境因素、指标交叉因素或其他因素的影响[1];同时绩效指标的时效性和不稳定性要求体系及时更新,但更新的节点和尺度难以把握;还有,绩效指标评价方法无法得出任何经济学投入产出分析参数,无法量化教育活动的规模收益和技术有效性等,因此一般无法独立承担投入产出分析任务,需与回归分析法、DEA 法、AHP(层次分析)法等方法结合使用。

  比率分析法是财务分析的基本工具。即将不同性质、不同时间、不同结构的投入产出数据指标进行组合、关联比较,用联系的方法分析指标的教育效益、变动趋

---

[1] 赵小峰.涉农高等职业院校教育"投入-产出"效率研究——以陕西省为例[D].西北农林科技大学,2018.

势和结构比例等信息。比率分析法运算简单,原理易懂,结果直观,通过设定的标准可以直观地判断出教育投入产出单项指标的效率情况。但是,比率分析法处理指标和数据的方法过于单一,有时无法满足投入产出分析的任务要求;同时,也无法综合、系统地分析教育各项投入量和产出量的变动比例关系,只能用作数据预处理、指标构建和单项指标评价,不具有单独承担投入产出分析任务的能力。

各类投入产出分析方法比较见表 2-1。

表 2-1 各类投入产出分析方法比较一览表

方法类型	方法	优点	缺点
参数分析方法	生产函数法	1.有经济学原理和理论进行支撑,结论严谨可靠; 2.为参数模型,可量化投入产出的关系,并进行预测	1.只适用于单投入的情形; 2.有线性假设和数据低相关度限制; 3.功能较少,无法全面详细分析投入产出情况
参数分析方法	回归分析法	1.数据适用性强; 2.可量化投入产出比例关系,并承担预测任务; 3.是良好的辅助检验模型	1.无经济学理论支撑,分析结果缺少经济学依据; 2.只适用于单投入情形; 3.无法求得投入产出经济学参数
非参数分析方法	主成分分析法	1.是良好的降维工具,可减少指标冗余; 2.可承担聚类任务	1.无法独立承担投入产出分析任务; 2.对单个投入产出指标的解释和分析不到位
非参数分析方法	数据包络分析法	1.有经济理论进行支撑; 2.适用于多投入多产出的情形,能基本满足全部投入产出分析的需要; 3.不限制数据线性和相关度	1.要求数据同质性; 2.缺少鲁棒性,对数据质量要求高; 3.要求指标为数值型变量,对类型变量处理能力差
非数学模型分析方法	绩效指标分析方法	1.具有系统性、简洁性、直观性的特点; 2.可对每个指标进行打分,能细节性评价每一投入产出指标的表现情况,或对多个、每一类指标进行赋权综合评价; 3.适用于预建模,是良好的指标选取工具	1.赋权常具有主观性,综合评价结果易出现不准确的问题; 2.指标的单一性无法考虑环境因素、交叉因素等影响; 3.教育活动的时间复杂性易使得评价体系与其不契合; 4.无法输出投入产出的经济学参数,一般不可单独承担投入产出任务
非数学模型分析方法	比率分析法	1.运算简单,原理易懂,结果直观; 2.是良好的数据预处理、指标构建和单项指标评价工具	1.处理数据和指标的方法单一,不能满足复杂的投入产出分析要求; 2.无法输出教育投入产出活动的经济学参数,不具有单独承担投入产出分析任务的能力

二、投入产出效率评价方法选择及优化

根据各类方法的性质和功能以及各类方法的比较分析,结合地方政府教育投入产出的实际情况和数据可得性、准确性,本书决定选用 DEA 模型对多个地方政府投入和产出指标进行分析,同时将 GDP 看作产出,将教育支出视作投入,运用柯布-道格拉斯生产函数量化分析地方教育产出对地方经济发展的贡献度。

针对 DEA 单个模型对教育投入产出分析的局限性,本书拟采用 CCR、BCC 两种模型进行数据包络分析,测度地方教育的规模收益、纯技术率、规模效率等参数,全面分析地方政府教育投入的有效性和不足之处,同时针对模型的弱鲁棒性,限于选取官方来源可靠的指标进行研究。

三、投入产出模型及数据说明

根据前述对投入产出效率评价方法的分析,本书首先通过对数据的分类统计与分析,进行教育投入与产出描述性分析。然后选取了 DEA 模型与柯布-道格拉斯生产函数相结合的方法,来分析滨州市教育投入与产出效率。在指标体系方面,考虑到数据的可获得性与可行性,根据滨州市学前教育、义务教育、高中教育、中等职业教育、高等职业教育和特殊教育的实践情况,构建了对应的指标体系,进行了滨州市教育投入与产出效率分析。

学前教育方面,在现有研究成果基础上,考虑了学前教育类型的特殊性和普惠性,以建设普及、普惠、安全、优质的学前教育为原则,本书将学前教育经费作为投入指标,学校数(所)、在校学生数(人)、毕业生数(人)、专任教师数(人)和生师比作为产出指标,构建学前教育投入产出效率评价的指标体系。义务教育方面,由于教育资源的投入和产出本身具有复杂性和多样性,因而义务教育经费投入效益评价受多方面因素影响。本书以可行性、系统性、适用性为原则,基于现有研究成果,将义务教育经费作为投入指标,学校数(所)、在校学生数(人)、毕业生数(人)、专任教师数(人)和生师比作为产出指标,构建义务教育投入产出效率评价的指标体系。高中教育方面,选取和确定教育投入产出效率评价指标是进行效率分析的前提。基于现有的文献参考,选取了教育经费总投入(万元)作为高中教育的投入指标,学校数(所)、在校学生数(人)、毕业生数(人)、专任教师数(人)和生师比等 5 个指标作为高中教育的产出指标,构建起高中教育投入与产出的效率评价指标体系。中等职业教育方面,中等职业教育作为职业教育类型教育中的一种,与传统知识传授性教育有着明显的区别,本书根据《教育部关于印发〈普通职业院校基本办学条件指标(试行)〉的通知》(教发〔2004〕2 号)的要求并参考以往经典研究成果中应用频率较高的教育投入产出效率评价指标,从中筛选出 6 个反映中等职业院校投入产出

的指标作为本书研究的样本。其中,教育经费总投入(万元)作为中等职业教育的投入指标,学校数(所)、在校学生数(人)、毕业生数(人)、专任教师数(人)和生师比等5个指标作为中等职业教育的产出指标,构建起中等职业教育投入与产出效率评价指标体系。高等职业教育方面,本书以滨州市作为研究对象,分别用地区生产总值(GDP)、教育支出(EP,Education Pays)和教职工人数(NF,Number of Faculty)来代替产出、资本和劳动。其中教职工人数以人为单位,教育支出以万元为单位,GDP以亿元为单位。教育投入包括财政教育支出和教职工人数投入,构建起高等职业教育投入与产出评价指标体系。特殊教育方面,特殊教育虽然单独作为一种教育类型不常见,但是特殊教育对社会福利事业至关重要,因此做好特殊教育的投入产出效率分析,对促进特殊教育发展意义重大。本书基于现有的文献参考,选取了教育经费总投入(万元)作为特殊教育投入指标,学校数(所)、在校学生数(人)、毕业生数(人)、专任教师数(人)和生师比等5个指标作为特殊教育产出指标,构建起特殊教育投入与产出评价指标体系。

第三章 滨州市教育行业发展及投入总体情况

第一节 滨州市教育行业发展总体情况

"十三五"期间,滨州市教育行业办学规模稳步扩大,教师队伍建设质量逐年提升,校舍建筑面积、设备资产等办学条件不断提升,全市经费投入力度和各级教育投入比重也不断增加,整体发展稳步向好。

一、滨州市教育行业办学规模基本情况

(一)全市学校规模

"十三五"时期,在市委、市政府的坚强领导下,滨州市教育局领导班子坚持以习近平新时代中国特色社会主义思想为指导,深入贯彻落实党的十九大和党的十九届四中、五中全会精神,在校园疫情防控和教育改革发展等方面做好统筹安排,圆满完成各项工作,滨州市教育事业发展取得了长足的进步。截至2019年,滨州市各级各类学校共有1 306所,比上年增加236所,增长22.06%;滨州市各级各类学校数量总体呈增加趋势,比2015年增加199所,增长率为17.98%。

2015—2019年滨州市各级各类学校数量变化情况如图3-1所示。

(二)全市学生规模

2019年,滨州市各级各类学校共计招生208 210人,比上年增加28 939人,增长16.14%。2015至2017年,滨州市各级各类教育招生人数总体呈递增趋势;2018年,滨州市各级各类教育招生人数有所减少;2019年,滨州市各级各类教育招生人数再次回增。近五年,滨州市各级各类教育招生人数总体呈上升态势。

2015—2019年滨州市各级各类教育学生规模数见表3-1,其柱状图见图3-2。

2019年,滨州市各级各类教育在校生共计695 164人,比上年减少14 065人,

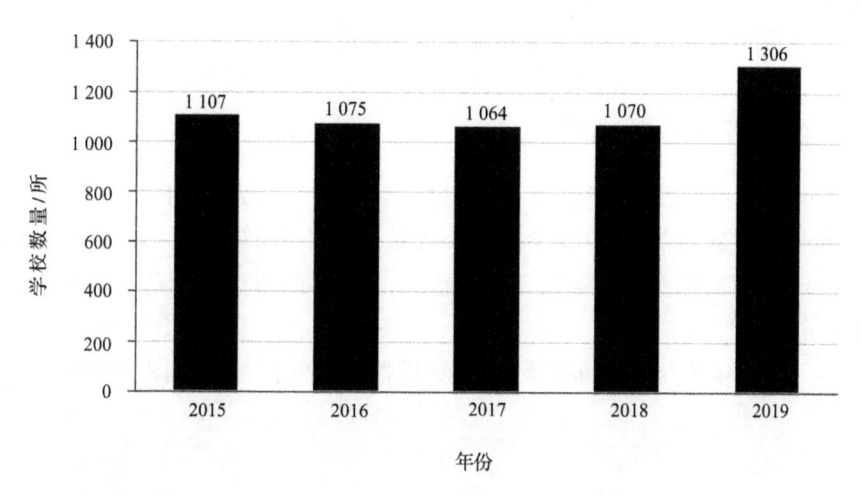

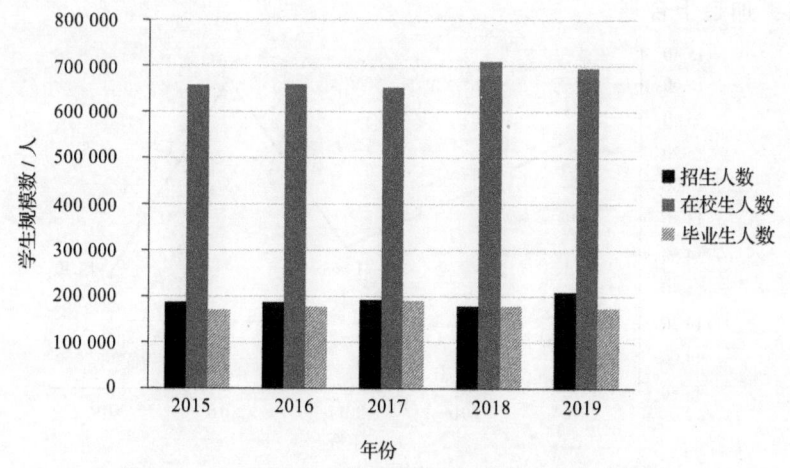

图 3-1　2015—2019 年滨州市各级各类学校数量变化情况

减少 1.98%。2015 至 2016 年,滨州市各级各类教育在校生人数总体呈递增趋势;2017 年,滨州市各级各类教育在校生人数有所减少;2018 年,滨州市各级各类教育在校生人数再次回增;2019 年,滨州市各级各类教育在校生人数减少。

2019 年,滨州市各级各类教育毕业生人数共计 173 841 人,比上年减少 5 072 人,降低 2.83%。2015—2017 年,滨州市各级各类教育毕业生人数呈增长态势;2018—2019 年,滨州市各级各类教育毕业生人数不断减少。2015—2019 年滨州市各级各类教育学生规模数见表 3-1,其柱状图见图 3-2。

表 3-1　　　2015—2019 年滨州市各级各类教育学生规模数　　　　　　人

年份	2015	2016	2017	2018	2019
招生人数	186 710	187 771	191 782	179 271	208 210
在校生人数	658 461	658 889	652 846	709 229	695 164
毕业生人数	170 415	177 995	190 562	178 913	173 841

图 3-2　2015—2019 年滨州市各级各类教育学生规模数

二、滨州市教育行业师资队伍基本情况

(一)全市专任教师规模

2019年,滨州市各级各类教育专任教师共计48 087人,比上年增加2 662人。近五年,滨州市各级各类教育专任教师人数呈逐年上升趋势。2015年滨州市各级各类教育专任教师共计43 004人,2015至2019年间滨州市各级各类教育专任教师共计增长了11.82%。

2015—2019年滨州市各级各类教育专任教师数变化情况如图3-3所示。

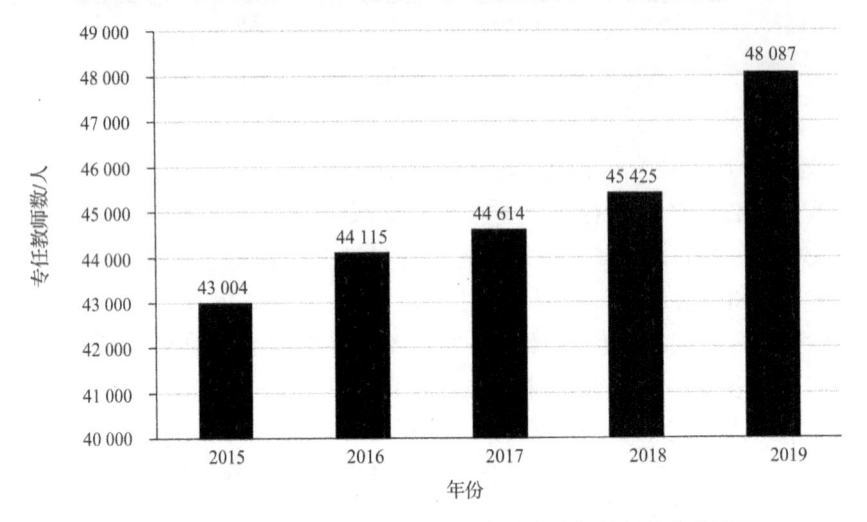

图3-3 2015—2019年滨州市各级各类教育专任教师数变化情况

2015—2019年滨州市各级各类教育生师比变化情况如图3-4所示,各级各类教育生师比从2015年的15.31∶1下降到2019年的14.46∶1,生师比随着教育规模的控制更加趋于合理。

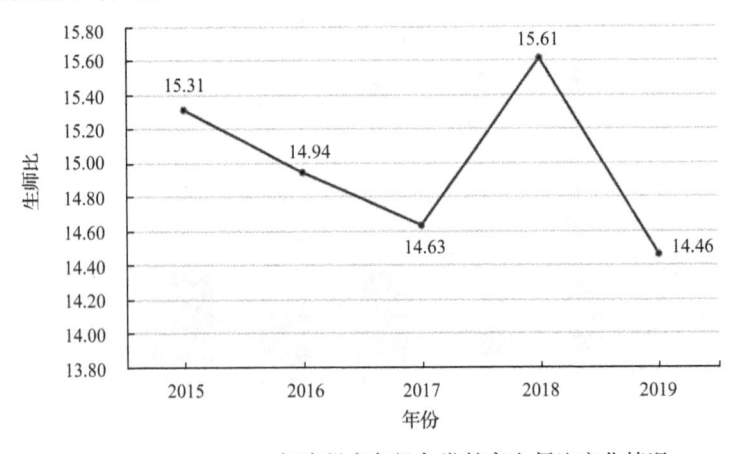

图3-4 2015—2019年滨州市各级各类教育生师比变化情况

(二)全市教师学历达标率情况

2019年,滨州市幼儿教师学历达标率达96.57%;小学教师学历达标率达100%;初中教师学历达标率达99.46%;高中阶段教育教师学历达标率达97.06%。近五年,滨州市各级各类教育教师的学历达标率较稳定,稍有波动(图3-5)。

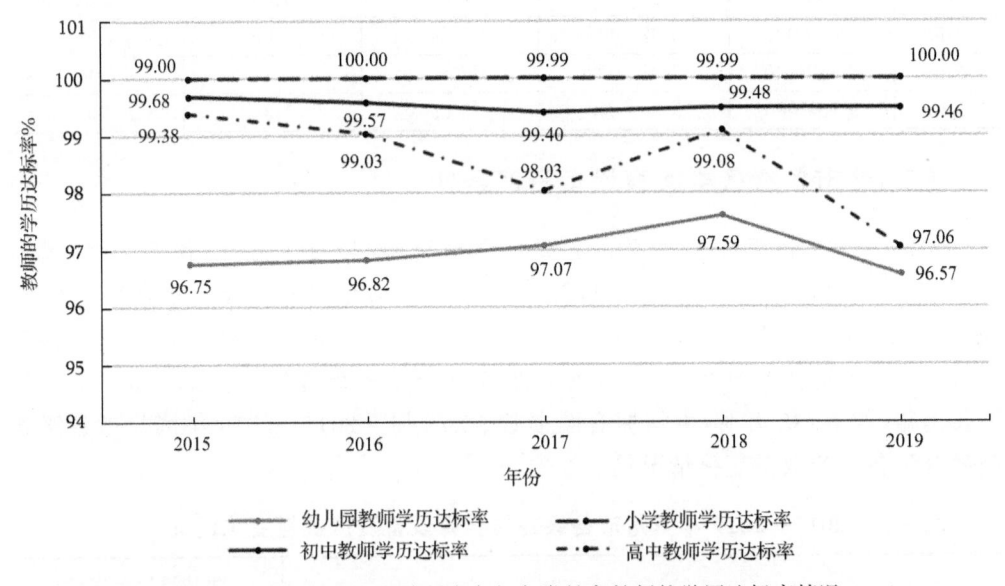

图3-5 2015—2019年滨州市各级各类教育教师的学历达标率情况

三、滨州市教育行业办学条件基本情况

(一)全市各级各类教育校舍建筑面积

2019年,全市各级各类教育校舍建筑面积为9 180 000 m²,比上年增加770 000 m²,增长9.16%。近五年,全市各级各类教育校舍建筑面积逐年增加,从2015年的6 630 000 m²增加到2019年的9 180 000 m²,增加了38.46%。其中,教学及辅助用房面积、生均行政办公用房面积及人均生活用房面积等均呈不断增长趋势。2015年,教学及辅助用房面积为3 540 000 m²,生均教学及辅助用房面积为5.38 m²。2019年,教学及辅助用房面积为5 500 000 m²,生均教学及辅助用房面积为9.09 m²。2019年生均教学及辅助用房面积较2015年增长了68.96%。2015年生均行政办公用房面积为1.03 m²,2019年生均行政办公用房面积为1.34 m²,较2015年增长了30.10%。2015年人均生活用房面积为2.87 m²,2019年人均生活用房面积为3.35 m²,较2015年增加了16.72%。2015—2019年滨州市各级各类教育房屋建筑面积变化情况见表3-2。

表 3-2 2015—2019 年滨州市各级各类教育房屋建筑面积变化情况

年份	校舍建筑面积/m²	教学及辅助用房建筑面积/m²	生均教学及辅助用房/m²	生均行政办公用房/m²	人均生活用房/m²
2015	6 630 000	3 540 000	5.38	1.03	2.87
2016	7 060 000	4 480 000	6.80	1.03	2.29
2017	7 680 000	4 920 000	7.54	1.09	2.54
2018	8 410 000	5 330 000	7.52	1.09	2.10
2019	9 180 000	5 500 000	9.09	1.34	3.35

(二)全市各级各类教育设备资产条件

2019 年全市各级各类教育固定资产原值为 1 645 311 万元,比 2015 年增加 564 641 万元,增长 52.25%。其中,2019 年生均通用专用设备资产原值为 0.38 万元,比 2015 年增加 0.15 万元,增长 65.22%。2019 年全市各级各类教育图书共有 1 902 万册,生均拥有图书数 31.43 册。2017 年全市各级各类教育图书量比上一年增长迅猛,共 2 138 万册,生均拥有图书数 32.75 册。2015—2019 年滨州市各级各类教育设备资产数量变化情况见表 3-3。

表 3-3 2015—2019 年滨州市各级各类教育设备资产数量变化情况

年份	图书/万册	生均拥有图书数/册	生均通用专用设备资产原值/万元
2015	1 731	26.29	0.23
2016	1 850	28.08	0.25
2017	2 138	32.75	0.28
2018	1 851	26.10	0.27
2019	1 902	31.43	0.38

四、滨州市教育行业经费投入基本情况

(一)全市教育总投入基本情况

"十三五"时期,滨州市加大教育经费投入力度,全市教育经费投入稳步增长。2019 年全市国家财政性教育经费投入达到 642 424 万元,比上年增加 144 15 万元,增长 2.30%。其中一般公共预算安排的教育经费投入达到 631 283 万元,比上年增加 19 056 万元,增长 3.11%。2015—2019 年,全市教育经费总投入从 2015 年的 660 818 万元提高至 2019 年的 780 145 万元,增长了 18.06%。2015—2019 年滨州市教育经费总投入情况见表 3-4。

表 3-4　　　　2015—2019 年滨州市教育经费总投入情况　　　　　万元

全市教育经费投入来源	2015 年	2016 年	2017 年	2018 年	2019 年
合计	660 818	710 881	719 362	736 379	780 145
一、国家财政性教育经费	589 659	635 678	627 150	628 009	642 424
1.一般公共预算安排的教育经费	584 233	620 602	618 543	612 227	631 283
（1）一般公共预算教育经费	581 933	617 857	612 764	604 830	616 860
①教育事业费	527 938	578 331	568 705	555 990	564 672
②基本建设经费	61	0	0	0	0
③教育费附加	37 231	39 526	44 059	48 841	52 188
（2）其他一般公共预算安排的教育经费	2 300	2 745	5 779	7 397	14 423
①科研经费	0	0	0	0	0
②其他	2 300	2 745	5 779	7 397	14 423
2.政府性基金预算安排的教育经费	5 376	15 076	8 527	15 782	11 061
其中:彩票公益金	1 456	476	610	414	828
3.企业办学中的企业拨款	50	0	80	0	80
4.校办产业和社会服务收入中用于教育的经费	0	0	0	0	0
5.其他属于国家财政性教育经费	0	0	0	0	0
二、民办学校中举办者投入	378	1 366	5 413	4 725	5 091
三、捐赠收入	289	420	598	405	363
其中:港澳台及海外捐赠	0	0	0	0	0
四、事业收入	68 399	72 426	84 357	100 579	131 184
其中:学费	61 102	65 369	76 296	85 719	120 638
五、其他教育经费	2 093	991	1 844	2 661	1 083

（二）全市各级教育投入比重

2019 年,滨州市教育经费投入在学前教育、义务教育、普通高中教育、中等职业教育、高等职业教育、特殊教育之间的分配分别为 94 463 万元、471 006 万元、115 616 万元、57 106 万元、37 597 万元、4 357 万元,其中义务教育阶段成为国家财政性教育经费投入最高的领域。近五年,全市在各级教育投入的比重不断提高。2015—2019 年滨州市各级各类教育经费投入情况见表 3-5。

表 3-5　　　　2015—2019 年滨州市各级各类教育经费投入情况　　　　　万元

教育类型	2015 年	2016 年	2017 年	2018 年	2019 年
学前教育	56 953	58 924	62 595	71 435	94 463
义务教育	448 979	474 233	462 506	458 449	471 006
普通高中教育	85 818	89 204	112 689	114 440	115 616
中等职业教育	44 416	57 400	51 688	51 350	57 106
高等职业教育	20 986	28 263	26 748	37 275	37 597
特殊教育	3 666	2 857	3 136	3 430	4 357

(三)全市各级教育生均公共财政预算教育事业费支出情况

2019年,全市普通小学、普通初中、普通高中、中等职业学校、高等职业学校生均公共财政预算教育事业费支出情况是:

(1)全市普通小学为90 82.79元,比上年增加21.70元,增长0.24%。
(2)全市普通初中为14 119.40元,比上年减少28.60元,降低0.2%。
(3)全市普通高中为14 631.90元,比上年增加938.67元,增长6.85%。
(4)全市中等职业学校为15 056.39元,比上年增加2 701.30元,增长21.86%。
(5)全市高等职业学校为10 756.18元,比上年减少1 647.96元,降低13.29%。

近五年,全市各级教育生均公共财政预算教育事业费支出总体呈增长趋势。2015—2019年滨州市生均公共财政预算教育事业费支出情况见表3-6,其柱状图见图3-6。

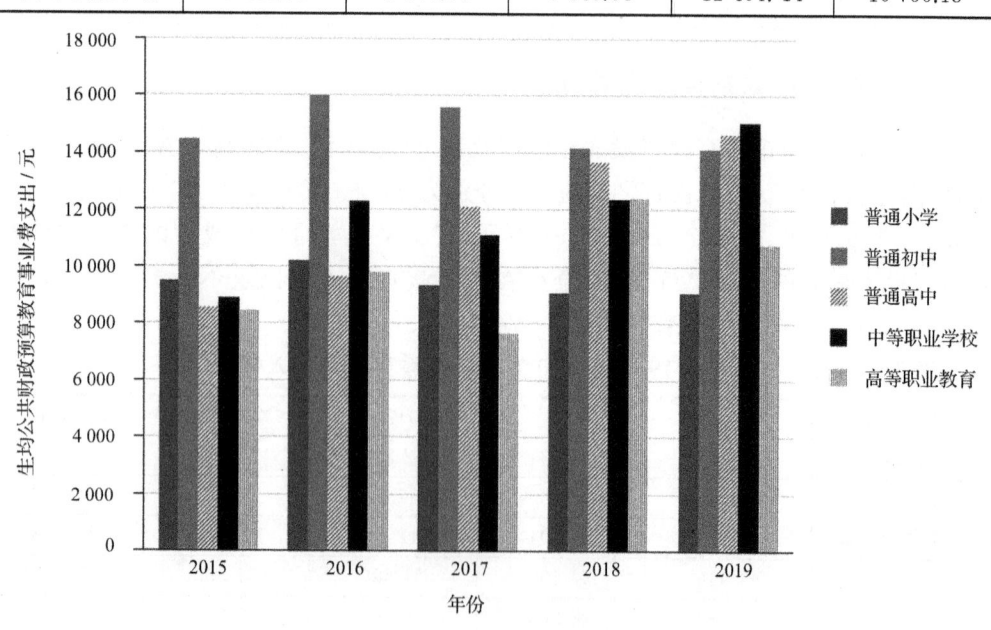

表3-6 2015—2019年滨州市生均公共财政预算教育事业费支出情况   元

年份	2015	2016	2017	2018	2019
普通小学	9 468.50	10 215.64	9 343.28	9 061.09	9 082.79
普通初中	14 450.05	15 983.90	15 592.09	14 148.00	14 119.40
普通高中	8 561.08	9 639.87	12 099.89	13 693.23	14 631.90
中等职业学校	8 883.80	12 302.34	11 105.87	12 355.09	15 056.39
高等职业学校	8 443.51	9 773.56	7 646.64	12 404.14	10 756.18

图3-6 2015—2019年滨州市生均公共财政预算教育事业费支出情况

(四)全市各级教育生均公共财政预算公用经费情况

2019年,全市普通小学、普通初中、普通高中、中等职业学校、高等职业学校生均公共财政预算公用经费支出情况是:

(1)全市普通小学为2 320.06元,比上年减少277.71元,降低10.69%。

(2)全市普通初中为3 610.58元,比上年减少898.25元,降低19.92%。

(3)全市普通高中为2 452.27元,比上年减少681.18元,降低21.74%。

(4)全市中等职业学校为5 997.38元,比上年增加1 373.67元,增长29.71%。

(5)全市高等职业学校为2 299.10元,比上年减少714.98元,降低23.72%。

近五年,普通小学、普通初中生均公共财政预算公用经费总体呈下降趋势,2016年达到最高;普通高中生均公共财政预算公用经费在2015至2018年间呈增长趋势,2019年有所下降;中等职业学校生均公共财政预算公用经费五年来持续增长,2019年生均公共财政预算公用经费为各级教育最高;高等职业学校生均公共财政预算公用经费在波动中变化。2015—2019年滨州市生均公共财政预算公用经费情况见表3-7,其柱状图见图3-7。

表3-7　2015—2019年滨州市生均公共财政预算公用经费情况　　　　元

年份	2015	2016	2017	2018	2019
普通小学	2 990.81	3 226.97	2 910.29	2 597.77	2 320.06
普通初中	5 287.40	6 225.79	5 491.65	4 508.83	3 610.58
普通高中	1 830.76	1 845.60	3 034.15	3 133.45	2 452.27
中等职业学校	3 516.52	5 133.74	4 393.54	4 623.71	5 997.38
高等职业学校	2 046.24	2 650.29	1 570.42	3 014.08	2 299.10

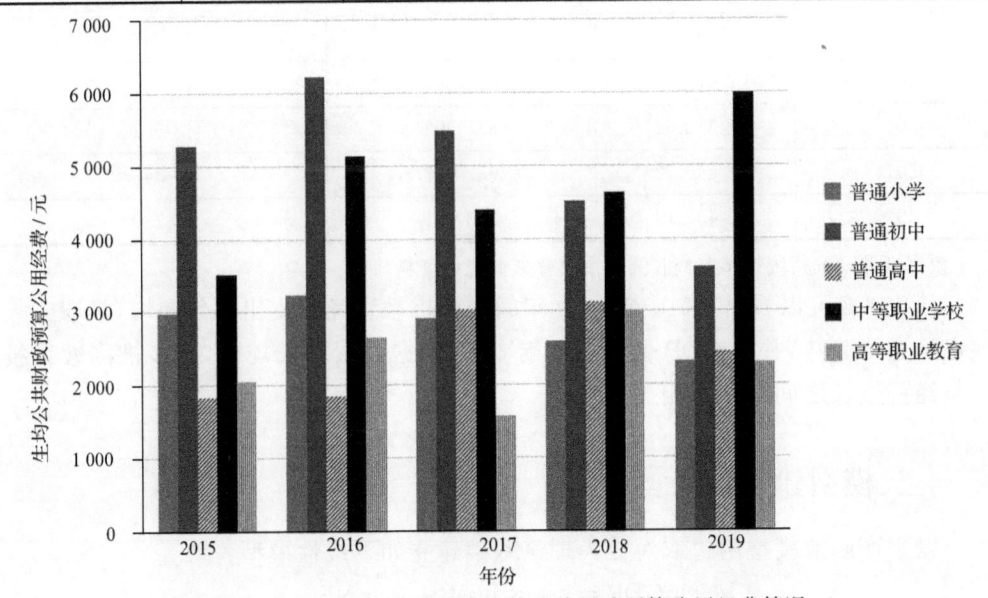

图3-7　2015—2019年滨州市生均公共财政预算公用经费情况

第二节 滨州市教育经费总投入的效益分析

2019年滨州市地区生产总值达 2 457.19 亿元,其中财政性教育经费占比约 2.70%。本书将滨州市作为研究样本,以柯布-道格拉斯生产函数为基础,通过经济计量的方法,探讨滨州市教育经费总投入对经济增长的贡献。

一、指标选取和数据来源

本书以山东省滨州市作为研究对象,分别用地区生产总值(GDP)、教育支出(EP,Education Pays)和教职工人数(NF,Number of Faculty)来代替产出、资本和劳动。其中教职工人数以人为单位,教育支出以万元为单位,GDP 以亿元为单位。教育投入包括财政教育支出和教职工人数投入。

2010—2019 年滨州市教育投入与 GDP 变动数据见表 3-8。

表 3-8　　2010—2019 年滨州市教育投入与 GDP 变动数据

年份	GDP/亿元	教育支出/万元	教职工人数/人
2010	1 572.50	351 055	40 491
2011	1 817.58	368 370	41 676
2012	1 987.73	456 920	41 883
2013	2 155.73	465 699	41 883
2014	2 276.71	471 745	45 897
2015	2 355.33	586 757	47 246
2016	2 470.10	611 207	47 748
2017	2 612.92	635 392	48 502
2018	2 640.52	637 017	49 343
2019	2 457.19	663 411	53 730

数据来源:《滨州统计年鉴》和《滨州市教育事业统计资料》。

从表 3-8 可以看出,2010 至 2019 年间滨州市教育经费支出逐年递增,教职工人数也呈递增趋势,并且 GDP 也是在逐年增长,根据数据增长规律,初步推测教育投入与经济增长之间存在正相关关系。

二、模型建立

以生产函数模型两边取对数为理论基础建立如下线性模型:

$$\ln \text{GDP} = \alpha + \beta_1 \ln \text{EP} + \beta_2 \ln \text{NF}$$

其中：GDP 为地区生产总值(亿元)；EP 为教育支出(万元)；NF 为教职工人数(人)。

建立 lnGDP 与 lnEP 的关系图，lnGDP 与 lnNF 的关系图，lnGDP 与 lnEP、lnNF 的关系图，分别见图 3-8、图 3-9、图 3-10。

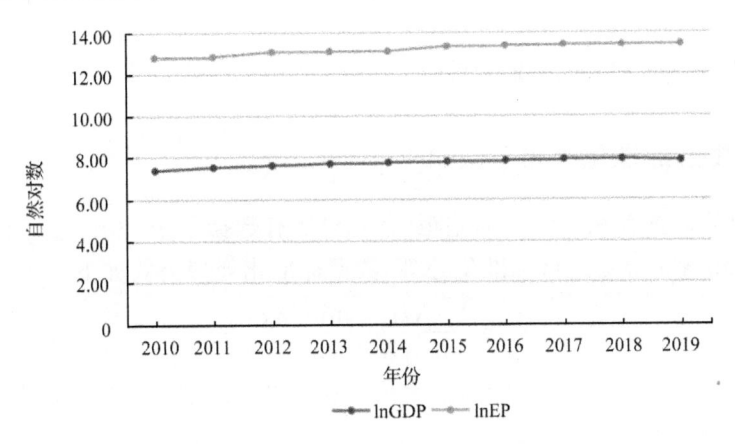

图 3-8　2010—2019 年滨州市教育支出与 GDP 关系

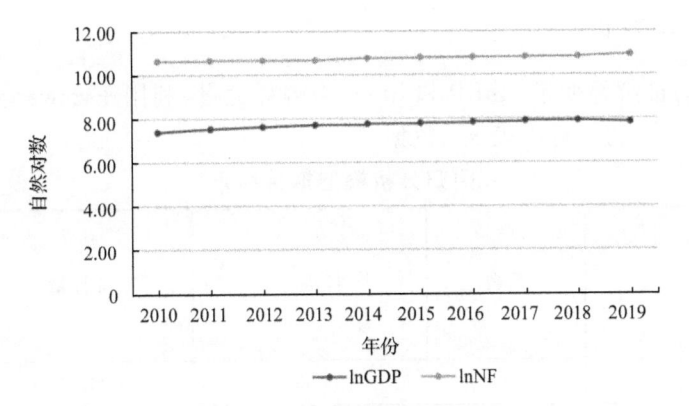

图 3-9　2010—2019 年滨州市教职工人数与 GDP 关系

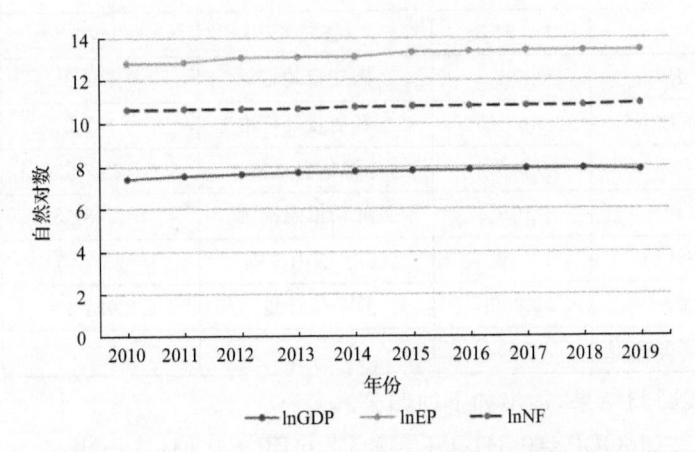

图 3-10　2010—2019 年滨州市教育支出、教职工人数与 GDP 关系

从图 3-8 至图 3-10 数据可以看出,解释变量教育支出与被解释变量 GDP 之间呈线性正相关关系;另一个解释变量教职工人数与被解释变量 GDP 之间也呈线性正相关关系。

三、数据检验与实证分析

(一)数据标准化处理

因采集的数据存在数量级的差距,首先对所有数据采用 min-max 标准化(Min-Max Normalization)法进行标准化处理,数据标准化处理公式如下:

$$Y_{ij} = \frac{Xij - \min(Xi)}{\max(Xi) - \min(Xi)}$$

上式中,$\max(Xi)$ 是该指标的最大值,$\min(Xi)$ 是该指标的最小值,Xij 表示该变量的每一个观察值。

(二)回归分析

lnGDP 为被解释变量,lnEP 和 lnNF 为解释变量,利用 Eviews 软件对模型进行普通最小二乘估计,得出表 3-9 数据:

表 3-9 回归分析模型拟合结果

变量	系数	标准差	T-统计量	T-统计量伴随概率 P 值
C	0.841 4	3.498 8	0.240 5	0.016 8
lnEP	0.795 2	0.218 9	3.633 6	0.008 4
lnNF	0.134 3	0.552 5	−0.605 1	0.004 2
可决系数 R^2	0.892 3	因变量均值	7.709 9	
调整的可决系数 R^2	0.861 5	被解释变量的标准差	0.167 2	
标准误差	0.062 2	赤池信息准则	−2.472 5	
残差平方和	0.027 1	贝叶斯信息准则	−2.381 8	
对数似然估计值	15.362 7	汉南-奎因准则	−2.572 1	
F-统计量	28.989 7	DW 统计量	2.091 1	
F-统计量伴随概率 P 值	0.000 4			

根据上表回归结果,得出如下回归公式:

$$\ln GDP = 0.841\ 4 + 0.795\ 2 \ln EP + 0.134\ 3 \ln NF$$

(三)数据检验

1.拟合优度检验

R^2越接近1,结果越好,说明回归线对样本数据点的拟合程度很高,拟合效果比较好。

$R^2=0.8923$,接近1,拟合优度检验通过,这说明拟合效果比较好。

2.变量显著性T检验

由表3-9可以看出,教育支出所得系数的P值为0.0084,教职工人数所得系数的P值为0.0042,均小于0.05,说明教育支出和教职工人数对经济增长的影响是显著的。

3.结果分析

从参数估计结果看,教育支出投入的产出弹性系数是0.7952,说明教育支出每增加1%,GDP增加0.7952%;教职工人数投入的产出弹性系数是0.1343,说明教职工人数每增加1%,GDP增加0.1343%。综上可以看出,教育支出、教职工人数与GDP之间呈正相关关系。

第四章 滨州市学前教育投入产出效率实证分析

第一节 滨州市学前教育投入产出总体情况

"十三五"期间,滨州市学前教育发展坚持统筹规划、公益普惠、机制创新、以人为本的原则,通过科学制定发展规划、加强城镇配套建设监管、加大财政投入、加强队伍建设等举措,实现普惠性幼儿园覆盖率达到83.76%,使适龄儿童学前三年毛入园率达到97.72%,学前教育实现普及普惠发展,基本建成范围广、覆盖全、促公平、高质量的学前教育公共服务体系。

一、滨州市学前教育办园规模

(一)幼儿园数量

截至2019年底,滨州市现有幼儿园814所,比上年增加247所,增幅43.56%。比2015年增加251所,增幅44.58%。2015—2019年滨州市幼儿园数量变化情况如图4-1所示,2015—2018年幼儿园数量增幅较平稳(2017年略有下降),2019年增加趋势明显加大。

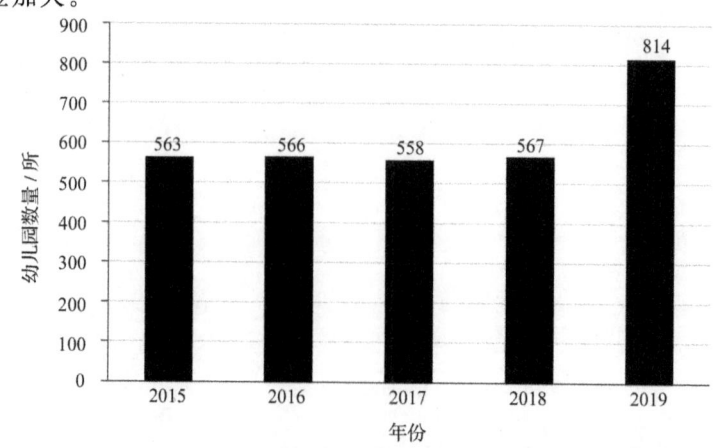

图 4-1 2015—2019年滨州市幼儿园数量变化情况

(二)在园幼儿人数

2015—2019 年滨州市在园幼儿人数变化情况如图 4-2 所示。2019 年,滨州市在园幼儿人数 133 960 人,比上年增加 32 220 人,增幅 31.67%;2019 年比 2015 年增加 32 626 人,增长 32.20%。2015—2018 年在园幼儿人数变化不大(2017 年有下降趋势,2018 年开始回升),2019 年增加趋势明显加大。

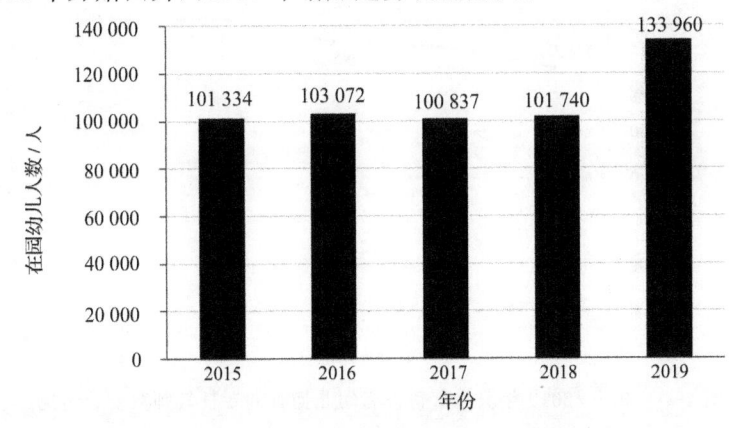

图 4-2　2015—2019 年滨州市在园幼儿人数变化情况

二、滨州市学前教育师资力量

(一)教职工人数

2019 年,滨州市幼儿园教职工人数 8 694 人,比上年增加 2 110 人,增幅 32.05%。比 2015 年增加 3 240 人,增幅 59.41%。2015—2019 年滨州市幼儿园教职工人数变化情况如图 4-3 所示,2015—2018 年教职工人数增幅较平稳(2017 年略有下降),2019 年增加趋势明显加大。其中学历达标人数呈逐年递增趋势,2019 年增加趋势明显加大。

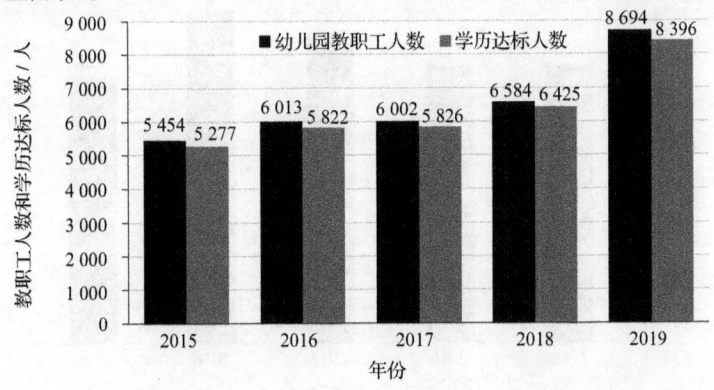

图 4-3　2015—2019 年滨州市幼儿园教职工人数变化情况

(二)每万名幼儿拥有的专任教师数

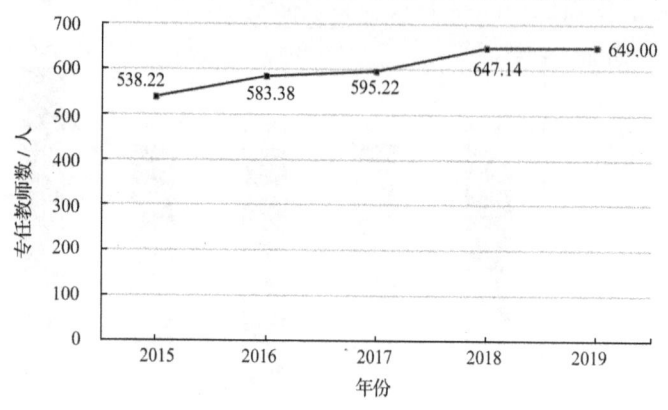

2015—2019年滨州市每万名幼儿拥有的专任教师数变化情况如图4-4所示。2019年滨州市每万名幼儿拥有的专任教师数为649.00人,比2015年增加110.78人,增幅20.58%。2015—2019年每万名幼儿拥有的专任教师数呈逐年平稳上升趋势。

图4-4 2015—2019年滨州市每万名幼儿拥有的专任教师数变化情况

三、滨州市学前教育办园条件

(一)幼儿生均校舍面积

2015—2018年,除2016年略有下降外,幼儿生均校舍面积整体呈稳步上升趋势,总增幅19.74%。2019年,由于二孩政策开放后第一批幼儿开始入园,当年入园幼儿激增,在园幼儿人数比上年增加32 220人(2018年仅比上年增加903人),导致幼儿生均校舍面积同比下降20.13%。2015—2019年滨州市幼儿生均校舍面积变化情况如图4-5所示。

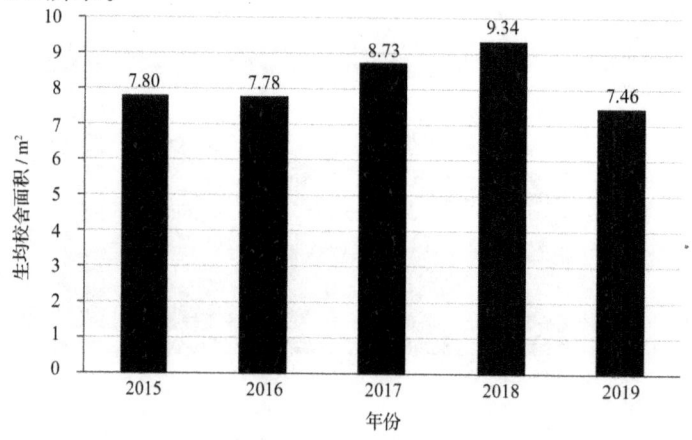

图4-5 2015—2019年滨州市幼儿生均校舍面积变化情况

(二)幼儿生均图书册数

2017年,幼儿生均图书12.69册,为近五年来最高,比2015年增长15.89%,2018年略有回落。2019年受二孩政策开放后入园幼儿激增的因素影响,幼儿生均图书册数为11.12册,同比下降10.90%。2015—2019年滨州市幼儿生均图书册数变化情况如图4-6所示。

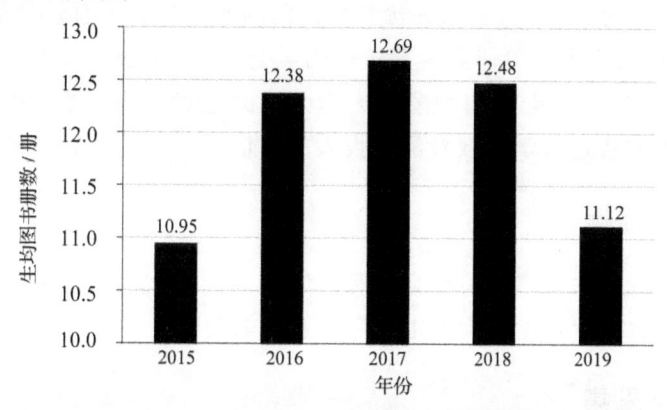

图4-6 2015—2019年滨州市幼儿生均图书册数变化情况

四、滨州市学前教育经费投入情况

2019年,滨州市学前教育人员经费投入为57 956万元,比2015年增加29 509万元,增长103.73%;2019年,滨州市学前教育公用经费投入为24 000万元,比2015年增加12 236万元,增长104.01%%。近五年,滨州市学前教育经费投入不断增加,呈逐年增长态势,特别是2019年增长幅度明显加大,人员及公用经费投入分别同比增长35.62%、42.37%。2015—2019年滨州市学前教育经费投入变化情况如图4-7所示。

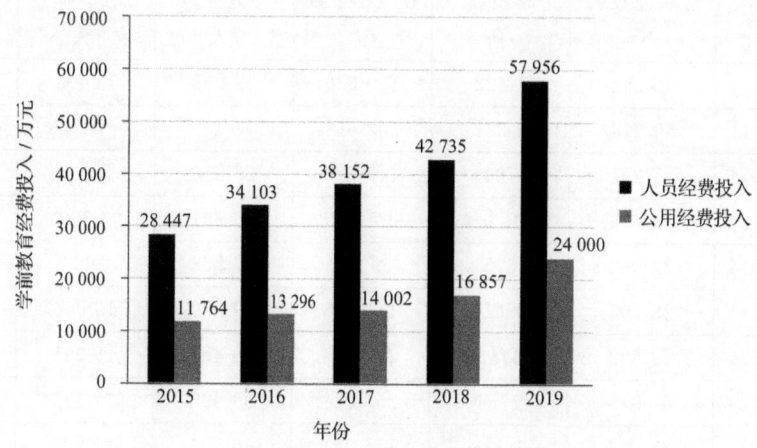

图4-7 2015—2019年滨州市学前教育经费投入变化情况

第二节　滨州市学前教育投入产出效益分析

一、效益分析方法——DEA分析法

DEA(Data Envelopment Analysis)分析法在国内外各类教育机构的效率评价中被广泛运用,采用DEA分析法评价教育部门的效率是非常有效且成熟的。此方法与学前教育投入产出评价研究具有较好的契合性,适用于对多投入、多产出的决策单元绩效水平进行评价,能有效避免人为因素的主观影响。基于以上考虑,本书选取DEA分析方法进行学前教育经费投入的评估。

(一)指标选取

基于已有文献,本书将学前教育经费作为投入指标,学校数、在校学生数、毕业生数、专任教师数和生师比作为产出指标构建学前教育投入产出评价的指标体系。

(二)数据采集

根据以上构建的投入产出指标,本书采集了山东省17地市2014年至2018年间学前教育经费总投入(万元)、学校数(所)、在校学生数(人)、毕业生数(人)、专任教师数(人)和生师比等6个指标数据,分析研究滨州市学前教育与山东省其余16地市学前教育投入产出效率及其变动情况。2014—2018年山东省17地市学前教育投入产出指标数据见表4-1。

表4-1　2014—2018年山东省17地市学前教育投入产出指标数据

DMU	投入1:教育经费总投入/万元	产出1:学校数/所	产出2:在校学生数/人	产出3:毕业生数/人	产出4:专任教师数/人	产出5:生师比
济南市—2014	36 292	1 423	199 330	59 062	13 134	15.18
青岛市—2014	89 774	2 221	232 564	77 469	17 253	13.48
淄博市—2014	31 281	795	115 720	27 556	8 603	13.45
枣庄市—2014	19 899	710	97 243	46 591	3 708	26.23
东营市—2014	27 062	375	59 990	17 968	5 171	11.60
烟台市—2014	28 792	961	151 673	49 839	10 060	15.08
潍坊市—2014	53 522	1712	222 344	78 482	15 991	13.90
济宁市—2014	64 936	1854	255 024	99 990	11 722	21.76
泰安市—2014	27 272	1 133	155 851	49 894	10 627	14.67

(续表)

DMU	投入1：教育经费总投入/万元	产出1：学校数/所	产出2：在校学生数/人	产出3：毕业生数/人	产出4：专任教师数/人	产出5：生师比
威海市—2014	26 764	295	64 445	21 220	3 743	17.22
日照市—2014	15 327	607	92 379	33 468	4 559	20.26
莱芜市—2014	4 660	358	34 835	10 459	2 455	14.19
临沂市—2014	72 299	2 547	356 818	152 602	20 473	17.43
德州市—2014	28 116	920	152 434	56 732	6 871	22.19
聊城市—2014	40 486	397	193 522	70 832	3 688	52.47
滨州市—2014	37 376	563	101 334	32 999	5 454	18.58
菏泽市—2014	31 375	1 777	262 333	98 795	11 090	23.65
济南市—2015	49 208	1 423	199 330	59 062	13 134	15.18
青岛市—2015	62 696	2 221	232 564	77 469	17 253	13.48
淄博市—2015	37 321	795	115 720	37 556	8 603	13.45
枣庄市—2015	22 975	710	97 243	46 591	3 708	26.23
东营市—2015	29 257	375	59 990	17 968	5 171	11.60
烟台市—2015	22 294	961	151 673	49 839	10 060	15.08
潍坊市—2015	57 055	1 712	222 344	78 482	15 991	13.90
济宁市—2015	56 872	1 854	255 024	99 990	11 722	21.76
泰安市—2015	33 826	1 133	155 851	49 894	10 627	14.67
威海市—2015	30 082	295	6 445	21 220	3 743	1.72
日照市—2015	18 374	607	92 379	33 468	4 559	20.26
莱芜市—2015	5 925	358	34 835	10 459	2 455	14.19
临沂市—2015	78 149	2 547	356 818	152 602	20 473	17.43
德州市—2015	26 824	920	152 434	56 732	4 871	31.29
聊城市—2015	41 217	397	163 522	70 832	3 688	44.34
滨州市—2015	42 754	563	101 334	32 999	5 454	18.58
菏泽市—2015	45 674	1 777	262 333	98 795	11 090	23.65
济南市—2016	64 388	1 461	209 583	64 641	14 711	14.25
青岛市—2016	93 116	2 094	237 977	76 406	18 388	12.94
淄博市—2016	21 855	788	115 636	38 038	8 915	12.97
枣庄市—2016	19 770	720	94 505	46 566	3 921	24.10

(续表)

DMU	投入1:教育经费总投入/万元	产出1:学校数/所	产出2:在校学生数/人	产出3:毕业生数/人	产出4:专任教师数/人	产出5:生师比
东营市—2016	37 335	372	60 273	18 267	5 558	10.84
烟台市—2016	30 378	940	152 074	51 003	10 341	14.71
潍坊市—2016	58 190	1 774	235 674	82 047	17 248	13.66
济宁市—2016	57 340	1 936	264 487	100 318	12 627	20.95
泰安市—2016	44 859	1 143	161 431	52 376	11 235	14.37
威海市—2016	28 977	300	66 275	21 431	3 804	17.42
日照市—2016	17 834	634	93 282	35 949	5 183	18.00
莱芜市—2016	878	365	36 073	10 827	2 683	13.45
临沂市—2016	71 843	2 488	343 572	150 627	20 331	16.90
德州市—2016	28 644	946	143 484	57 133	7 428	19.32
聊城市—2016	47 066	425	159 769	66 827	3729	42.84
滨州市—2016	43 273	566	103 072	35 793	6 013	17.14
菏泽市—2016	47 114	1 901	274 637	100 428	12 062	22.77
济南市—2017	73 549	1 474	217 473	68 482	15 393	14.13
青岛市—2017	111 408	2 097	252 765	79 170	19 640	12.87
淄博市—2017	22 210	774	117 439	39 270	9 200	12.77
枣庄市—2017	21 750	711	92 537	45 596	3 901	23.72
东营市—2017	35 860	374	63 103	18 825	5 718	11.04
烟台市—2017	34 221	943	161 488	51 789	10 891	14.83
潍坊市—2017	66 542	1 778	242 041	87 109	19 475	12.43
济宁市—2017	56 665	1 973	264 915	100 719	13 148	20.15
泰安市—2017	34 024	1 136	158 726	56 217	11 718	13.55
威海市—2017	33 475	318	73 173	21 399	4 349	16.83
日照市—2017	20 373	652	96 351	32 752	6 582	14.64
莱芜市—2017	1 725	367	38 758	11 315	2 812	13.78
临沂市—2017	62 832	2 461	336 228	140 256	19 255	17.46
德州市—2017	28 564	918	14 263	51 194	8 065	1.77
聊城市—2017	50 272	538	160 642	64 199	5 322	30.18
滨州市—2017	44 484	558	100 837	37 366	6 002	16.80

(续表)

DMU	投入产出					
	投入1：教育经费总投入/万元	产出1：学校数/所	产出2：在校学生数/人	产出3：毕业生数/人	产出4：专任教师数/人	产出5：生师比
菏泽市—2017	56 009	1 888	253 980	99 769	12 477	20.36
济南市—2018	100 457	1 461	221 440	69 750	16 116	13.74
青岛市—2018	129 114	2 241	263 890	90 149	20 957	12.59
淄博市—2018	24 975	755	125 093	37 052	9 355	13.37
枣庄市—2018	25 999	730	93 723	42 866	4 461	21.01
东营市—2018	47 856	363	65 500	19 779	6 089	10.76
烟台市—2018	37 222	905	163 905	51 436	11 406	14.37
潍坊市—2018	91 438	1 783	261 095	90 194	20 589	12.68
济宁市—2018	59 176	2 029	314 133	102 426	15 321	20.50
泰安市—2018	38 531	1144	160 959	58 115	12 286	13.10
威海市—2018	37 801	317	73 817	35 151	4 701	15.70
日照市—2018	27 321	637	98 610	37 755	2 770	35.60
莱芜市—2018	2 939	372	39 868	12 299	2 958	13.48
临沂市—2018	66 321	2 760	353 383	139 887	19 816	17.83
德州市—2018	32 695	1 201	155 190	60 472	9 563	16.23
聊城市—2018	55 925	621	154 775	64 543	6 251	24.76
滨州市—2018	49 331	567	101 740	36 994	6 548	15.54
菏泽市—2018	67 780	2 345	428 393	110 804	17 046	25.13

数据来源：《山东教育年鉴》和《山东省教育事业发展统计公报》。

（三）DEA 模型分析

在 DEA 理论的基础上，本书运用 DEAP 2.1 软件对滨州市学前教育的综合效率、纯技术效率、规模效率和规模收益进行测算分析，同时得到各个单元的产出不足和投入冗余值，为滨州市学前教育供给效率的提高提供依据。

1. 综合效率分析

综合效率值反映了决策单元在一定的投入下能获得多大程度产出的能力或在产出不变的情况下决策单元能减少多少程度的投入，进而反映决策单元整体有效性情况。综合效率得分取值介于 0 到 1 之间，越接近 1，说明越接近整体效率有效；综合效率值等于 1 时，说明学前教育经费投入达到 DEA 相对有效，即在现有规模下，学前教育经费得到了有效利用。2014—2018 年山东省 17 地市学前教育经费综合效率见表 4-2。2014—2018 年滨州市和山东省学前教育经费投入产出综合效率变化对比如图 4-8 所示。

表 4-2 2014—2018 年山东省 17 地市学前教育经费综合效率

DMU	2014 年	2015 年	2016 年	2017 年	2018 年	均值
济南市	0.722	0.614	0.081	0.142	0.166	0.345
青岛市	0.374	0.646	0.067	0.108	0.167	0.272
淄博市	0.522	0.512	0.141	0.270	0.372	0.363
枣庄市	0.830	0.962	0.191	0.320	0.394	0.539
东营市	0.363	0.398	0.049	0.098	0.126	0.207
烟台市	0.712	1.000	0.136	0.231	0.330	0.482
潍坊市	0.606	0.643	0.114	0.200	0.236	0.360
济宁市	0.497	0.786	0.142	0.271	0.414	0.422
泰安市	0.774	0.710	0.095	0.252	0.360	0.438
威海市	0.307	0.316	0.060	0.097	0.222	0.200
日照市	0.785	0.874	0.163	0.245	0.330	0.479
莱芜市	1.000	1.000	1.000	1.000	1.000	1.000
临沂市	0.719	0.873	0.170	0.340	0.504	0.521
德州市	0.676	1.000	0.162	0.273	0.442	0.511
聊城市	0.656	0.827	0.115	0.195	0.276	0.414
滨州市	0.340	0.368	0.067	0.128	0.179	0.216
菏泽市	1.000	0.968	0.173	0.272	0.466	0.576
均值	0.640	0.735	0.172	0.261	0.352	0.432

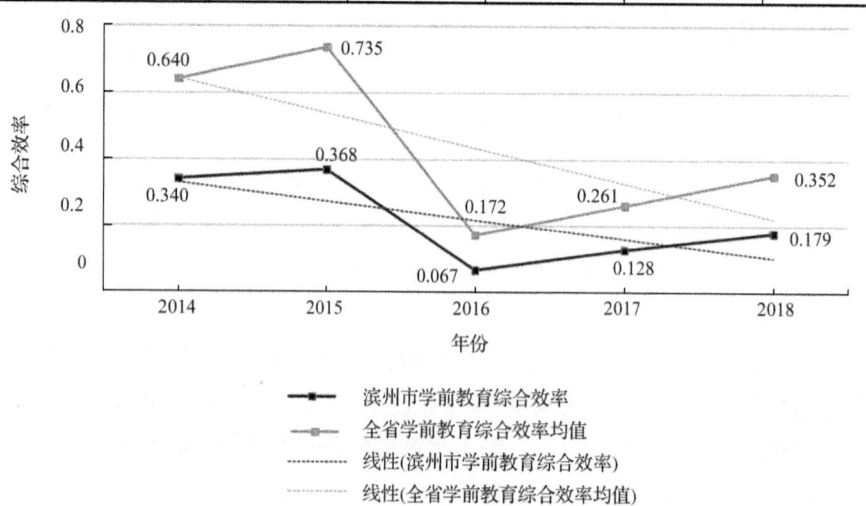

图 4-8 2014—2018 年滨州市和山东省学前教育经费投入产出综合效率变化对比

根据表4-2的综合效率值可以得出:2014年至2018年间全省17个地市的学前教育供给综合效率均值为0.432,整体呈现DEA非有效状态。其中,莱芜市的综合效率值为1,说明莱芜市在学前教育投入产出方面DEA是有效的,即莱芜市学前教育的投入与产出达到了最佳状态,教育经费得到了充分的使用,同时获得了最大的产出效益。

进一步分析滨州市学前教育综合效率可以得出,2014至2018年,滨州市学前教育的综合效率值在2016年回落较大,2017年开始反弹,到2018年仍未达到近五年最高水平。横向上看,2014至2018年滨州市学前教育的综合效率值均小于1,为非有效单元,说明产出没有达到最大,应该继续扩大产出;纵向上看,2014至2018年滨州市学前教育的均值为0.216,说明滨州市学前教育经费投入达到最优效率的21.6%,低于全省平均水平。基于此,造成DEA非有效的原因受到纯技术效率和规模效率影响,因此需要进一步对纯技术效率和规模效率进行分析。

2. 纯技术效率分析

在教育投入分析上,纯技术效率是指教育等资源要素的配置和利用是否合理、充分,纯技术效率得分取值介于0到1之间,越接近1,说明学前教育经费投入资源的使用率越高。纯技术效率值等于1时,说明学前教育经费投入达到纯技术效率有效,即学前教育经费投入不存在资源浪费的情况,现有管理和技术能够将现有经费投入最大化应用到产出中。2014—2018年滨州市学前教育DEA分析结果见表4-3。2014—2018年滨州市学前教育纯技术效率和规模效率变化如图4-9所示。

表4-3　　2014—2018年滨州市学前教育DEA分析结果

年份	效率结果			
	综合效率	纯技术效率	规模效率	规模收益情况
2014	0.340	0.399	0.853	递减	drs
2015	0.368	0.381	0.965	递减	drs
2016	0.067	0.407	0.165	递减	drs
2017	0.128	0.391	0.328	递减	drs
2018	0.179	0.359	0.499	递减	drs
平均值	0.216	0.387	0.562	递减	drs

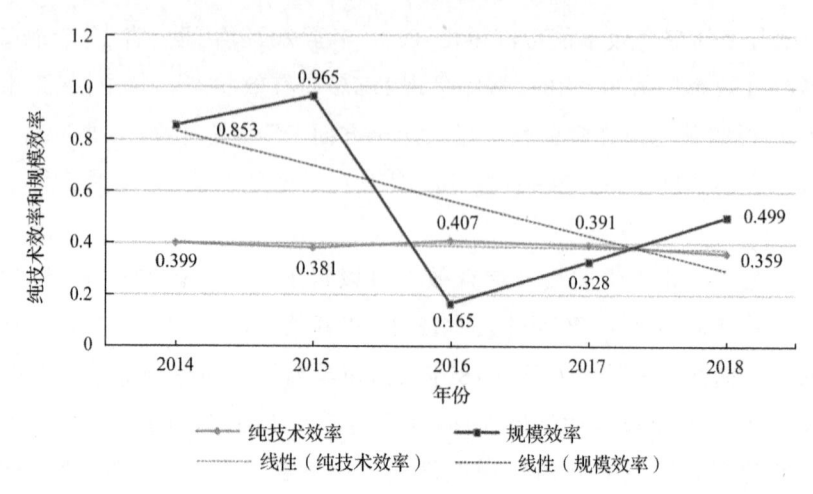

图 4-9 2014—2018 年滨州市学前教育纯技术效率和规模效率变化

由表 4-3 及图 4-9 可以得知,2014 至 2018 年间,滨州市学前教育纯技术效率呈现波动变化、整体下降趋势,说明滨州市学前教育资源需进一步优化;2014 至 2018 年滨州市学前教育纯技术效率值均低于 1,是导致综合效率呈非 DEA 有效的主要原因,说明滨州市需继续加强规划、运用、管理教育经费的能力;2014 至 2018 年间滨州市学前教育纯技术效率均值为 0.387,低于全省平均水平(全省纯技术效率均值为 0.812)。

3.规模效率分析

规模效率是指规模安排是否适宜,反映实际规模与最优生产规模的差距,与学校规模因素有很大影响。规模效率的得分取值介于 0 到 1 之间,越接近 1,说明越接近规模有效;规模效率值等于 1 时,说明学前教育经费投入产出的规模已达到最优状态,即在现有教育经费的管理制度和水平下,现有的教育规模收益与最优规模收益之间的差为 0。

由表 4-3 及图 4-9 可以得知,2014 至 2018 年间,滨州市学前教育规模效率呈现出较大波动变化、整体下降的趋势,说明滨州市对学前教育规模投入的重视程度需进一步加大;2014 至 2018 年滨州市学前教育规模效率均值为 0.562,尚未接近或达到最优状态,说明所投入的学前教育经费与当地发展需要的匹配度需进一步增强。

4.规模收益分析

规模收益反映的是当其他条件不变的情况下,决策单元的投入要素变化所带来的产出变化情况,主要分为递增、递减和不变三种情况。当处于规模收益递增状态时,说明加大投入规模能获得成倍的产出;当处于规模收益递减状态时,说明加大投入规模不会得到成倍的产出;当处于规模收益不变的状态时,说明投入增加一倍,产出增加一倍。

由表 4-3 可以得知,2014 至 2018 年间,滨州市学前教育规模收益呈现出递减的趋势,说明加大规模投入没有得到成倍的产出。

5.滨州市学前教育投入产出指标的最优目标值分析

DEA 模型的最优目标值是指非 DEA 有效单元实现 DEA 有效的投入目标值，可以反映非 DEA 有效单元投入产出的冗余情况及优化方向。2014 年滨州市学前教育纯技术效率和规模效率分析结果见表 4-4。

表 4-4　2014 年滨州市学前教育纯技术效率和规模效率分析结果

纯技术效率＝0.399			
规模效率＝0.853(drs)			
预测摘要			
变量	原始值	冗余值	产出不足值	达到 DEA 有效的目标值
产出1/所	563	0	282.94	845.94
产出2/人	101 334	0	16 287.19	117 621.19
产出3/人	32 999	0	9 568.13	42 567.13
产出4/人	5 454	0	0	5 454
产出5	18.58	0	0	18.58
投入1/万元	37 376	22 481	0	14 896

从表 4-4 可以看出，2014 年滨州市学前教育纯技术效率为 0.399，规模效率为 0.853，说明 2014 年滨州市学前教育产出与滨州市学前教育投入不匹配。从产出不足角度看，2014 年滨州市学前教育在学校数、在校学生数和毕业生数上产出不足；从投入角度看，2014 年滨州市学前教育经费投入冗余 22 481 万元，由于规模收益呈递减趋势，因此可以适当控制投入规模，优化资源配置，尽量避免资源的浪费，从而得到更加合理的产出。

2015 年滨州市学前教育纯技术效率和规模效率分析结果见表 4-5。

表 4-5　2015 年滨州市学前教育纯技术效率和规模效率分析结果

纯技术效率＝0.381			
规模效率＝0.965(drs)			
预测摘要			
变量	原始值	冗余值	产出不足值	达到 DEA 有效的目标值
产出1/所	563	0	127.43	690.43
产出2/人	101 334	0	0	101 334
产出3/人	32 999	0	1 463.83	34 462.83
产出4/人	5 454	0	73.98	5 527.98
产出5	18.58	0	0	18.58
投入1/万元	42 754	26 452	0	16 302

从表 4-5 可以看出,2015 年滨州市学前教育纯技术效率为 0.381,规模效率为 0.965,说明 2015 年滨州市学前教育规模与滨州市学前教育投入不匹配。从产出不足角度看,2015 年滨州市学前教育在学校数、毕业生数和专任教师数上产出不足;从投入角度看,2015 年滨州市学前教育经费投入冗余 26 452 万元,由于规模收益呈递减趋势,因此,可以适当控制投入规模,优化资源配置,尽量避免资源的浪费,以便得到更多倍数的产出。

2016 年滨州市学前教育纯技术效率和规模效率分析结果见表 4-6。

表 4-6 2016 年滨州市学前教育纯技术效率和规模效率分析结果

纯技术效率＝0.407				
规模效率＝0.165（drs）				
预测摘要				
变量	原始值	冗余值	产出不足值	达到 DEA 有效的目标值
产出 1/所	566	0	196.78	762.78
产出 2/人	103 072	0	0	103 072
产出 3/人	35 793	0	2 983.91	38 776.91
产出 4/人	6 013	0	0	6 013
产出 5	17.14	0	0	17.14
投入 1/万元	43 273	25 677	0	17 596

从表 4-6 可以看出,2016 年滨州市学前教育纯技术效率为 0.407,规模效率为 0.165,说明 2016 年滨州市学前教育规模与滨州市学前教育投入不匹配。从产出不足角度看,2016 年滨州市学前教育在学校数和毕业生数上产出不足;从投入角度看,2016 年滨州市学前教育经费投入冗余 25 677 万元,由于规模收益呈递减趋势,因此,可以适当控制投入规模,优化资源配置,尽量避免资源的浪费,以便得到更多倍数的产出。

2017 年滨州市学前教育纯技术效率和规模效率分析结果见表 4-7。

表 4-7 2017 年滨州市学前教育纯技术效率和规模效率分析结果

纯技术效率＝0.391				
规模效率＝0.328（drs）				
预测摘要				
变量	原始值	冗余值	产出不足值	达到 DEA 有效的目标值
产出 1/所	558	0	264.07	822.07
产出 2/人	100 837	0	3 735.99	104 572.99
产出 3/人	37 366	0	5 086.09	42 452.09
产出 4/人	6 002	0	0	6 002
产出 5	16.80	0	0	16.80
投入 1/万元	44 484	27 104	0	17 380

从表4-7可以看出：2017年滨州市学前教育纯技术效率为0.391，规模效率为0.328，说明2017年滨州市学前教育规模与滨州市学前教育投入不匹配。从产出不足角度看，2017年滨州市学前教育在学校数、在校学生数和毕业生数上产出不足；从投入角度看，2017年滨州市学前教育经费投入冗余27 104万元，由于规模收益呈递减趋势，因此可以适当控制投入规模，优化资源配置，尽量避免资源的浪费，以便得到更多倍数的产出。

2018年滨州市学前教育纯技术效率和规模效率分析结果见表4-8。

表4-8　2018年滨州市学前教育纯技术效率和规模效率分析结果

纯技术效率＝0.359

规模效率＝0.499（drs）

预测摘要

变量	原始值	冗余值	产出不足值	达到DEA有效的目标值
产出1/所	567	0	239.03	806.03
产出2/人	101 740	0	2 924.72	104 664.72
产出3/人	36 994	0	0	36 994
产出4/人	6 548	0	0	6 548
产出5	15.54	0	0	15.54
投入1/万元	49 331	31 615	0	17 715.58

从表4-8可以看出，2018年滨州市学前教育纯技术效率为0.359，规模效率为0.499，说明2018年滨州市学前教育规模与滨州市学前教育投入不匹配。从产出不足角度看，2018年滨州市学前教育在学校数和在校学生数上产出不足；从投入角度看，2018年滨州市学前教育经费投入冗余31 615万元，由于规模收益呈递减趋势，因此可以适当控制投入规模，优化资源配置，尽量避免资源的浪费，以便得到更多倍数的产出。

2014—2018年滨州市学前教育经费投入冗余值变化如图4-10所示。从图4-10可以看出：2014至2018年间滨州市学前教育经费投入的冗余值整体呈上升趋势，说明滨州市学前教育经费投入的应用水平有待进一步挖掘，学前教育资源尚未得到充分利用。

（四）2014—2018年滨州市、泰安市和聊城市学前教育投入产出效率对比

为了更好地说明滨州市学前教育的投入产出效率，本书以GDP总量为基准，选取与滨州市GDP总量相当的泰安市和聊城市进行横向对比。

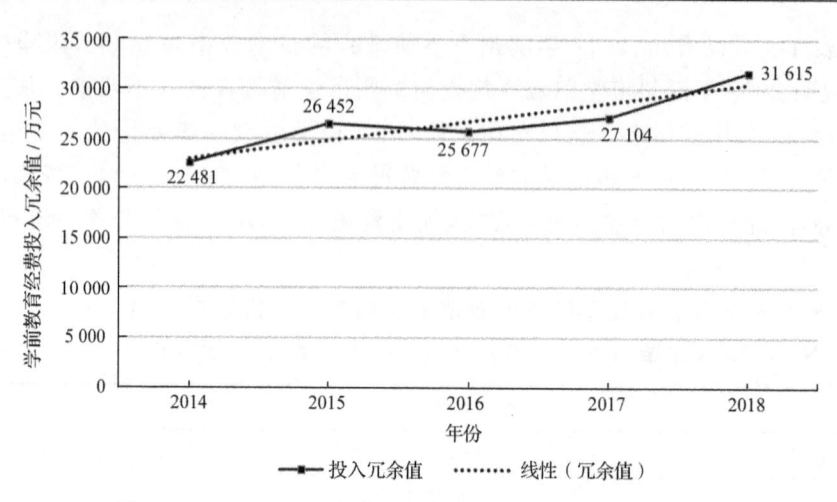

图 4-10　2014—2018 年滨州市学前教育经费投入冗余值变化

1. 综合效率对比

2014—2018 年滨州市、泰安市和聊城市学前教育投入产出综合效率见表 4-9。

表 4-9　2014—2018 年滨州市、泰安市和聊城市学前教育投入产出综合效率

地市	2014	2015	2016	2017	2018	均值
泰安市	0.774	0.710	0.095	0.252	0.360	0.438
聊城市	0.656	0.827	0.115	0.195	0.276	0.414
滨州市	0.340	0.368	0.067	0.128	0.179	0.216

2014—2018 年滨州市、泰安市和聊城市学前教育投入产出综合效率变化如图 4-11 所示。

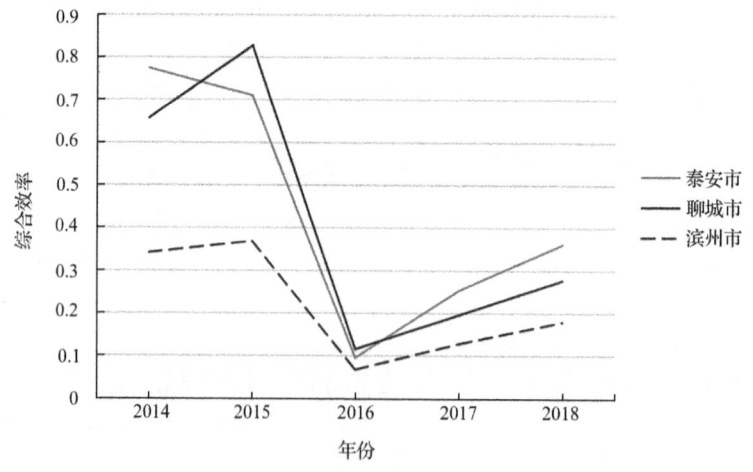

图 4-11　2014—2018 年滨州市、泰安市和聊城市学前教育投入产出综合效率变化

从图 4-11 可以看出,滨州市学前教育近五年的投入产出综合效率均低于泰安

市、聊城市学前教育投入产出的综合效率。

2. 纯技术效率和规模效率对比

2014—2018年滨州市、泰安市和聊城市学前教育投入产出效率见表4-10,其分析如图4-12所示。

表4-10　2014—2018年滨州市、泰安市和聊城市学前教育投入产出效率

地市	年份	纯技术效率	规模效率	规模收益情况	
泰安市	2014	1.000	0.774	递减	drs
聊城市		1.000	0.656	递减	drs
滨州市		0.399	0.853	递减	drs
泰安市	2015	0.813	0.873	递减	drs
聊城市		1.000	0.827	递减	drs
滨州市		0.381	0.965	递减	drs
泰安市	2016	0.731	0.129	递减	drs
聊城市		1.000	0.115	递减	drs
滨州市		0.407	0.165	递减	drs
泰安市	2017	0.952	0.265	递减	drs
聊城市		1.000	0.195	递减	drs
滨州市		0.391	0.328	递减	drs
泰安市	2018	0.949	0.380	递减	drs
聊城市		0.610	0.452	递减	drs
滨州市		0.359	0.499	递减	drs

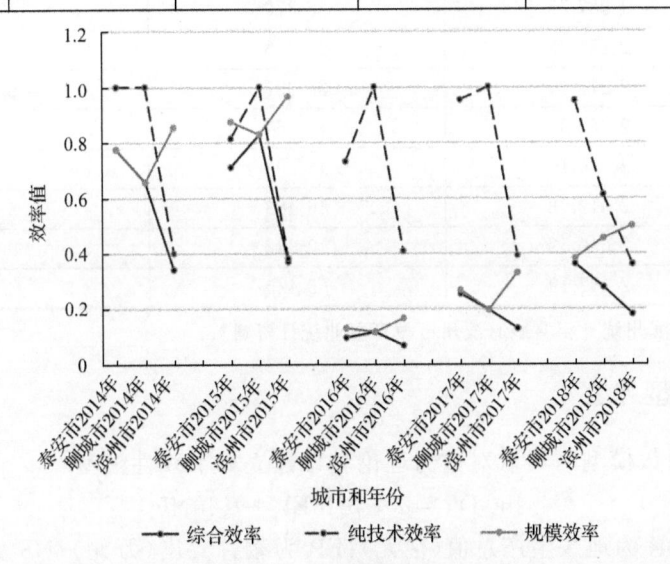

图4-12　2014—2018年滨州市、泰安市和聊城市学前教育投入产出效率分析

从表4-10和图4-12可以看出:2014—2018年,滨州市学前教育每年的纯技术效率均低于泰安市、聊城市;2014—2018年,滨州市学前教育每年的规模效率均高

于泰安市、聊城市两市,其中2015年滨州市学前教育规模效率在三市中达到了这几年的最高值,但没有达到1的最优状态。这也说明随着政府加大教育投入,经费问题已经不再是制约学前教育发展的唯一问题,如何科学有效分配、管理、使用经费和设置教育规模应该成为日后教育行政部门关注的重点。

二、滨州市学前教育经费投入对经济的影响

本书将滨州市作为研究样本,以柯布-道格拉斯生产函数为基础,通过经济计量的方法,探讨滨州市学前教育投入对经济的影响。

(一)指标选取

本书以滨州市作为研究对象,分别用地区生产总值(GDP)、教育支出(EP,Education Pays)和教职工人数(NF,Number of Faculty)来代替产出、资本和劳动。其中教职工人数以人为单位,教育支出以万元为单位,GDP以亿元为单位。教育投入包括财政教育支出和教职工人数投入。

2010—2020年滨州市学前教育投入与GDP变动数据见表4-11。

表4-11　2010—2020年滨州市学前教育投入与GDP变动数据

年份	GDP/亿元	教育支出/万元	教职工人数/人
2010	1 572.50	16 885	4 168
2011	1 817.58	14 192	5 326
2012	1 987.73	28 370	5 319
2013	2 155.73	19 748	5 319
2014	2 276.71	20 087	6 320
2015	2 355.33	44 754	7 353
2016	2 470.10	45 292	7 928
2017	2 612.92	46 483	8 271
2018	2 640.52	49 332	9 139
2019	2 457.19	56 425	13 181

数据来源:《滨州统计年鉴》和《滨州市教育事业统计资料》。

(二)模型建立

以生产函数模型两边取对数为理论基础建立如下线性模型:

$$\ln \text{GDP} = \alpha + \beta_1 \ln \text{EP} + \beta_2 \ln \text{NF}$$

其中:GDP为地区生产总值(亿元);EP为教育支出(万元);NF为教职工人数(人)。

建立lnGDP与lnEP的关系图,lnGDP与lnNF的关系图,lnGDP与lnEP、lnNF的关系图,分别如图4-13、图4-14、图4-15所示。

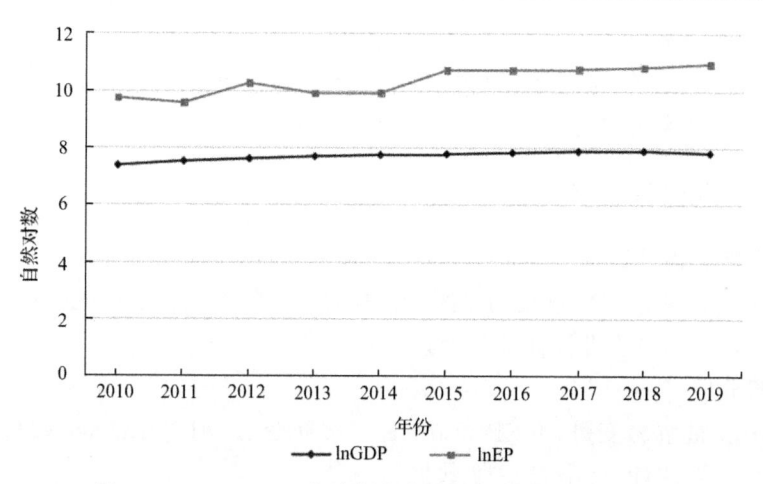

图 4-13　2010—2019 年滨州市学前教育支出与 GDP 关系

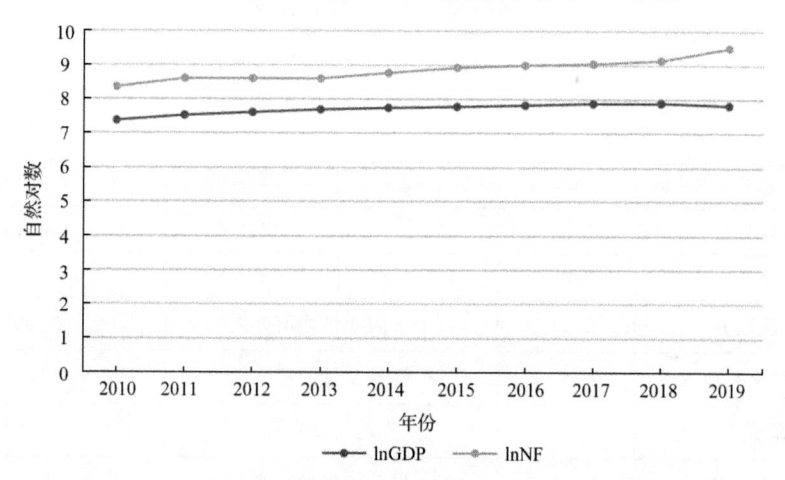

图 4-14　2010—2019 年滨州市学前教育教职工人数与 GDP 关系

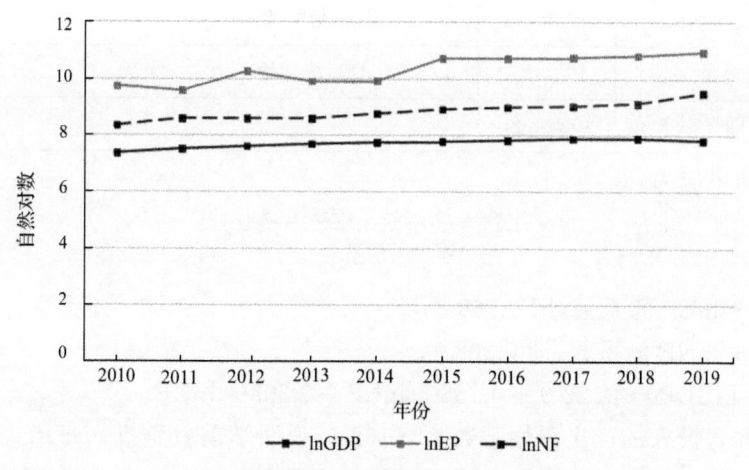

图 4-15　2010—2019 年滨州市学前教育支出、教职工人数与 GDP 关系

从图 4-13 至图 4-15 可以看出，2015 至 2019 年间滨州市学前教育支出较为稳定，变化不大，2019 年与近十年历史最高支出（2012 年）相比降幅非常大；2010—2019 年教职工人数呈递增趋势，GDP 也呈平稳增长趋势。

（三）数据检验与实证分析

1. 数据标准化处理

因采集的数据存在数量级的差距，首先对所有数据采用 min-max 标准化（Min-Max Normalization）法进行标准化处理。

2. 回归分析

lnGDP 为被解释变量，lnEP 和 lnNF 为解释变量，利用 Eviews 软件对模型进行普通最小二乘估计，得出表 4-12 数据。

表 4-12　　　　　　　　学前教育 Eviews 分析结果

变量	系数	标准差	T-统计量	T-统计量伴随概率 P 值
C	4.522 9	0.884 1	5.115 9	0.001 4
lnEP	0.168 5	0.114 4	1.472 6	0.084 3
lnNF	0.208 4	0.163 8	1.271 7	0.044 1
可决系数 R^2	0.741 5	因变量均值		7.709 9
调整的可决系数 R^2	0.667 6	被解释变量的标准差		0.167 2
标准误差	0.096 4	赤池信息准则		−1.597 1
残差平方和	0.065 1	贝叶斯信息准则		−1.506 3
对数似统计估值	10.985 4	汉南-奎因准则		−1.696 7
F-统计量	10.037 4	DW 统计量		1.208 5
F-统计量伴随概率 P 值	0.008 8			

最终结果应为：

$$\ln GDP = C + \beta_1 \ln EP + \beta_2 \ln NF$$

式中：

β_1 —— lnEP 的系数，即 0.168 5；

β_2 —— lnNF 的系数，即 0.208 4；

最终，$\ln GDP = 4.522\ 9 + 0.168\ 5\ \ln EP + 0.208\ 4\ \ln NF$

学前教育投入的产出弹性系数是 0.168 5，说明学前教育投入每增加 1%，GDP 增加 0.168 5%；教职工人数投入的产出弹性系数是 0.208 4，说明教职工人数每增加 1%，GDP 增加 0.208 4%。

3.数据检验

(1)变量显著性 T 检验

Prob 的判断值小于 0.05,说明经济增长与教育支出、教职工人数呈正向相关。从表 4-12 看出,教育支出所得系数的 P 值为 0.084 3,大于 0.05,说明学前教育支出对经济增长的影响并不是很显著;教职工人数所得系数的 P 值为 0.044 1,小于 0.05,说明教职工人数对经济增长的影响是显著的。

(2)拟合优度检验

R^2 越接近 1,结果越好,说明回归线对样本数据点的拟合程度很高,拟合效果比较好。根据表 4-12,$R^2=0.741\ 5$,说明拟合优度值与 1 之间还有一定差距。

4.结果分析

教育支出、教职工人数与 GDP 之间呈正相关关系。估计结果 $\beta_1+\beta_2<1$,约等于 0.38,即不完全规模收益递减,表明滨州市一倍的教育投入没有带来一倍的经济产出。

(四)存在的问题

2015 至 2019 年间,滨州市幼儿园数量呈现大幅增长,在园幼儿人数增幅明显,与此同时也有相应的问题凸显出来。

1.教育经费投入利用率有待提升

滨州市学前教育经费投入未达到最优效率,低于全省平均水平,所投入的学前教育经费与发展需要的匹配度还未达到预期。学前教育规模与学前教育投入不匹配,经费投入的应用水平有待进一步挖掘。

2.教育资源配置待优化

幼儿生均校舍面积、幼儿生均图书册数都有所下降,学前教育资源尚未得到充分利用,资源配置不够到位,经费投入存在资源浪费的情况,还需要进一步优化。

(五)结论

到 2019 年,受二孩政策开放后第一批幼儿开始入园影响,当年幼儿园数量、在园幼儿人数、教职工人数、教育投入增幅最大。但办园条件、建设未及时跟进,导致幼儿生均校舍面积、幼儿生均图书册数有较大幅度的下降。

通过运用 DEA 法进行分析得出,2014—2018 年滨州市学前教育综合效率、纯技术效率、规模效率均未达到最优状态;规模收益呈现出递减的趋势,可以适当调整投入规模,优化资源配置,尽量避免资源的浪费,以便得到更多倍数的产出。通过对滨州市学前教育投入产出指标的最优目标值分析得出,滨州市学前教育规模与滨州市学前教育投入不匹配,且滨州市学前教育经费投入的冗余值整体呈上升趋势,说明滨州市学前教育经费投入的应用水平有待进一步挖掘,学前资源尚未得到充分利用。

第五章　滨州市义务教育投入产出效率实证分析

第一节　滨州市义务教育投入产出总体情况

义务教育是促进社会公平的有效手段,也是提升国民素质的基础性工程。"十三五"时期,滨州市积极响应国家促进基础教育改革与发展的相关政策,将义务教育摆在重中之重的位置,不断加大教育经费投入,加强教师队伍建设,改善薄弱地区办学条件,取得了丰硕的成果。

一、滨州市义务教育办学规模

（一）义务教育阶段学校规模基本情况

"十三五"时期,滨州市制定《〈义务教育学校管理标准〉落实工作方案》,进一步规范义务教育学校的管理,义务教育阶段学校规模得到合理控制。截至2019年底,滨州市共有义务教育阶段学校428所,比上年减少了15所,降低了3.39%。其中,小学校数291所,比上年减少14所,降低4.59%;初中校数137所,比上年减少1所,降低0.72%。2015年滨州市义务教育阶段学校数量为493所,到2019年已减少到428所,这与此前实行的农村义务教育阶段的"撤点并校"政策密切相关。

2015—2019年滨州市义务教育阶段学校数量变化情况见表5-1,其柱状图见图5-1。

表5-1　2015—2019年滨州市义务教育阶段学校数量变化情况　　人

年份	2015	2016	2017	2018	2019
小学学校数量	353	314	309	305	291
初中学校数量	140	138	140	138	137
义务教育阶段学校数量	493	452	449	443	428

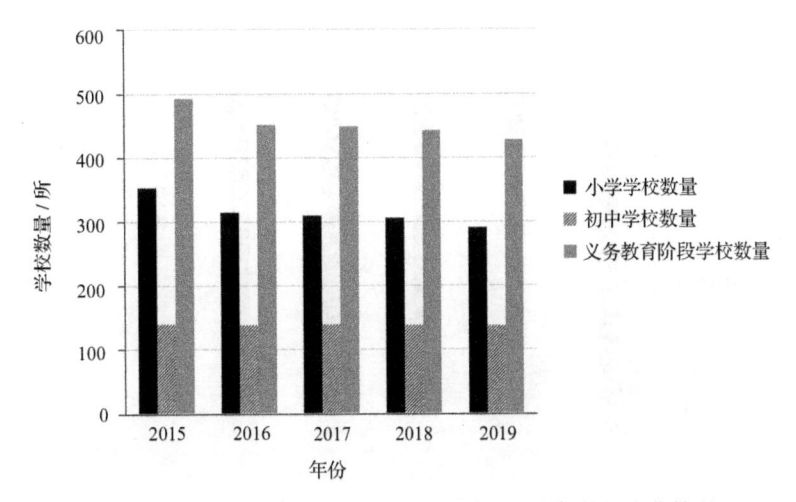

图 5-1　2015—2019 年滨州市义务教育阶段学校数量变化情况

(二) 义务教育阶段学生规模基本情况

"十三五"时期,滨州市进一步规范义务教育阶段学校招生流程,制发《关于进一步做好各类人才子女入学工作的指导意见》,解决了各类人才子女入学问题。2015—2019 年滨州市义务教育阶段小学生规模数、初中生规模数和学生规模总数分别见表 5-2、表 5-3、表 5-4,其柱状图见图 5-2、图 5-3、图 5-4。截至 2019 年底,滨州市义务教育阶段招生总量为 82 944 人,比上年减少 4 563 人,降低 5.21%。其中,小学招生 45 904 人,比上年减少 473 人,降低 1.02%;初中招生 37 040 人,比上年减少 4 090 人,降低 9.94%。

表 5-2　　　2015—2019 年滨州市义务教育阶段小学生规模数　　　　　人

年份	2015	2016	2017	2018	2019
小学招生人数	39 440	43 223	46 943	46 377	45 904
小学在校生人数	244 435	248 076	247 365	251 541	261 346
小学毕业生人数	39 003	40 637	47 323	41 687	37 171

表 5-3　　　2015—2019 年滨州市义务教育阶段初中生规模数　　　　　人

年份	2015	2016	2017	2018	2019
初中招生人数	38 502	40 088	46 828	41 130	37 040
初中在校生人数	120 282	117 531	125 715	128 278	125 243
初中毕业生人数	40 740	42 522	38 704	38 404	40 001

表 5-4　　　2015—2019 年滨州市义务教育阶段学生规模总数　　　　　人

年份	2015	2016	2017	2018	2019
义务教育招生人数	77 942	83 311	93 771	87 507	82 944
义务教育在校生人数	364 717	365 607	373 080	379 819	386 589
义务教育毕业生人数	79 743	83 159	86 027	80 091	77 172

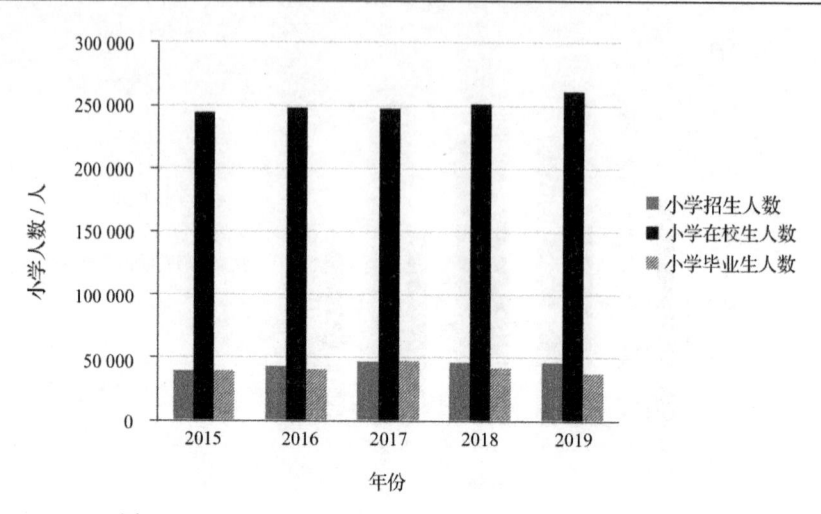

图 5-2　2015—2019 年滨州市义务教育阶段小学生规模数

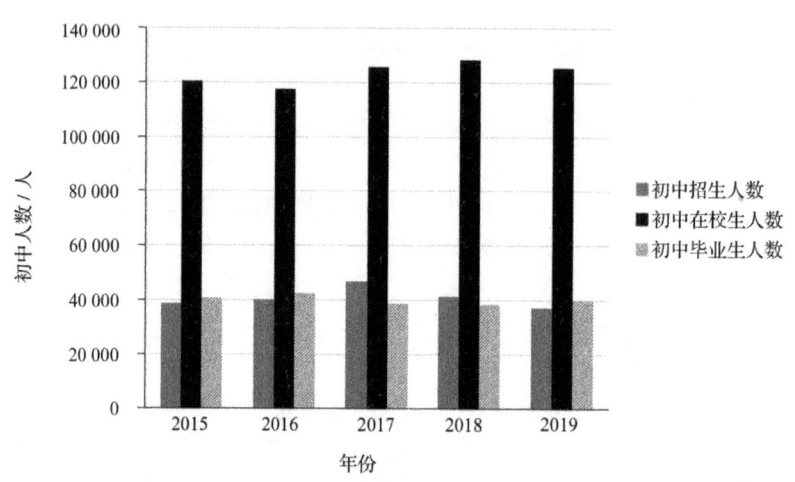

图 5-3　2015—2019 年滨州市义务教育阶段初中生规模数

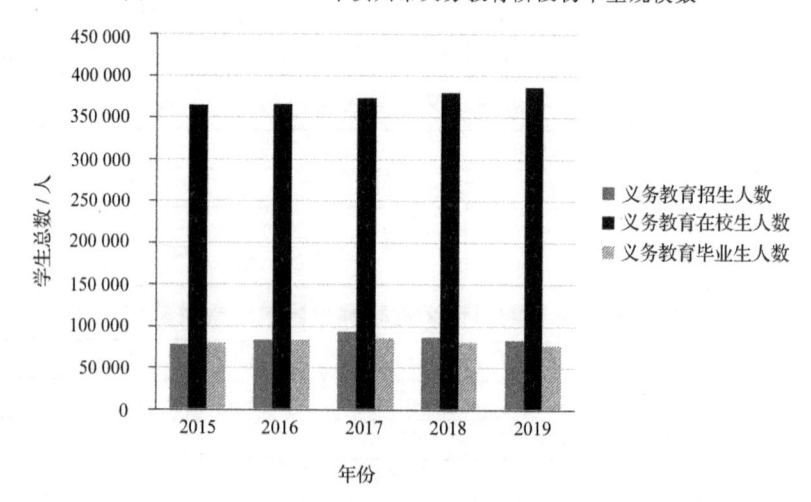

图 5-4　2015—2019 年滨州市义务教育阶段学生规模总数(单位:人)

截至 2019 年底,滨州市义务教育阶段在校生总规模为 386 589 人,比上年增加 6 770 人。其中,小学在校生 261 346 人,比上年增加 9 805 人,增长 3.90%;初中在校生 125 243 人,比上年减少 3 035 人,降低 2.37%。近五年,义务教育阶段在校生规模的降低与我国"少子化"的现象密切相关。

截至 2019 年,滨州市义务教育阶段毕业生总规模为 77 172 人,比上年减少 2 919 人。其中,小学毕业生 37 171 人,比上年减少 4 516 人,降低 10.83%;初中毕业生 40 001 人,比上年增加 1 597 人,增长 4.16%。

二、滨州市义务教育师资队伍

(一)义务教育阶段专任教师数量情况

"十三五"时期,滨州市全力做好教师队伍管理工作,通过招聘公费师范生、省师范类高校技能大赛参赛人员,引进硕博士、双一流高校毕业生、外市高层次人才等方式不断扩充义务教育教师队伍。截至 2019 年,滨州市义务教育阶段专任教师总数为 27 684 人,比上年增加 254 人,增长 0.93%。其中,滨州市小学专任教师 16 582 人,小学生师比为 15.76;初中专任教师 11 102 人,初中生师比为 11.28。2015—2019 年滨州市义务教育阶段专任教师数量情况见表 5-5,其柱状图见图 5-5。

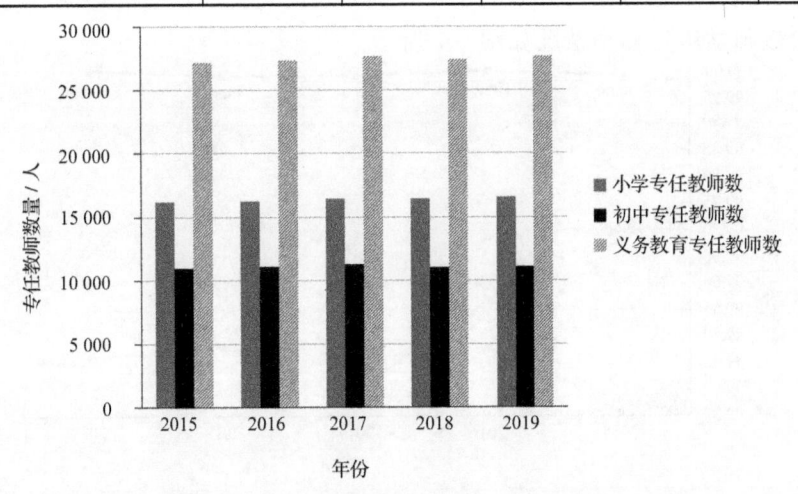

表 5-5　　2015—2019 年滨州市义务教育阶段专任教师数量情况　　　　人

年份	2015	2016	2017	2018	2019
小学专任教师数	16 209	16 252	16 431	16 430	16 582
初中专任教师数	10 933	11 074	11 234	11 000	11 102
义务教育专任教师数	27 142	27 326	27 665	27 430	27 684

图 5-5　2015—2019 年滨州市义务教育阶段专任教师数量情况

随着教师队伍的不断扩充和优化,义务教育阶段生师比从 2015 年的 13.44∶1 增长到 2019 年的 13.96∶1,其中小学生师比从 2015 年的 15.08∶1 增长到 2019 年的 15.76∶1,初中生师比从 2015 年的 11.00∶1 增长到 2019 年的 11.28∶1。2015—2019 年滨州市义务教育阶段生师比变化情况如图 5-6 所示。

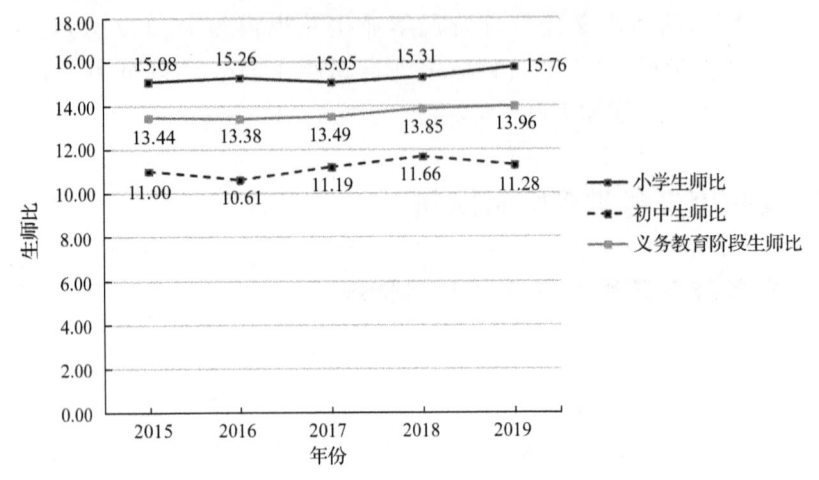

图 5-6 2015—2019 年滨州市义务教育阶段生师比变化情况

(二)义务教育阶段教师队伍基本情况

"十三五"时期,滨州市聚焦人才建设,通过引入"学习共同体"项目、建立名师工作室、举办教学研修活动等方式不断提升义务教育师资建设水平。截至 2019 年,滨州市义务教育阶段小学教师学历达标率为 100%,比上年增长 0.01%;初中教师学历达标率为 99.46%,比上年降低 0.02%。2015—2019 年滨州市义务教育阶段教师学历达标率趋于稳定,教师队伍结构不断得到优化。2015—2019 年滨州市义务教育阶段教师学历达标率情况如图 5-7 所示。

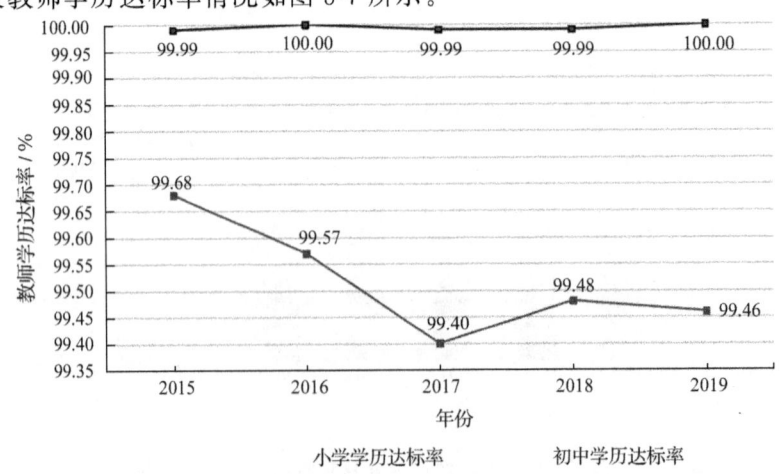

图 5-7 2015—2019 年滨州市义务教育阶段教师学历达标率情况

三、滨州市义务教育办学条件情况

(一)义务教育阶段校舍建筑面积基本情况

"十三五"时期,滨州市聚焦义务教育优质均衡发展,改善中小学大班额问题和薄弱环节,完成了优质教育资源的新扩容。截至2019年,滨州市小学校舍建筑面积为2 540 000 m²,比上年增加140 000 m²,增长了5.83%;滨州市初中校舍建筑面积为2 150 000 m²,比上年增加120 000 m²,增长了5.91%。2015—2019年滨州市义务教育阶段房屋建筑面积变化情况见表5-6。

其中,小学教学及辅助用房面积为1 540 000 m²,较上年增加了10 000 m²,增长了0.65%;小学生均教学及辅助用房面积为5.89 m²,较上年减少了0.19 m²,降低了3.12%;小学生均行政办公用房面积为1.03 m²,较上年增加了0.08 m²,增长了8.42%;小学人均生活用房面积为1.99 m²,较上年增加了0.12 m²,增长了6.42%。

初中教学及辅助用房面积为1 160 000 m²,较上年减少了70 000 m²,降低了5.69%;初中生均教学及辅助用房面积为9.26 m²,较上年减少了0.33 m²,降低了3.44%;初中生均行政办公用房面积为1.52 m²,较上年增加了0.19 m²,增长了14.29%;初中人均生活用房面积为5.27 m²,较上年增加了0.90 m²,增长了20.59%。

表5-6　2015—2019年滨州市义务教育阶段房屋建筑面积变化情况

年份	小学 校舍建筑面积/m²	小学 教学及辅助用房建筑面积/m²	小学 生均教学及辅助用房/m²	小学 生均行政办公用房/m²	小学 人均生活用房/m²	初中 校舍建筑面积/m²	初中 教学及辅助用房建筑面积/m²	初中 生均教学及辅助用房/m²	初中 生均行政办公用房/m²	初中 人均生活用房/m²
2015	1 910 000	1 030 000	4.21	0.94	1.88	1 620 000	730 000	6.07	18.00	1.50
2016	2 010 000	1 280 000	5.16	0.93	1.57	1 670 000	1 000 000	8.51	1.36	3.91
2017	2 200 000	1 410 000	5.70	0.89	1.78	1 850 000	1 110 000	8.83	1.27	4.22
2018	2 400 000	1 530 000	6.08	0.95	1.87	2 030 000	1 230 000	9.59	1.33	4.37
2019	2 540 000	1 540 000	5.89	1.03	1.99	2 150 000	1 160 000	9.26	1.52	5.27

(二)义务教育阶段设备资产基本情况

截至 2019 年,滨州市义务教育阶段图书总量为 1 314 万册,比上年增加 61 万册,增长 4.87%。其中小学图书总量为 803 万册,比上年增加 36 万册,增长 4.69%;初中图书总量为 511 万册,比上年增加 25 万册,增长 5.14%。

2019 年,滨州市小学生均拥有图书 30.73 册,比上年增加 0.24 册,增长 0.79%;初中生均拥有图书 40.80 册,比上年增加 2.91 册,增长 7.68%。

2019 年,滨州市小学生均通用专用设备资产原值为 0.29 万元,比上年增加 0.08 万元,增长 38.10%;初中生均通用专用设备资产原值为 0.36 万元,比上年增加 0.01 万元,增长 2.86%。

2015—2019 年滨州市义务教育阶段设备资产数量变化情况见表 5-7。

表 5-7　2015—2019 年滨州市义务教育阶段设备资产数量变化情况

年份	小学 图书/万册	小学 生均拥有图书数/册	小学 生均通用专用设备资产原值/万元	初中 图书/万册	初中 生均拥有图书数/册	初中 生均通用专用设备资产原值/万元
2015	695	28.43	0.18	478	39.74	0.27
2016	746	30.07	0.20	493	41.95	0.31
2017	754	30.48	0.22	489	38.90	0.32
2018	767	30.49	0.21	486	37.89	0.35
2019	803	30.73	0.29	511	40.80	0.36

四、滨州市义务教育经费投入情况

"十三五"时期,滨州市始终把义务教育摆在优先发展的战略地位,经费不断向教育方向加大投入力度,义务教育经费投入保持"三个增长",全面促进义务教育高质量发展。截至 2019 年底,滨州市小学生均一般公共预算教育经费为 1.01 万元,比上年增加 0.03 万元,增长 3.06%;小学生均一般公共预算教育事业费为 0.91 万元,与上年持平;小学生均一般公共预算公用经费为 0.23 万元,比上年减少 0.03 万元,降低 11.54%。

2019 年,滨州市初中生均一般公共预算教育经费为 1.51 万元,与上年持平;初中生均一般公共预算教育事业费为 1.41 万元,与上年持平;初中生均一般公共预算公用经费为 0.36 万元,比上年减少 0.09 万元,降低 20.00%。

2015—2019 年滨州市普通义务教育阶段小学、初中生均教育经费情况分别见表 5-8 和表 5-9,其柱状图见图 5-8 和图 5-9。

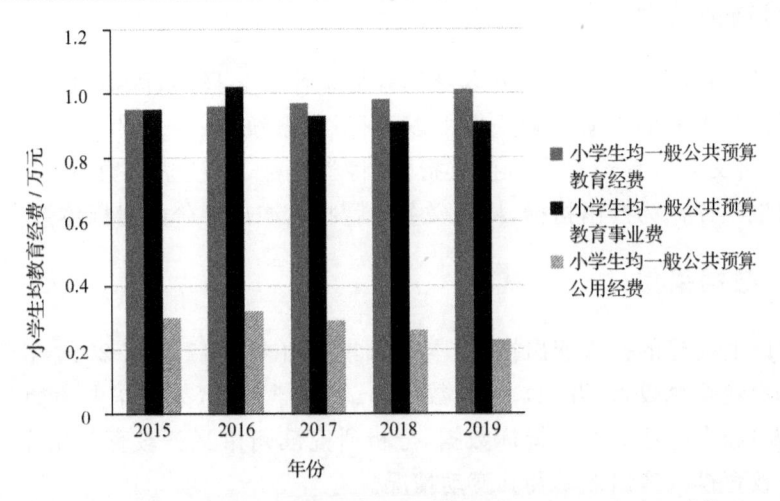

表 5-8　2015—2019 年滨州市普通义务教育阶段小学生均教育经费情况　　万元

年份	2015	2016	2017	2018	2019
小学生均一般公共预算教育经费	0.95	0.96	0.97	0.98	1.01
小学生均一般公共预算教育事业费	0.95	1.02	0.93	0.91	0.91
小学生均一般公共预算公用经费	0.30	0.32	0.29	0.26	0.23

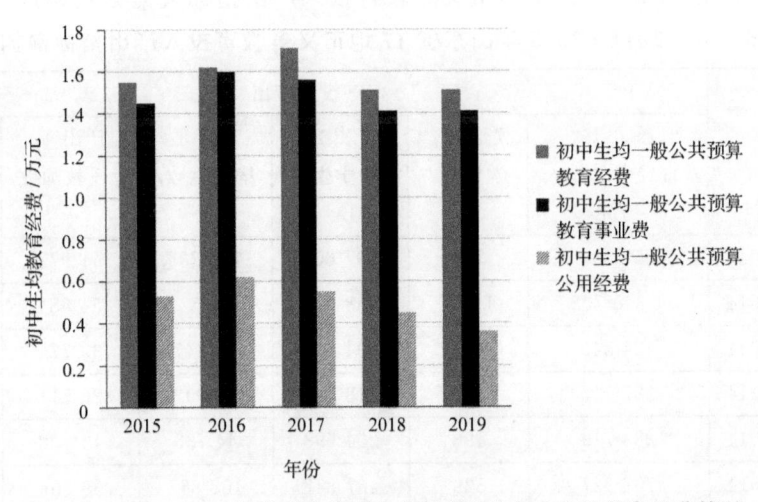

表 5-9　2015—2019 年滨州市普通义务教育阶段初中生均教育经费情况　　万元

年份	2015	2016	2017	2018	2019
初中生均一般公共预算教育经费	1.55	1.62	1.71	1.51	1.51
初中生均一般公共预算教育事业费	1.45	1.60	1.56	1.41	1.41
初中生均一般公共预算公用经费	0.53	0.62	0.55	0.45	0.36

图 5-8　2015—2019 年滨州市普通义务教育阶段小学生均教育经费情况

图 5-9　2015—2019 年滨州市普通义务教育阶段初中生均教育经费情况

第二节　滨州市义务教育投入产出效益分析

一、滨州市义务教育投入产出效益分析——基于DEA方法视角

　　财政教育投入是影响教育发展的物质基础和重要因素,但是义务教育近似于纯公共性产品,其特殊性决定了不能仅从一个方面考虑义务教育投入的效益,而应区别于其他的非公共性产品,从多个方面衡量义务教育投入的效益。基于以上考虑,本书选取数据包络分析法,即DEA(Data Envelopment Analysis)分析方法进行义务教育经费投入的评估。

(一)指标选取

　　由于教育资源的投入和产出本身具有复杂性和多样性,因而义务教育经费投入效益评价受多方面因素影响。本书以可行性、系统性、适用性为原则,基于现有文献研究,将义务教育经费作为投入指标,将学校数、在校学生数、毕业生数、专任教师数和生师比作为产出指标,构建义务教育投入产出评价的指标体系。

(二)数据采集

　　根据以上构建的投入产出指标,本书采集了山东省17地市2014年至2018年间义务教育经费总投入(万元)、学校数(所)、在校学生数(人)、毕业生数(人)、专任教师数(人)和生师比等6个指标数据,分析研究滨州市义务教育与山东省其余16地市义务教育投入产出效率及其变动情况。

　　2014—2018年山东省17地市义务教育投入产出指标数据见表5-10。

表5-10　　2014—2018年山东省17地市义务教育投入产出指标数据

DMU	投入1: 教育经费总投入/ 万元	产出1: 学校数/ 所	产出2: 在校学生数/ 人	产出3: 毕业生数/ 人	产出4: 专任教师数/ 人	产出5: 生师比
济南市—2014	655 394	758	597 609	128 285	41 972	14.24
青岛市—2014	1 308 702	1 029	758 915	153 522	54 684	13.88
淄博市—2014	454 840	474	394 045	89 847	30 774	12.80
枣庄市—2014	287 717	639	418 549	84 092	26 711	15.67
东营市—2014	283 719	198	204 598	44 735	15 502	13.20
烟台市—2014	707 727	529	467 847	108 867	39 366	11.88
潍坊市—2014	870 445	1 095	843 480	173 445	62 124	13.58

（续表）

DMU	投入产出					
	投入1：教育经费总投入/万元	产出1：学校数/所	产出2：在校学生数/人	产出3：毕业生数/人	产出4：专任教师数/人	产出5：生师比
济宁市－2014	758 243	1 334	867 506	169 293	54 662	15.87
泰安市－2014	402 039	696	517 955	147 140	34 456	15.03
威海市－2014	361 773	176	185 917	38 053	16 344	11.38
日照市－2014	269 867	394	284 673	61 230	19 357	14.71
莱芜市－2014	125 458	177	111 818	28 964	8 564	13.06
临沂市－2014	773 429	1 659	1 155 965	220 824	73 459	15.74
德州市－2014	380 213	1 109	604 442	124 101	40 564	14.90
聊城市－2014	369 348	932	650 936	124 538	39211	16.60
滨州市－2014	405 665	532	367 996	79 719	27 422	13.42
菏泽市－2014	535 737	1 956	1 200 447	227 600	69 218	17.34
济南市－2015	770 380	758	602 380	125 527	41 879	14.38
青岛市－2015	1 392 044	1 003	765 207	150 278	56 735	13.49
淄博市－2015	517 964	464	385 921	88 526	30 259	12.75
枣庄市－2015	318 280	619	441 851	79 902	27 496	16.07
东营市－2015	308 797	197	202 768	45 407	15 617	12.98
烟台市－2015	743 173	505	467 939	97 751	38 999	12.00
潍坊市－2015	1 030 450	1 083	843 647	170 269	61 762	13.66
济宁市－2015	798 547	1 315	894 540	173 398	56 174	15.92
泰安市－2015	443 948	672	509 737	140 765	34 188	14.91
威海市－2015	447 124	174	188 866	39 035	16 426	11.50
日照市－2015	284 023	375	286 208	59 247	19 171	14.93
莱芜市－2015	125 638	166	107 699	27 623	8 444	12.75
临沂市－2015	924 354	1 620	1 232 657	220 090	75 782	16.27
德州市－2015	438 300	1 045	605 457	114 267	40 186	15.07
聊城市－2015	416 255	922	693 835	120 263	40 436	17.16
滨州市－2015	428 920	493	364 717	79 743	27 142	13.44
菏泽市－2015	607 987	1 884	1 250 956	238 372	70 522	17.74
济南市－2016	859 779	867	617 919	128 268	47 942	12.89
青岛市－2016	1 537 061	980	788 533	163 260	60 338	13.07

(续表)

DMU	投入1：教育经费总投入/万元	产出1：学校数/所	产出2：在校学生数/人	产出3：毕业生数/人	产出4：专任教师数/人	产出5：生师比
淄博市—2016	558 975	450	379 922	91 775	33 238	11.43
枣庄市—2016	359 162	615	463 151	82 775	30 438	15.22
东营市—2016	324 145	184	200 202	47 751	18 146	11.03
烟台市—2016	740 248	504	465 503	111 894	43 240	10.77
潍坊市—2016	1 051 865	1 093	844 407	177 678	68 882	12.26
济宁市—2016	909 181	1 299	914 213	179 869	62 017	14.74
泰安市—2016	452 485	667	503 347	121 114	36 399	13.83
威海市—2016	461 721	174	210 293	41 387	19 337	10.88
日照市—2016	306 382	373	287 558	65 523	20 775	13.84
莱芜市—2016	135 168	165	104 463	26 734	9 294	11.24
临沂市—2016	1 012 268	1 576	1 310 929	244 447	82 627	15.87
德州市—2016	645 957	1 018	605 438	132 861	43 986	13.76
聊城市—2016	504 908	929	735 729	127 428	45 045	16.33
滨州市—2016	452 527	452	365 607	83 159	31 554	11.59
菏泽市—2016	686 547	1 705	1 293 059	242 619	77 783	16.62
济南市—2017	963 490	779	640 178	133 967	46 478	13.77
青岛市—2017	1 641 064	963	805 556	171 792	59 740	13.48
淄博市—2017	609 336	453	377 378	84 108	30 948	12.19
枣庄市—2017	379 395	605	483 393	87 004	28 828	16.77
东营市—2017	325 255	184	199 764	45 608	16 390	12.19
烟台市—2017	818 723	504	465 366	102 028	39 491	11.78
潍坊市—2017	1 082 796	1 085	859 068	184 197	64 507	13.32
济宁市—2017	988 712	1 306	940 576	181 543	60 097	15.65
泰安市—2017	509 669	668	503 192	114 608	35 577	14.14
威海市—2017	513 249	176	195 808	41 699	16 482	11.88
日照市—2017	326 124	372	291 181	64 433	19 856	14.66
莱芜市—2017	145 240	161	102 941	23 677	8 318	12.38
临沂市—2017	1 084 615	1 591	1 390 169	251 139	79 167	17.56
德州市—2017	513 717	870	615 690	130 673	42 571	14.46

(续表)

DMU	投入1: 教育经费总投入/ 万元	产出1: 学校数/ 所	产出2: 在校学生数/ 人	产出3: 毕业生数/ 人	产出4: 专任教师数/ 人	产出5: 生师比
聊城市—2017	600 202	853	777 887	132 253	46 171	16.85
滨州市—2017	424 499	449	373 080	86 027	27 665	13.49
菏泽市—2017	761 535	1 687	1 357 104	235 293	75 484	17.98
济南市—2018	1 041 571	783	666 092	126 384	48 567	13.71
青岛市—2018	1 739 079	960	838 259	158 440	60 897	13.77
淄博市—2018	648 603	453	375 827	86 187	30 937	12.15
枣庄市—2018	439 084	605	507 322	88 203	30 827	16.46
东营市—2018	367 092	188	201 779	42 121	16 500	12.23
烟台市—2018	908 294	506	469 324	103 542	39 531	11.87
潍坊市—2018	1 180 382	1 034	877 669	190 485	65 887	13.32
济宁市—2018	1 101 673	1 321	963 510	184 421	61 636	15.63
泰安市—2018	536 114	680	509 996	108 222	36 348	14.03
威海市—2018	553 341	180	204 019	41 236	16 133	12.65
日照市—2018	355 552	364	297 489	58 912	19 859	14.98
莱芜市—2018	161 328	158	103 081	23 046	8 198	12.57
临沂市—2018	1 159 904	1 591	1 460 278	237 298	80 861	18.06
德州市—2018	589 422	877	626 811	129 496	43 030	14.57
聊城市—2018	612 864	860	823 989	136 765	48 640	16.94
滨州市—2018	422 231	443	379 818	80 091	27 430	13.85
菏泽市—2018	807 288	1 722	1 411 663	254 802	77 378	18.24

数据来源:《山东教育年鉴》和《山东省教育事业发展统计公报》。

(三)DEA 模型分析

在 DEA 理论的基础上,本书使用 DEAP 2.1 软件对滨州市义务教育的综合效率、纯技术效率、规模效率和规模收益进行测算分析,同时得到各个单元的产出不足和投入冗余值,为滨州市义务教育供给效率的提高提供依据。

1.综合效率分析

综合效率值反映了决策单元在一定的投入下能获得多大程度产出的能力或在产出不变的情况下决策单元能减少多少程度的投入,进而反映决策单元整体有效性情况。综合效率得分取值介于 0 到 1 之间,越接近 1,说明越接近整体效率有效;

综合效率值等于 1 时,说明义务教育经费投入达到 DEA 相对有效,即在现有规模下,义务教育经费得到了有效利用。

2014—2018 年山东省 17 地市义务教育经费综合效率见表 5-11。

表 5-11　2014—2018 年山东省 17 地市义务教育经费综合效率

DMU	2014 年	2015 年	2016 年	2017 年	2018 年	各年均值
济南市	0.526	0.494	0.510	0.503	0.502	0.507
青岛市	0.324	0.351	0.347	0.367	0.365	0.351
淄博市	0.584	0.553	0.569	0.559	0.551	0.563
枣庄市	0.888	0.888	0.892	0.932	0.882	0.896
东营市	0.601	0.582	0.621	0.659	0.631	0.619
烟台市	0.446	0.467	0.527	0.504	0.474	0.484
潍坊市	0.552	0.517	0.578	0.601	0.582	0.566
济宁市	0.574	0.618	0.611	0.621	0.591	0.603
泰安市	0.912	0.860	0.835	0.796	0.780	0.837
威海市	0.459	0.399	0.454	0.415	0.418	0.429
日照市	0.753	0.759	0.798	0.833	0.789	0.786
莱芜市	1.000	1.000	1.000	1.000	1.000	1.000
临沂市	0.735	0.707	0.720	0.749	0.727	0.728
德州市	0.893	0.847	0.677	0.886	0.815	0.824
聊城市	0.921	0.925	0.883	0.834	0.892	0.891
滨州市	0.611	0.622	0.677	0.762	0.802	0.695
菏泽市	1.000	1.000	1.000	1.000	1.000	1.000
各市均值	0.693	0.682	0.688	0.707	0.694	0.693

2014—2018 年滨州市和山东省义务教育综合效率变化对比如图 5-10 所示。

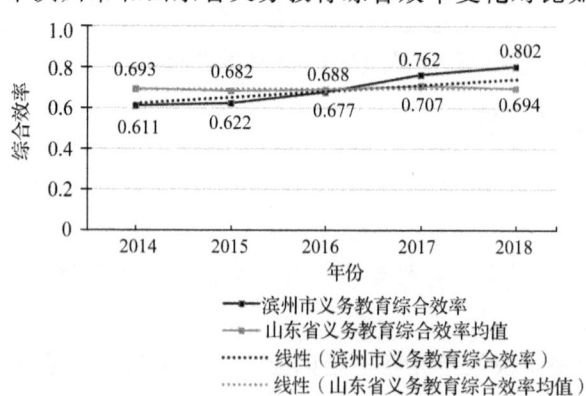

图 5-10　2014—2018 年滨州市和山东省义务教育综合效率变化对比

根据表 5-11 和图 5-10 的综合效率值可以得出：2014 年至 2018 年间全省 17 个地市的义务教育供给综合效率均值为 0.693，整体呈现 DEA 非有效状态。其中，莱芜市和菏泽市的综合效率值为 1，说明这两市在义务教育投入产出方面 DEA 是有效的，即这两市义务教育的投入与产出达到了最佳状态，教育经费得到了充分的使用，同时获得了最大的产出效益。

进一步分析滨州市义务教育综合效率可以得出，2014 至 2018 年，滨州市义务教育的综合效率值逐年递增，呈现出良好的发展态势。横向上看，2014 至 2018 年滨州市义务教育的综合效率值均小于 1，为非有效单元，说明产出没有达到最大，应该继续扩大产出；纵向上看，2014 至 2018 年滨州市义务教育综合效率的均值为 0.695，说明滨州市义务教育经费投入达到最优效率的 69.5%，高于全省平均水平。造成 DEA 非有效的原因主要受纯技术效率、规模效率影响，因此还需进一步分析纯技术效率和规模效率。

2. 纯技术效率分析

纯技术效率是指教育资源要素的配置和利用是否合理、充分，主要受管理和技术等因素影响。纯技术效率得分取值介于 0 到 1 之间，越接近 1，说明义务教育经费投入资源的使用率越高。纯技术效率值等于 1 时，说明义务教育经费投入达到纯技术效率有效，即义务教育经费投入合理，不存在资源浪费的情况，现有管理和技术能够将现有经费投入最大化应用到产出中。

2014—2018 年滨州市义务教育 DEA 分析结果见表 5-12。2014—2018 年滨州市义务教育纯技术效率和规模效率变化如图 5-11 所示。

表 5-12　　2014—2018 年滨州市义务教育 DEA 分析结果

年份	综合效率	纯技术效率	规模效率	规模收益情况	
2014	0.611	0.624	0.979	递增	irs
2015	0.622	0.632	0.985	递增	irs
2016	0.677	0.695	0.974	递增	irs
2017	0.762	0.770	0.989	递增	irs
2018	0.802	0.807	0.994	递增	irs
平均值	0.695	0.706	0.984	递增	irs

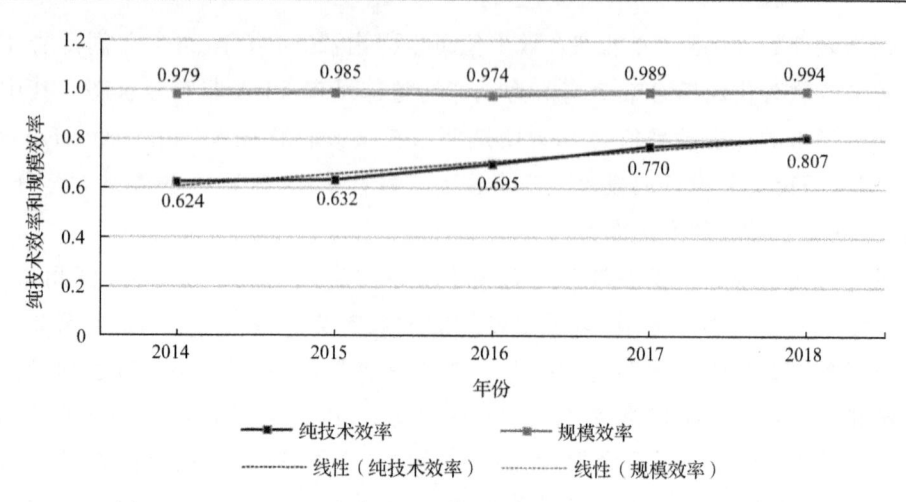

图 5-11 2014—2018 年滨州市义务教育纯技术效率和规模效率变化

由表 5-12 和图 5-11 可以得知,2014 至 2018 年间,滨州市义务教育纯技术效率不断递增,说明滨州市义务教育资源逐渐得到优化;2014 至 2018 年间滨州市义务教育纯技术效率值均低于 1,是导致综合效率呈非 DEA 有效的主要原因,说明滨州市需继续加强规划、运用、管理教育经费的能力;2014 至 2018 年间滨州市义务教育纯技术效率均值为 0.706,接近全省平均水平(全省纯技术效率均值为 0.733)。

3.规模效率分析

规模效率是指规模安排是否适宜,反映实际规模与最优生产规模的差距,主要受学校规模因素影响。规模效率的得分取值介于 0 到 1 之间,越接近 1,说明越接近规模有效;规模效率值等于 1 时,说明义务教育经费投入产出的规模已达到最优状态,即在现有教育经费的管理制度和水平下,现有的教育规模收益与最优规模收益之间的差为 0。

由表 5-12 可以得知:2014 至 2018 年间,滨州市义务教育规模效率呈现波动变化、整体增长的趋势,说明滨州市对义务教育规模投入的重视程度不断加大;2014 至 2018 年滨州市义务教育规模效率均值为 0.984,接近 1,说明规模接近最优状态,即所投入的义务教育经费能够较好地匹配当地的发展需要。

4.规模收益分析

规模收益反映的是当其他条件不变的情况下,决策单元的投入要素变化所带来的产出变化情况,主要分为递增、递减和不变三种情况。当处于规模收益递增状态时,说明加大投入规模能获得成倍的产出;当处于规模收益递减状态时,说明加大投入规模不会得到成倍的产出;当处于规模收益不变的状态时,说明投入增加一倍,产出增加一倍。

由表 5-12 可以得知,2014 至 2018 年间,滨州市义务教育规模收益呈现出递增的趋势,说明应该加大投入规模以获得更多的产出。

5. 滨州市义务教育投入产出指标的最优目标值分析

DEA 模型的最优目标值是指非 DEA 有效单元实现 DEA 有效的投入目标值，可以反映非 DEA 有效单元投入产出的冗余情况及优化方向。2014 年滨州市义务教育投入产出指标的最优目标值分析结果见表 5-13。

表 5-13　2014 年滨州市义务教育投入产出指标的最优目标值分析结果

纯技术效率＝0.624

规模效率＝0.979(irs)

预测摘要

变量	原始值	冗余值	产出不足值	达到 DEA 有效的目标值
产出 1/所	532	0	198.11	730.11
产出 2/人	367 996	0	82 288.81	450 284.81
产出 3/人	79 719	0	11 003.13	90 722.13
产出 4/人	27 422	0	0	27 422
产出 5	13.42	0	0.97	14.39
投入 1/万元	405 665	152 646	0	253 019

从表 5-13 可以看出，2014 年滨州市义务教育纯技术效率为 0.624，规模效率为 0.979，说明 2014 年滨州市义务教育产出与滨州市义务教育投入不匹配。从产出不足角度看，2014 年滨州市义务教育在学校数、在校学生数、毕业生数和生师比上产出不足；从投入角度看，2014 年滨州市义务教育经费投入冗余 152 646 万元，由于规模收益呈递增趋势，所以可以适当调整投入规模，优化资源配置，尽量避免资源的浪费，从而得到更多倍数的产出。

2015 年滨州市义务教育纯技术效率和规模效率分析结果见表 5-14。

表 5-14　2015 年滨州市义务教育纯技术效率和规模效率分析结果

纯技术效率＝0.632

规模效率＝0.985(irs)

预测摘要

变量	原始值	冗余值	产出不足值	达到 DEA 有效的目标值
产出 1/所	493	0	190.46	683.46
产出 2/人	364 717	0	87 332.97	452 049.97
产出 3/人	79 743	0	11 357.96	91 100.96
产出 4/人	27 142	0	0	27 142
产出 5	13.44	0	0.82	14.26
投入 1/万元	428 920	157 997	0	270 923

从表 5-14 可以看出，2015 年滨州市义务教育纯技术效率为 0.632，规模效率为 0.985，说明 2015 年滨州市义务教育规模与滨州市义务教育投入不匹配。从产出不足角度看，2015 年滨州市义务教育在学校数、在校学生数、毕业生数和生师比上产出不足；从投入角度看，2015 年滨州市义务教育经费投入冗余 157 997 万元，由于规模收益呈递增趋势，所以可以适当调整投入规模，优化资源配置，尽量避免资源的

浪费，从而得到更多倍数的产出。

2016年滨州市义务教育纯技术效率和规模效率分析结果见表5-15。

表5-15　2016年滨州市义务教育纯技术效率和规模效率分析结果

纯技术效率＝0.695				
规模效率＝0.974（irs）				
预测摘要				
变量	原始值	冗余值	产出不足值	达到DEA有效的目标值
产出1/所	452	0	213.52	665.52
产出2/人	365 607	0	125 168.36	490 775.36
产出3/人	83 159	0	13 741.01	96 900.01
产出4/人	31 554	0	0	31 554
产出5	11.59	0	1.40	12.99
投入1/万元	452 527	138 152	0	314 375

从表5-15可以看出，2016年滨州市义务教育纯技术效率为0.695，规模效率为0.974，说明2016年滨州市义务教育规模与滨州市义务教育投入不匹配。从产出不足角度看，2016年滨州市义务教育在学校数、在校学生数、毕业生数和生师比上产出不足；从投入角度看，2016年滨州市义务教育经费投入冗余138 152万元，由于规模收益呈递增趋势，所以可以适当调整投入规模，优化资源配置，尽量避免资源的浪费，从而得到更多倍数的产出。

2017年滨州市义务教育纯技术效率和规模效率分析结果见表5-16。

表5-16　2017年滨州市义务教育纯技术效率和规模效率分析结果

纯技术效率＝0.770				
规模效率＝0.989（irs）				
预测摘要				
变量	原始值	冗余值	产出不足值	达到DEA有效的目标值
产出1/所	449	0	161.62	610.62
产出2/人	373 080	0	99 384.40	472 464.40
产出3/人	86 027	0	0	86 027
产出4/人	27 665	0	442.62	28 107.62
产出5	13.49	0	0.54	14.03
投入1/万元	424 499	97 675	0	326 824

从表5-16可以看出，2017年滨州市义务教育纯技术效率为0.770，规模效率为0.989，说明2017年滨州市义务教育规模与滨州市义务教育投入不匹配。从产出不足角度看，2017年滨州市义务教育在学校数、在校学生数、专任教师数和生师比上

产出不足;从投入角度看,2017年滨州市义务教育经费投入冗余97 675万元,由于规模收益呈递增趋势,所以可以适当调整投入规模,优化资源配置,尽量避免资源的浪费,从而得到更多倍数的产出。

2018年滨州市义务教育纯技术效率和规模效率分析结果见表5-17。

表5-17　2018年滨州市义务教育纯技术效率和规模效率分析结果

纯技术效率＝0.807				
规模效率＝0.994（irs）				
预测摘要				
变量	原始值	冗余值	产出不足值	达到DEA有效的目标值
产出1/所	443	0	149.79	592.79
产出2/人	379 818	0	87 048.04	466 866.04
产出3/人	80 091	0	7 383.03	87 474.03
产出4/人	27 430	0	0	27 430
产出5	13.85	0	0.30	14.15
投入1/万元	422 231	81 326	0	340 905

从表5-17可以看出,2018年滨州市义务教育纯技术效率为0.807,规模效率为0.994,说明2018年滨州市义务教育规模与滨州市义务教育投入不匹配。从产出不足角度看,2018年滨州市义务教育在学校数、在校学生数、毕业生数和生师比上产出不足;从投入角度看,2018年滨州市义务教育经费投入冗余81 326万元,由于规模收益呈递增趋势,所以可以适当调整投入规模,优化资源配置,尽量避免资源的浪费,从而得到更多倍数的产出。

2014—2018年滨州市义务教育投入冗余值变化如图5-12所示。

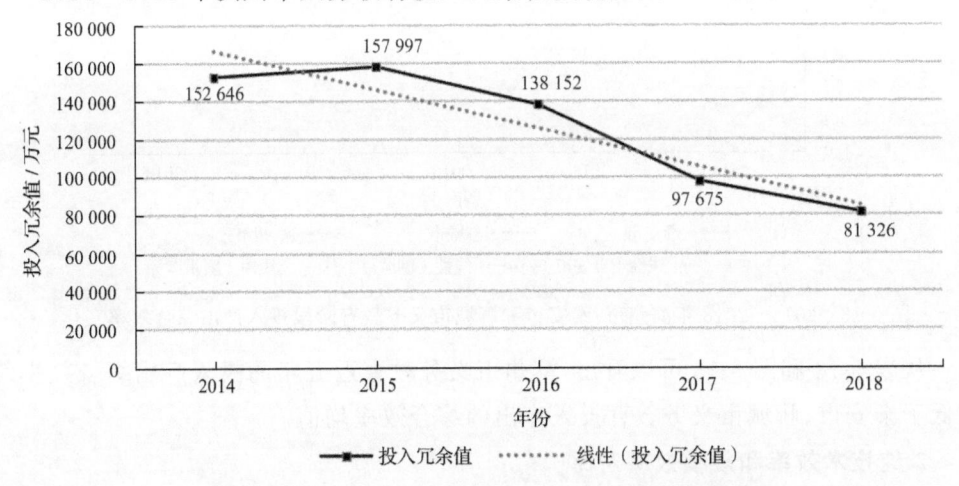

图5-12　2014—2018年滨州市义务教育投入冗余值变化

从图5-12可以看出,2014至2018年间滨州市义务教育经费投入的冗余值整体呈下降趋势,说明滨州市义务教育经费投入的应用水平逐渐提高,义务资源逐渐得到合理利用。

(四)2014—2018年滨州市、泰安市和聊城市义务教育投入产出效率对比

为了更好地说明滨州市义务教育的投入产出效率,本书以GDP总量为基准,选取与滨州市GDP总量相当的泰安市和聊城市进行横向对比。

1.综合效率对比

2014—2018年滨州市、泰安市和聊城市义务教育阶段投入产出综合效率见表5-18。2014—2018年滨州市、泰安市和聊城市义务教育阶段投入产出综合效率变化如图5-13所示。

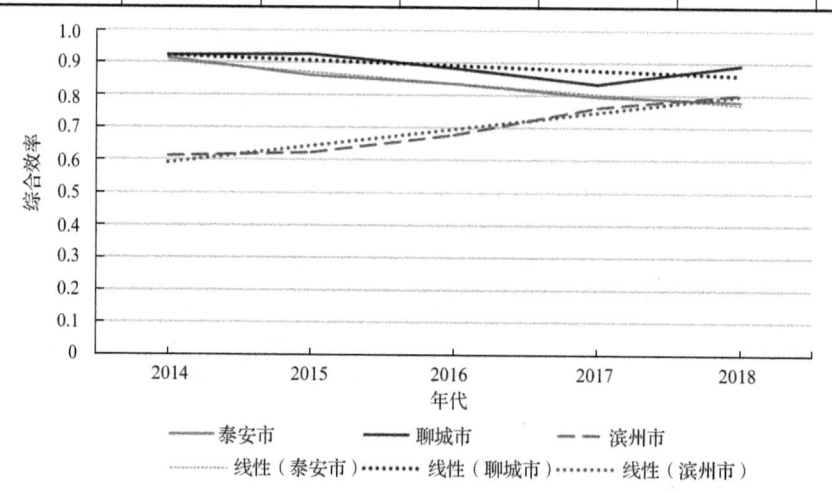

表5-18　2014—2018年滨州市、泰安市和聊城市义务教育阶段投入产出综合效率

地市	年份					
	2014	2015	2016	2017	2018	均值
泰安市	0.912	0.860	0.835	0.796	0.780	0.837
聊城市	0.921	0.925	0.883	0.834	0.892	0.891
滨州市	0.611	0.622	0.677	0.762	0.802	0.695

图5-13　2014—2018年滨州市、泰安市和聊城市义务教育阶段投入产出综合效率变化

从表5-18和图5-13可以看出,滨州市义务教育近五年的投入产出综合效率均值低于泰安市、聊城市义务教育投入产出的综合效率均值。

2.纯技术效率和规模效率对比

2014—2018年滨州市、泰安市和聊城市义务教育投入产出效率见表5-19。2014—2018年滨州市、泰安市和聊城市投入产出效率分析如图5-14所示。

表 5-19　　2014—2018 年滨州市、泰安市和聊城市义务教育投入产出效率

地市	年份	综合效率	纯技术效率	规模效率	规模收益情况	
泰安市	2014	0.912	0.919	0.992	递增	irs
聊城市	2014	0.921	1.000	0.921	递减	drs
滨州市	2014	0.611	0.624	0.979	递增	irs
泰安市	2015	0.860	0.866	0.993	递增	irs
聊城市	2015	0.925	1.000	0.925	递减	drs
滨州市	2015	0.622	0.632	0.985	递增	irs
泰安市	2016	0.835	0.848	0.985	递减	drs
聊城市	2016	0.883	1.000	0.883	递减	drs
滨州市	2016	0.677	0.695	0.974	递增	irs
泰安市	2017	0.796	0.805	0.990	递增	irs
聊城市	2017	0.834	0.858	0.971	递减	drs
滨州市	2017	0.762	0.770	0.989	递增	irs
泰安市	2018	0.780	0.791	0.986	递增	irs
聊城市	2018	0.892	0.936	0.953	递减	drs
滨州市	2018	0.802	0.807	0.994	递增	irs

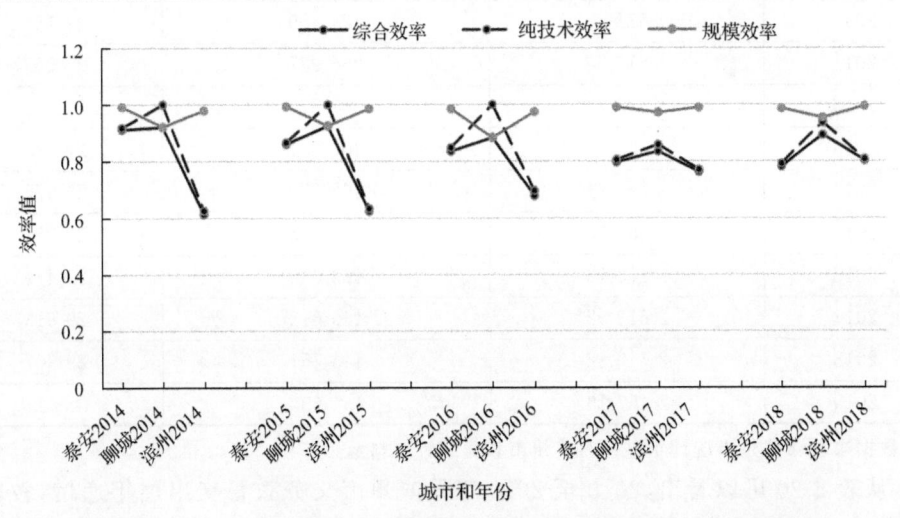

图 5-14　2014—2018 年滨州市、泰安市和聊城市义务教育投入产出效率分析

从表 5-19 和图 5-14 可以看出,2014 至 2017 年,滨州市义务教育纯技术效率均低于泰安市、聊城市,2018 年略高于泰安市而低于聊城市;规模效率上,2014—2017 年滨州市义务教育规模效率均低于泰安市,2018 年滨州市义务教育规模效率在三市中达到了最高,但没有达到 1 的最优状态。这说明随着政府加大教育投入,经费问题已经不再是制约义务教育发展的唯一问题,如何科学有效分配、管理、使用经费

和设置教育规模应该成为日后教育行政部门关注的重点。

二、滨州市义务教育经费投入对经济的影响——基于柯布-道格拉斯生产函数

美国著名经济学家舒尔茨曾提出著名的"人力资本理论",并通过实证研究揭示了教育投入对一个国家的经济发展起着非常重要的作用。本书将滨州市作为研究样本,以柯布-道格拉斯生产函数为基础,通过经济计量的方法,探讨滨州市义务教育投入对经济增长的贡献。

(一)指标选取和数据来源

本书以滨州市作为研究对象,分别用地区生产总值(GDP)、教育支出(EP,Education Pays)和教职工人数(NF,Number of Faculty)来代替产出、资本和劳动。其中教职工人数以人为单位,教育支出以万元为单位,GDP 以亿元为单位。教育投入包括财政教育支出和教职工人数投入。2010—2019 年滨州市义务教育投入与 GDP 变动数据见表 5-20。

表 5-20　　2010—2019 年滨州市义务教育投入与 GDP 变动数据

年份	GDP/亿元	教育支出/万元	教职工人数/人
2010	1 572.50	224 459	27 744
2011	1 817.58	266 937	27 563
2012	1 987.73	309 570	27 538
2013	2 155.73	300 631	27 538
2014	2 276.71	362 375	29 975
2015	2 355.33	435 205	29 957
2016	2 470.10	463 040	29 479
2017	2 612.92	440 612	29 613
2018	2 640.52	443 751	29 307
2019	2 457.19	454 634	2 9611

数据来源:《滨州市统计年鉴》和《滨州市教育统计资料》。

从表 5-20 可以看出,2010 至 2019 年间滨州市义务教育支出逐年递增,教职工人数整体也呈递增趋势,并且 GDP 也是在逐年增长,根据数据增长规律,推测义务教育投入与地区经济增长之间存在着正相关关系。

(二)模型建立

以生产函数模型两边取对数为理论基础建立如下线性模型:
$$\ln\text{GDP} = \alpha + \beta_1 \ln\text{EP} + \beta_2 \ln\text{NF}$$

其中：GDP 为地区生产总值（亿元）；EP 为教育支出（万元）；NF 为教职工人数（人）。建立 lnGDP 与 lnEP 的关系图，lnGDP 与 lnNF 的关系图，lnGDP 与 lnEP、lnNF 的关系图，分别如图 5-15、图 5-16、图 5-17 所示。

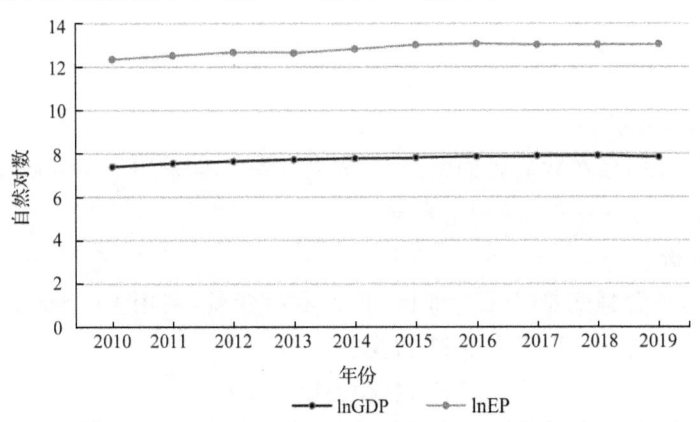

图 5-15　2010—2019 年滨州市义务教育支出与 GDP 关系

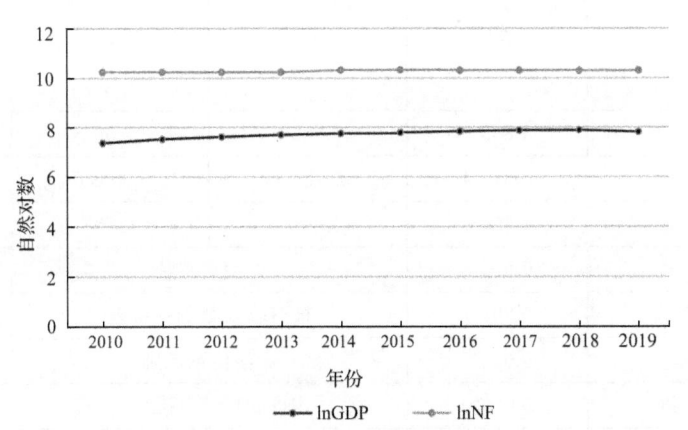

图 5-16　2010—2019 年滨州市义务教育教职工人数与 GDP 关系

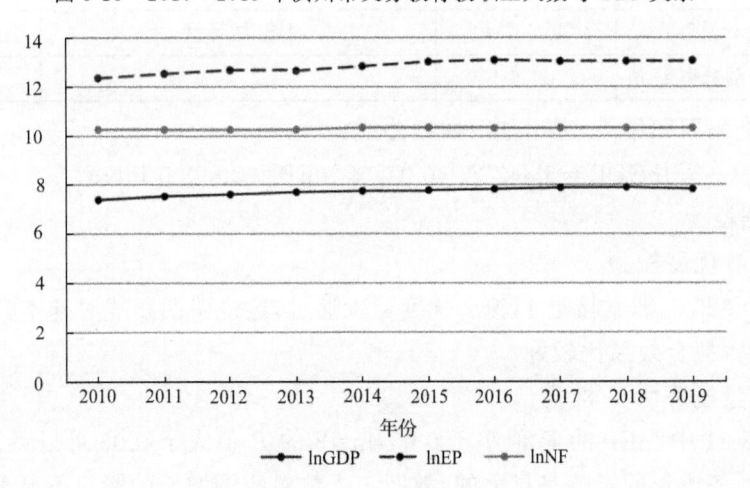

图 5-17　2010—2019 年滨州市义务教育支出、教职工人数与 GDP 关系

从图 5-15 至图 5-17 可以看出,解释变量义务教育支出与被解释变量 GDP 之间呈线性正相关关系;另一个解释变量义务教育教职工人数与被解释变量 GDP 之间也呈线性正相关关系。

(三)数据检验与实证分析

1.数据标准化处理

因采集的数据存在数量级的差距,首先对所有数据采用 min-max 标准化(Min-Max Normalization)法进行标准化处理。

2.回归分析

lnGDP 为被解释变量,lnEP 和 lnNF 为解释变量,利用 Eviews 软件对模型进行普通最小二乘估计。得出表 5-21 数据。

表 5-21　　　　　　　　回归分析模型拟合结果

变量	系数	标准差	T-统计量	T-统计量伴随概率 P 值
C	5.843 2	7.782 6	0.750 8	0.077 2
lnEP	0.071 4	0.129 7	5.405 6	0.001 0
lnNF	0.692 0	0.890 2	−0.777 4	0.062 4
可决系数 R^2	0.920 5	因变量均值		7.709 9
调整的可决系数 R^2	0.897 7	被解释变量的标准差		0.167 2
标准误差	0.053 5	赤池信息准则		−2.775 9
残差平方和	0.020 0	贝叶斯信息准则		−2.685 2
对数似然估计值	16.879 6	汉南-奎因准则		−2.875 5
F-统计量	40.505 4	DW 统计量		1.675 9
F-统计量伴随概率 P 值	0.000 1			

根据上表回归结果,得出如下回归公式:

$$\ln GDP = 5.843\ 2 + 0.071\ 4\ \ln EP + 0.692\ 0\ \ln NF$$

3.数据检验

(1)拟合优度检验

$R^2=0.920\ 5$,非常接近1,拟合优度检验通过,这说明回归线对样本数据点的拟合程度很高,拟合效果比较好。

(2)变量显著性 T 检验

由表 5-21 中 lnEP 的 P 值小于 0.05,lnNF 的 P 值大于 0.05 可以得出,义务教育支出对经济增长的影响是显著的,教职工人数对经济增长的影响不显著。

4.结果分析

从参数估计结果看,义务教育支出投入的产出弹性系数是 0.071 4,说明义务教育支出每增加 1%,GDP 增加 0.071 4%;教职工人数投入的产出弹性系数是 0.692 0,说明教职工人数每增加 1%,GDP 增加 0.692 0%。综上可以看出,义务教育支出与教职工人数与 GDP 之间呈正相关关系。

(四)存在的问题

(1)教育经费投入管理水平不高。2014 至 2018 年间,滨州市义务教育阶段学生规模整体呈下降趋势,义务教育产出与义务教育投入不匹配,义务教育资源的配置使用还存在浪费现象,义务教育纯技术效率偏低,教育经费投入的管理水平有待加强。与泰安市、聊城市相比,2018 年滨州市义务教育规模效率最高,但是还未达到最优状态。

(2)随着政府加大教育投入,除经费问题外,还有其他问题在制约义务教育的发展。例如义务教育资源分配不均、资源平台建设不到位、教师队伍质量在学校之间不平衡等。如何科学有效分配、管理、使用经费和设置教育规模,应该成为日后教育行政部门关注的重点。

(五)结论

根据以上分析可知:

(1)2014 至 2018 年间,滨州市义务教育综合效率的均值为 0.695,纯技术效率均值为 0.706,规模效率均值为 0.984,由于纯技术效率和规模效率两方面的因素共同导致了综合效率无效,所以滨州市不仅需要优化义务教育资源的配置结构,还需要合理调整义务教育规模,使综合效率得到提升。尤其针对义务教育纯技术效率偏低的现象,应着重加强义务教育经费投入的管理水平。

(2)通过滨州市与泰安市、聊城市的横向比较,发现滨州市义务教育近五年的投入产出综合效率、纯技术效率均值低于泰安市和聊城市,规模效率高于聊城市。

(3)义务教育支出、教职工人数与 GDP 之间呈正相关关系。义务教育支出投入的产出弹性系数是 0.071 4,说明义务教育支出每增加 1%,GDP 增加 0.071 4%;教职工人数投入的产出弹性系数是 0.692 0,说明教职工人数每增加 1%,GDP 增加 0.692 0%。

第六章 滨州市普通高中教育阶段投入产出效率实证分析

第一节 滨州市普通高中教育阶段发展总体情况

普通高中教育阶段是我国国民教育体系中至关重要的组成部分,连通着义务教育与高等教育,承担着科技创新拔尖人才的储备功能。根据《中国教育现代化2035》和《关于新时代推进普通高中育人方式改革的指导意见》要求,滨州市立足学科建设,实施强科培优行动,引导普通高中特色多样化办学,着力解决同质化问题,切实转变育人方式。普通高中教育教学质量显著提升,实现品牌特色化发展。2020年,滨州市高中阶段毛入学率达到98.64%,本科上线率为50%,基本接近全省平均水平。

一、滨州市高中教育阶段办学规模情况

(一)普通高中阶段学校数量变化情况

2019年,滨州市高中阶段共有普通高中学校36所,比上年增加4所。2015至2019年间,滨州市普通高中学校数量呈逐年增加趋势,2019年比2015年增加13所,增长率为56.52%。

2015—2019年滨州市普通高中阶段学校数量变化情况如图6-1所示。

(二)普通高中阶段学生规模情况

2019年,滨州市普通高中教育阶段共计招生23 011人,比上年增1 202人,增长5.5%。2015—2016年,滨州市普通高中阶段招生人数呈递增趋势;2016—2018年,滨州市普通高中阶段招生人数呈下降趋势。2018—2019年,滨州市普通高中阶段招生人数再次回增。近五年,滨州市普通高中招生数总体呈下降态势。

2019年,滨州市普通高中教育阶段在校生共计66 550人,比上年减少676人,

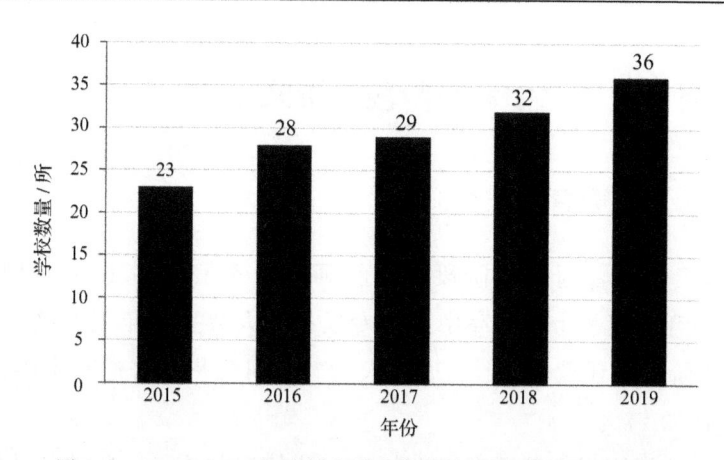

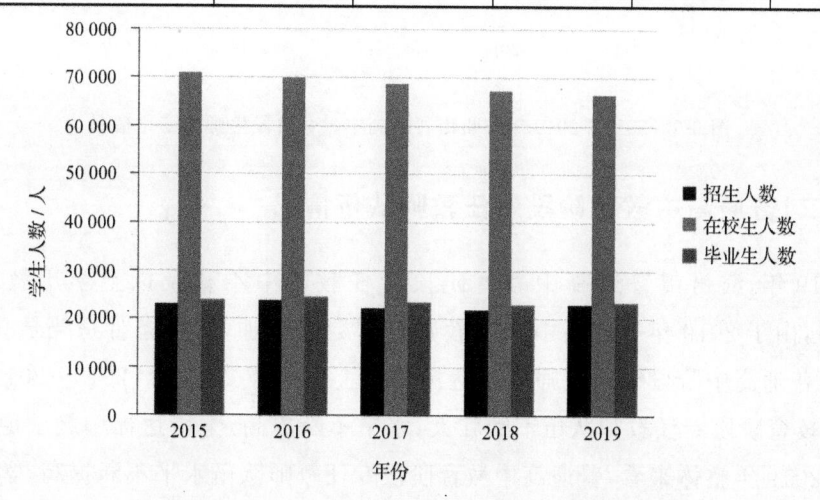

图 6-1 2015—2019 年滨州市普通高中阶段学校数量变化情况

减少 1.0%。近五年,滨州市普通高中在校生规模呈逐年递减趋势。

2019 年,滨州市普通高中教育阶段毕业生共计 23 368 人,比上年增加 467 人,增长 2.04%。2015—2016 年,滨州市普通高中毕业生人数呈增长态势。2016—2018 年,滨州市普通高中毕业生人数不断减少,整体呈下降趋势,2019 年又有回涨。

2015—2019 年滨州市普通高中教育阶段学生规模数见表 6-1,其柱状图见图 6-2。

表 6-1　2015—2019 年滨州市普通高中教育阶段学生规模数　　　　人

年份	2015	2016	2017	2018	2019
招生人数	23 033	23 712	22 240	21 809	23 011
在校生人数	70 847	69 899	68 738	67 226	66 550
毕业生人数	23 700	24 330	23 248	22 901	23 368

图 6-2 2015—2019 年滨州市普通高中阶段学生规模数

二、滨州市普通高中教育阶段师资队伍情况

(一)普通高中教育阶段生师比

2019年,滨州市普通高中阶段专任教师共计6 424人,比上年增加236人。2015至2019年间,滨州市普通高中阶段专任教师人数呈逐年上升趋势,2015年滨州市普通高中阶段专任教师共计5 386人。五年间滨州市普通高中阶段专任教师数共计增长了19.27%。

2015—2019年滨州市普通高中生师比变化情况如图6-3所示。从图6-3可以看出,普通高中教育阶段教师数量略有增加,生师比合理化降低。随着普通高中教育阶段在校生规模的减少和教师配置总体规模的增加,普通高中生师比从2015年的13.15∶1下降到2019年的10.36∶1,生师比更加趋于合理。

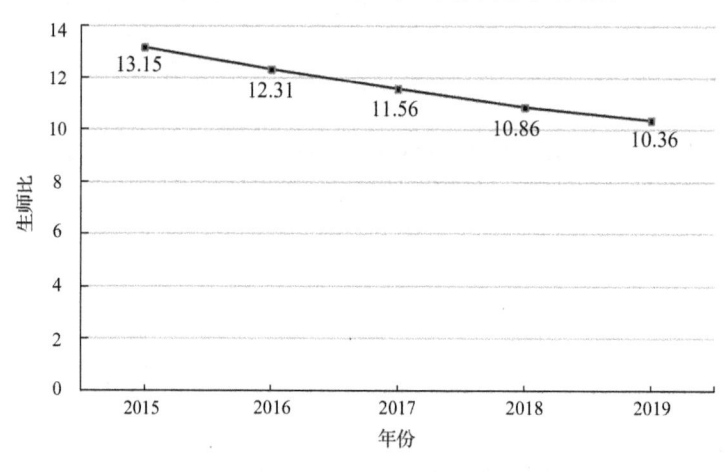

图6-3 2015—2019年滨州市普通高中教育阶段生师比变化情况

(二)普通高中教育阶段专任教师队伍情况

2019年,滨州市普通高中教育阶段专任教师中本科及以上学历教师占比97.06%,由于2019年普通高中阶段教师招聘数量增加,有些条件适当放宽,所以2019年普通高中阶段专任教师学历达标率比上年下降2.02%。2015—2018年,普通高中教育阶段专任教师队伍不断壮大,水平不断提高,学历达标率趋于稳定。从2015—2019年整体来看,普通高中教育阶段专任教师队伍水平不断提高,学历达标率整体趋于稳定。

2015—2019年滨州市普通高中专任教师学历达标率情况如图6-4所示。

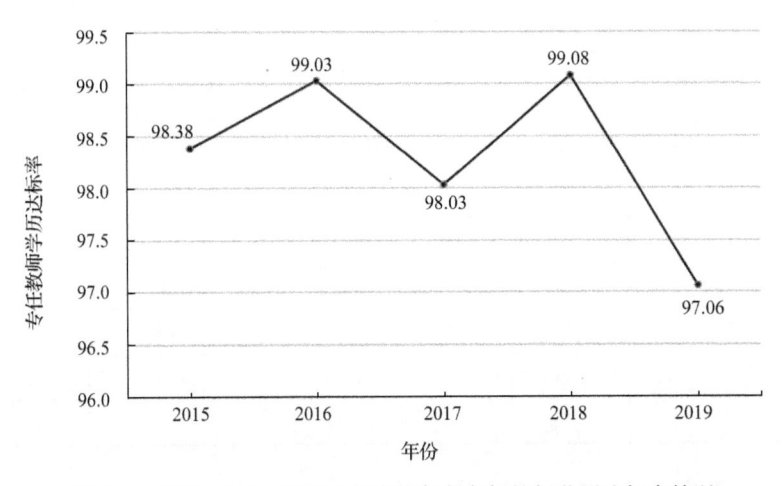

图 6-4　2015—2019 年滨州市普通高中专任教师学历达标率情况

三、滨州市普通高中教育阶段办学条件情况

(一) 普通高中教育阶段校舍建筑面积

"十三五"期间,滨州市加大对普通高中教育阶段投入的力度,通过启动普通高中质量提升工程,大大优化了普通高中阶段的办学标准,使得滨州市普通高中办学条件和水平得到整体提升。2019 年,滨州市普通高中校舍建筑面积为 1 630 000 m²,比上年增加 150 000 m²,增长 10.14%。从 2015 年至 2019 年,滨州市普通高中校舍建筑面积逐年增加,从 2015 年的 1 180 000 m² 增加到 2019 年的 1 630 000 m²,增加了 38.14%。其中,行政办公用房和教学及辅助用房以及生活用房等建筑面积均呈不断增长趋势。2015 年教学及辅助用房建筑面积为 490 000 m²,生均教学及辅助用房面积为 6.92 m²。2019 年教学及辅助用房建筑面积为 830 000 m²,生均教学及辅助用房面积为 12.62 m²,2019 年生均教学及辅助用房面积较 2015 年增加了 82.37%。2015 年生均行政办公用房面积为 1.83 m²,2019 年生均行政办公用房面积为 2.25 m²,较 2015 年增加了 22.95%。2015 年人均生活用房面积为 7.76 m²,2019 年人均生活用房面积为 8.87 m²,较 2015 年增加了 14.30%。

2015—2019 年滨州市普通高中教育阶段房屋建筑面积见表 6-2。

表 6-2　2015—2019 年滨州市普通高中教育阶段房屋建筑面积

年份	校舍建筑面积 /m²	教学及辅助用房建筑面积 /m²	生均教学及辅助用房面积 /m²	生均行政办公用房面积 /m²	人均生活用房面积 /m²
2015	1 180 000	490 000	6.92	1.83	7.76
2016	1 210 000	650 000	9.26	1.56	6.00
2017	1 350 000	750 000	10.91	1.75	6.40
2018	1 480 000	800 000	11.90	2.08	7.74
2019	1 630 000	830 000	12.62	2.25	8.87

(二)普通高中教育阶段设备资产

2019 年,滨州市普通高中教育阶段固定资产原值为 269 645 万元,比 2015 年增加 72 470 万元,增长 36.75%。其中,2019 年生均通用专用设备资产原值为 0.47 万元,比 2015 年增加 0.17 万元,增长 56.67%。2019 年,滨州市普通高中教育阶段图书共有 264 万册,生均拥有图书 39.67 册。2017 年,滨州市普通高中教育阶段图书量增长迅猛,共 515 万册,生均拥有图书数 74.92 册。

2015—2019 年滨州市普通高中教育阶段设备资产数量见表 6-3。

表 6-3　2015—2019 年滨州市普通高中教育阶段设备资产数量

年份	图书/万册	生均拥有图书数/册	生均通用专用设备资产原值/万元
2015	226	31.90	0.30
2016	258	36.91	0.36
2017	515	74.92	0.42
2018	220	32.73	0.45
2019	264	39.67	0.47

四、滨州市高中教育阶段经费投入情况

2019 年,滨州市普通高中教育阶段生均一般公共预算教育经费为 1.57 万元,比 2015 年增加 0.29 万元,增长 22.66%;2019 年,滨州市普通高中教育阶段生均一般公共预算教育事业费为 1.46 万元,比 2015 年增加 0.60 万元,增长 69.77%;2019 年,滨州市普通高中教育阶段生均一般公共预算公用经费为 0.25 万元,比 2015 年增加 0.07 万元,增长 38.89%。2015—2019 年,滨州市普通高中教育阶段生均教育经费不断增加,呈逐年增长态势。2015—2019 年滨州市普通高中教育阶段生均教

育经费情况见表6-4,其柱状图见图6-5。

表6-4 2015—2019年滨州市普通高中教育阶段生均教育经费情况　　　　万元

年份	2015	2016	2017	2018	2019
生均一般公共预算教育经费	1.28	1.37	1.41	1.55	1.57
生均一般公共预算教育事业费	0.86	0.96	1.21	1.37	1.46
生均一般公共预算公用经费	0.18	0.18	0.30	0.31	0.25

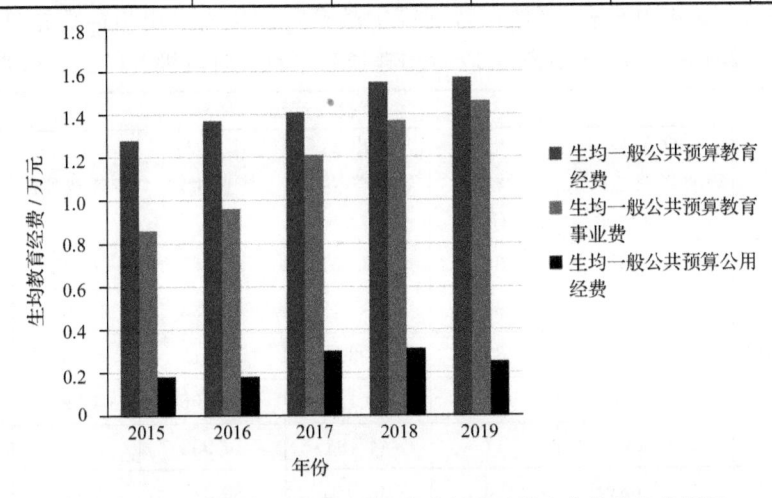

图6-5 2015—2019年滨州市普通高中教育阶段生均教育经费情况

第二节　滨州市普通高中教育阶段投入产出效益分析

"全面普及高中教育""全面提升普通高中教育质量"已经成为现阶段普通高中教育阶段新的发展任务。在现有的教育资源条件下,为了更好地实现这两大任务,掌握滨州市普通高中教育投入产出效益,更好地服务于滨州市普通高中教育的发展,特选用数据包络分析方法(DEA)对滨州市普通高中教育投入产出效率进行分析评价。

一、滨州市普通高中教育阶段投入产出效益分析——基于DEA方法视角

(一)指标选取

选取并确定教育投入产出效率评价指标是进行效率分析的前提条件。基于现有的文献参考,选取了教育经费总投入(万元)作为投入指标,学校数(所)、在校学生数(人)、毕业生数(人)、专任教师数(人)和生师比等5个指标作为产出指标。

(二)数据采集

根据以上选取的投入产出指标,采集了山东省17地市2014年到2018年普通高中教育经费总投入(万元)、学校数(所)、在校学生数(人)、毕业生数(人)、专任教师数(人)和生师比等6个指标数据,分析研究滨州市普通高中教育与山东省其余16地市普通高中教育投入产出效率及其变动情况。

2014—2018年山东省17地市普通高中教育阶段投入产出指标数据见表6-5。

表6-5　2014—2018年山东省17地市普通高中教育阶段投入产出指标数据

DMU	投入1:教育经费总投入/万元	产出1:学校数/所	产出2:在校学生数/人	产出3:毕业生数/人	产出4:专任教师数/人	产出5:生师比
济南市—2014	115 405	39	115 451	35 865	7 341	15.73
青岛市—2014	276 276	60	120 213	42 936	10 405	11.55
淄博市—2014	126 078	32	99 814	34 512	6 563	15.21
枣庄市—2014	57 503	25	76 426	25 496	4 592	16.64
东营市—2014	93 136	17	44 483	14 953	3 346	13.29
烟台市—2014	141 832	46	103 121	36 272	8 728	11.81
潍坊市—2014	256 363	52	189 143	63 648	15 625	12.11
济宁市—2014	152 391	36	137 267	42 269	8 903	15.42
泰安市—2014	118 028	31	105 360	26 380	7 140	14.76
威海市—2014	105 349	20	36 188	13 279	3 950	9.16
日照市—2014	44 891	16	49 111	15 894	3 569	13.76
莱芜市—2014	31 084	8	34 316	9 587	1 761	19.49
临沂市—2014	192 468	50	185 358	58 641	12 855	14.42
德州市—2014	81 352	18	90 166	25 658	6 284	14.35
聊城市—2014	108 814	31	95 809	26 366	6 491	14.76
滨州市—2014	69 887	21	72 273	21 754	5 185	13.94
菏泽市—2014	91 382	42	158 151	49 722	8 875	17.82
济南市—2015	128 118	38	113 636	37 804	7 559	15.03
青岛市—2015	361 368	62	116 686	41 143	10 662	10.94
淄博市—2015	115 237	33	96 693	33 729	6 675	14.49
枣庄市—2015	54 025	26	74 463	26 453	4 725	15.76
东营市—2015	82 004	17	42 288	15 923	3 335	12.68
烟台市—2015	129 673	46	97 618	34 765	8 937	10.92

（续表）

DMU	投入1: 教育经费总投入 /万元	产出1: 学校数 /所	产出2: 在校学生数 /人	产出3: 毕业生数 /人	产出4: 专任教师数 /人	产出5: 生师比
潍坊市—2015	239 432	54	179 914	67 143	15 980	11.26
济宁市—2015	148 737	36	136 156	45 289	9 032	15.07
泰安市—2015	111 962	31	107 002	32 853	7 245	14.77
威海市—2015	105 414	17	34 425	12 437	3 830	8.99
日照市—2015	46 731	17	49 392	16 679	3 817	12.94
莱芜市—2015	28 774	9	33 234	11 022	1 864	17.83
临沂市—2015	158 974	49	178 495	62 862	12 926	13.81
德州市—2015	70 635	20	91 440	27 758	6 611	13.83
聊城市—2015	104 564	34	104 251	28 433	7 014	14.86
滨州市—2015	68 459	23	70 847	23 700	5 386	13.15
菏泽市—2015	91 269	43	164 656	50 872	9 611	17.13
济南市—2016	167 782	39	112 803	37 868	7 854	14.36
青岛市—2016	326 198	65	114 805	41 101	11 088	10.35
淄博市—2016	160 278	34	93 277	33 864	7 008	13.31
枣庄市—2016	70 318	25	73 689	25 642	4 961	14.85
东营市—2016	69 931	17	41 893	14 424	3 520	11.90
烟台市—2016	173 362	48	92 910	34 627	9 012	10.31
潍坊市—2016	27 682	55	173 059	63 474	16 299	10.62
济宁市—2016	172 918	37	132 640	46 306	9 183	14.44
泰安市—2016	127 707	30	105 812	36 668	7 617	13.89
威海市—2016	134 068	17	31 618	12 704	3 794	8.33
日照市—2016	65 636	15	50 419	15 858	4 083	12.35
莱芜市—2016	37 623	9	30 536	12 685	1 905	16.03
临沂市—2016	199 237	51	171 651	63 804	13 468	12.75
德州市—2016	89 240	22	94 087	30 753	6 934	13.57
聊城市—2016	112 202	37	108 259	33 028	7 559	14.32
滨州市—2016	83 472	28	69 899	24 330	5 677	12.31
菏泽市—2016	133 775	51	167 583	52 012	9 669	17.33
济南市—2017	222 039	39	111 974	37 664	8 307	13.48

(续表)

DMU	投入1：教育经费总投入/万元	产出1：学校数/所	产出2：在校学生数/人	产出3：毕业生数/人	产出4：专任教师数/人	产出5：生师比
青岛市—2017	323 488	70	117 180	37 190	11 490	10.20
淄博市—2017	148 662	33	91 058	31 466	7 071	12.88
枣庄市—2017	66 652	25	73 661	24 024	5 324	13.84
东营市—2017	72 889	16	42 200	14 045	3 609	11.69
烟台市—2017	184 708	48	88 573	32 935	9 021	9.82
潍坊市—2017	290 599	58	169 211	57 959	16 725	10.12
济宁市—2017	158 450	38	131 521	44 966	9 550	13.77
泰安市—2017	137 424	31	106 383	35 421	8 291	12.83
威海市—2017	167 901	18	30 967	10 867	3 816	8.12
日照市—2017	80 430	16	50 718	16 576	4 166	12.17
莱芜市—2017	37 639	9	29 738	10 526	2 082	14.28
临沂市—2017	215 846	51	172 760	57 024	13 409	12.88
德州市—2017	100 480	22	97 299	31 138	7 331	13.27
聊城市—2017	114 748	38	111 346	34 461	8 166	13.64
滨州市—2017	103 624	29	68 738	23 248	5 944	11.56
菏泽市—2017	118 537	51	161 534	54 264	10 144	15.92
济南市—2018	243 269	43	112 232	36 577	8 626	13.01
青岛市—2018	325 442	72	117 107	37 798	12 000	9.76
淄博市—2018	182 141	33	89 677	30 714	7 208	12.44
枣庄市—2018	78 162	25	71 287	24 537	5 422	13.15
东营市—2018	101 018	16	41 998	13 639	3 726	11.27
烟台市—2018	196 142	48	86 752	29 500	9 052	9.58
潍坊市—2018	307 786	58	164 654	58 003	16 814	9.79
济宁市—2018	189 328	39	132 862	44 034	9 896	13.43
泰安市—2018	151 757	36	106 420	34 717	8 341	12.76
威海市—2018	140 088	18	29 496	10 488	3 679	8.02
日照市—2018	88 745	16	51 088	16 793	4 233	12.07
莱芜市—2018	39 511	9	28 442	10 149	2 135	13.32
临沂市—2018	241 072	54	174 788	57 745	13 712	12.75

(续表)

DMU	投入1: 教育经费总投入 /万元	产出1: 学校数 /所	产出2: 在校学生数 /人	产出3: 毕业生数 /人	产出4: 专任教师数 /人	产出5: 生师比
德州市—2018	104 182	26	101 897	29 779	7 910	12.88
聊城市—2018	152 165	41	112 013	36 075	8 557	13.09
滨州市—2018	102 663	32	67 226	22 901	6 188	10.86
菏泽市—2018	129 187	54	154 111	56 663	10 447	14.75

数据来源:《山东教育年鉴》和《山东省教育事业发展统计公报》。

(三)DEA模型分析

基于DEA模型分析构建,本书运用DEAP 2.1软件在表6-5的数据条件下对山东省17地市2014—2018年连续五年的普通高中教育投入产出效率进行分析测算,得到山东省17地市普通高中教育综合效率、纯技术效率、规模效率和规模收益增减情况。

1.综合效率分析

综合效率值反映了决策单元在一定的投入下能获得多大程度产出的能力或在产出不变的情况下决策单元能减少多少程度的投入,进而反映决策单元整体有效性情况。综合效率得分取值介于0到1之间,越接近1,说明越接近整体效率有效;综合效率值等于1时,说明普通高中教育经费投入达到DEA相对有效,即在现有规模下,普通高中教育经费得到了有效利用。

2014—2018年山东省17地市普通高中教育投入产出综合效率见表6-6。图6-6描绘了2014—2018年滨州市普通高中教育综合效率变化情况。

表6-6 2014—2018年山东省17地市普通高中教育投入产出综合效率

DMU	2014年	2015年	2016年	2017年	2018年	均值
济南市	0.735	0.622	0.211	0.439	0.443	0.490
青岛市	0.473	0.357	0.100	0.503	0.529	0.392
淄博市	0.559	0.601	0.204	0.566	0.505	0.487
枣庄市	1.000	1.000	0.509	1.000	0.947	0.891
东营市	0.444	0.466	0.408	0.661	0.532	0.502
烟台市	0.706	0.742	0.153	0.604	0.585	0.558
潍坊市	0.628	0.634	1.000	0.673	0.676	0.722
济宁市	0.602	0.577	0.207	0.704	0.646	0.547
泰安市	0.626	0.627	0.266	0.705	0.688	0.582

(续表)

DMU	2014年	2015年	2016年	2017年	2018年	均值
威海市	0.416	0.361	0.151	0.276	0.350	0.311
日照市	0.938	0.876	0.449	0.670	0.677	0.722
莱芜市	1.000	1.000	1.000	1.000	1.000	1.000
临沂市	0.688	0.772	0.164	0.726	0.703	0.611
德州市	0.813	0.911	0.371	0.867	0.960	0.784
聊城市	0.631	0.684	0.314	0.837	0.704	0.634
滨州市	0.805	0.787	0.360	0.688	0.780	0.684
菏泽市	1.000	1.000	0.322	1.000	1.000	0.864
均值	0.710	0.707	0.364	0.701	0.690	0.634

根据表6-6的综合效率值可以看出：2014年至2018年间全省17个地市的普通高中教育供给综合效率均值为0.634，整体呈现DEA非有效状态。在山东省17个地市中，仅有莱芜市的综合效率值为1，说明其对普通高中教育的投入产出是有效的，充分利用了现有的教育资源并使教育经费投入发挥了最佳的产出效益。同时，枣庄市和菏泽市的综合效率值接近为1，说明这两市的普通高中教育投入产出比例合适，能够较好地发挥教育资源的供给作用，并能够带来较好的教育产出效益。

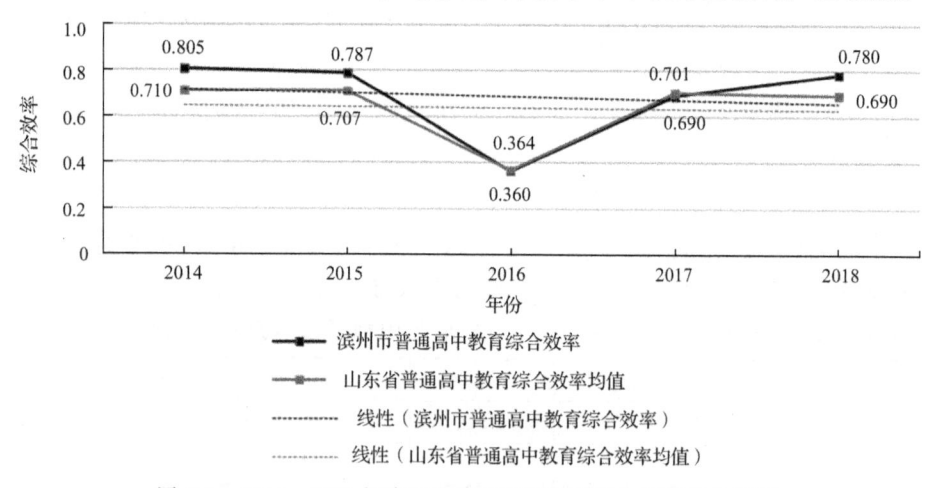

图6-6 2014—2018年滨州市普通高中教育综合效率变化情况

从图6-6可以看出，滨州市普通高中教育与其他地市相比，整体综合效率居于全省中上游，且DEA非有效。横向上看，2014至2018年滨州市普通高中教育的综合效率值均小于1，为非有效单元，说明产出没有达到最大，应该继续扩大产出；纵向上看，2014至2018年滨州市普通高中教育的均值为0.684，说明滨州市普通高中教育经费投入达到最优效率的68.4%，而全省普通高中教育综合效率均值为0.634，高于全省平均水平。由于综合效率等于纯技术效率和规模效率的乘积，造成DEA非有效的原因主要受纯技术效率、规模效率影响，因此还需进一步分析纯技术效率和规模效率。

2.纯技术效率分析

纯技术效率是指教育资源要素的配置和利用是否合理、充分，主要受管理和技术等因素影响。纯技术效率得分取值介于 0 到 1 之间，越接近于 1，说明普通高中教育经费投入资源的使用率越高；纯技术效率值等于 1 时，说明普通高中教育经费投入达到纯技术效率有效，即普通高中教育经费投入不存在资源浪费的情况，现有管理和技术能够将现有经费投入最大化应用到产出中。

2014—2018 年滨州市普通高中教育 DEA 分析结果见表 6-7。2014—2018 年滨州市普通高中教育纯技术效率和规模效率变化情况如图 6-7 所示。

表 6-7　2014—2018 年滨州市普通高中教育 DEA 分析结果

年份	综合效率	纯技术效率	规模效率	规模收益情况	
2014	0.805	0.845	0.953	递增	irs
2015	0.787	0.835	0.942	递增	irs
2016	0.360	0.369	0.977	递增	irs
2017	0.688	0.720	0.955	递增	irs
2018	0.780	0.831	0.938	递增	irs
平均值	0.684	0.720	0.953	递增	irs

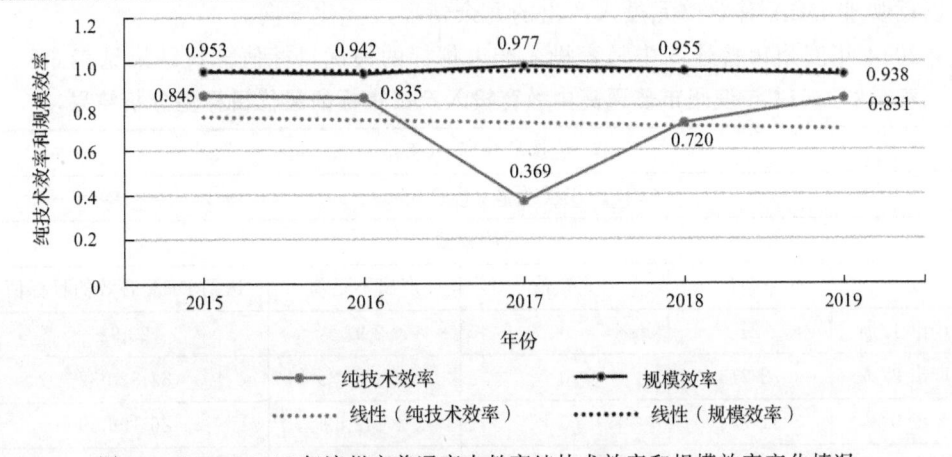

图 6-7　2014—2018 年滨州市普通高中教育纯技术效率和规模效率变化情况

由表 6-7 和图 6-7 可知，2014 至 2018 年间，滨州市普通高中教育纯技术效率呈平稳状态，整体有下降趋势，说明滨州市普通高中教育资源整体未得到有效优化；2014 至 2018 年间滨州市普通高中教育纯技术效率均值为 0.720，说明滨州市 2014—2018 年普通高中教育在管理和技术层面存在一定短板，需继续加强规划、运用、管理教育经费的能力。

3.规模效率分析

规模效率是指规模安排是否适宜，反映实际规模与最优生产规模的差距，主要受学校规模因素影响。规模效率的得分取值介于 0 到 1 之间,越接近 1,说明越接近规模有效;规模效率值等于 1 时,说明普通高中教育经费投入产出的规模已达到最优状态,即在现有教育经费的管理制度和水平下,现有的教育规模效率与最优规模效率之间的差为 0。

由表 6-7 和图 6-7 可知,2014 至 2018 年间,滨州市普通高中教育规模效率保持平稳状态,均值为 0.953,接近于 1,说明规模接近最优状态,即所投入的普通高中教育经费能够较好地匹配当地的发展需要。

4. 规模收益分析

规模收益反映的是当其他条件不变的情况下,决策单元的投入要素变化所带来的产出变化情况,主要分为递增、递减和不变三种情况。当处于规模收益递增状态时,说明加大投入规模能获得成倍的产出;当处于规模收益递减状态时,说明加大投入规模不会得到成倍的产出;当处于规模收益不变的状态时,说明投入增加一倍,产出增加一倍。

由表 6-7 可知,2014 至 2018 年间,滨州市普通高中教育规模收益呈现出递增的趋势,说明应该加大投入规模以获得更多的产出。

5. 滨州市普通高中教育投入产出指标的最优目标值分析

DEA 模型的最优目标值是指非 DEA 有效单元实现 DEA 有效的投入目标值,可以反映非 DEA 有效单元投入产出的冗余情况及优化方向。

2014 年滨州市普通高中教育投入产出指标的最优目标值分析结果见表 6-8。

表 6-8　2014 年滨州市普通高中教育投入产出指标的最优目标值分析结果

纯技术效率=0.845			
规模效率=0.953(irs)			
预测摘要			
变量	原始值	冗余值	产出不足值	达到 DEA 有效的目标值
产出 1/所	21	0	2.92	23.92
产出 2/人	72 273	0	10 047.32	82 320.32
产出 3/人	21 754	0	4 442.69	26 196.69
产出 4/人	5 185	0	0	5 185
产出 5	13.94	0	1.06	15.00
投入 1/万元	69 887	10 837	0	59 050

从表 6-8 可以看出:2014 年滨州市普通高中教育纯技术效率为 0.845,规模效率为 0.953,且处于规模收益递增的低效率状态。表 6-8 表明,从产出不足角度看,2014 年滨州市普通高中教育在学校数、在校学生数、毕业生数和生师比上产出不足;从投入角度看,2014 年滨州市普通高中教育经费投入冗余 10 837 万元,由于规模收益呈递增趋势,所以可以适当调整投入规模,优化资源配置,尽量避免资源的

浪费,从而得到更多倍数的产出。

2015年滨州市普通高中教育投入产出指标的最优目标值分析结果见表6-9。

表6-9　2015年滨州市普通高中教育投入产出指标的最优目标值分析结果

纯技术效率＝0.835

规模效率＝0.942(irs)

预测摘要

变量	原始值	冗余值	产出不足值	达到DEA有效的目标值
产出1/所	23	0	1.46	24.46
产出2/人	70 847	0	22 135.07	92 982.07
产出3/人	23 700	0	5 438.91	29 138.91
产出4/人	5 386	0	0	5 386
产出5	13.15	0	4.36	17.51
投入1/万元	68 459	11 273	0	571 858.52

从表6-9可以看出,2015年滨州市普通高中教育纯技术效率为0.835,规模效率为0.942,且处于规模收益递增的低效率状态。表6-9表明,从产出不足角度看,2015年滨州市普通高中教育在学校数、在校学生数、毕业生数和生师比上产出不足;从投入角度看,2015年滨州市普通高中教育经费投入冗余11 273万元,由于规模收益呈递增趋势,所以可以适当调整投入规模,优化资源配置,尽量避免资源的浪费,从而得到更多倍数的产出。

2016年滨州市普通高中教育投入产出指标的最优目标值分析结果见表6-10。

表6-10　2016年滨州市普通高中教育投入产出指标的最优目标值分析结果

纯技术效率＝0.369

规模效率＝0.977(irs)

预测摘要

变量	原始值	冗余值	产出不足值	达到DEA有效的目标值
产出1/所	28	0	12.63	40.63
产出2/人	69 899	0	58 638.03	128 537.03
产出3/人	24 330	0	23 278.30	47 608.30
产出4/人	5 677	0	6 125.54	11 802.54
产出5	12.31	0	0	12.31
投入1/万元	834 72	52 684	0	307 88

从表6-10可以看出,2016年滨州市普通高中教育纯技术效率为0.369,规模效率为0.977,且处于规模收益递增的低效率状态。这与滨州市2016年普通高中教育同比增加投入15 013万元的实际情况相符合,但是普通高中教育在管理和技术

层面存在短板,影响了 2016 年滨州市普通高中教育投入产出的综合效率。表 6-10 表明,从产出不足角度看,2016 年滨州市普通高中教育在学校数、在校学生数、毕业生数和专任教师数上产出不足;从投入角度看,2016 年滨州市普通高中教育经费投入冗余 52 684 万元,由于规模收益呈递增趋势,所以可以适当调整投入规模,优化资源配置,尽量避免资源的浪费,从而得到更多倍数的产出。

2017 年滨州市普通高中教育投入产出指标的最优目标值分析结果见表 6-11。

表 6-11　2017 年滨州市普通高中教育投入产出指标的最优目标值分析结果

纯技术效率＝0.720				
规模效率＝0.955(irs)				
预测摘要				
变量	原始值	冗余值	产出不足值	达到 DEA 有效的目标值
产出 1/所	29	0	0	29
产出 2/人	68 738	0	18 441.92	87 179.92
产出 3/人	23 248	0	5 428.31	28 676.31
产出 4/人	5 944	0	121.54	6 065.54
产出 5	11.56	0	2.60	14.16
投入 1/万元	103 624	28 990	0	74 634

从表 6-11 可以看出,2017 年滨州市普通高中教育纯技术效率为 0.720,规模效率为 0.955,且处于规模收益递增的低效率状态。表 6-11 表明,从产出不足角度看,2017 年滨州市普通高中教育在在校学生数、毕业生数、专任教师数和生师比上产出不足;从投入角度看,2017 年滨州市普通高中教育经费投入冗余 28 990 万元,由于规模收益呈递增趋势,所以可以适当调整投入规模,优化资源配置,尽量避免资源的浪费,从而得到更多倍数的产出。

2018 年滨州市普通高中教育投入产出指标的最优目标值分析结果见表 6-12。

表 6-12　2018 年滨州市普通高中教育投入产出指标的最优目标值分析结果

纯技术效率＝0.831				
规模效率＝0.938 (irs)				
预测摘要				
变量	原始值	冗余值	产出不足值	达到 DEA 有效的目标值
产出 1/所	32	0	0	32
产出 2/人	67 226	0	25 446.82	92 672.82
产出 3/人	22 901	0	11 021.82	33 922.82
产出 4/人	6 188	0	195.36	6 383.36
产出 5	10.86	0	3.19	14.05
投入 1/万元	1 026 63	17 317	0	853 45

从表6-12可以看出,2018年滨州市普通高中教育纯技术效率为0.831,规模效率为0.938,且处于规模收益递增的低效率状态。表6-12表明,从产出不足角度看,2018年滨州市普通高中教育在在校学生数、毕业生数、专任教师数和生师比上产出不足;从投入角度看,2018年滨州市普通高中教育经费投入冗余17 317万元,由于规模收益呈递增趋势,所以可以适当调整投入规模,优化资源配置,尽量避免资源的浪费,从而得到更多倍数的产出。

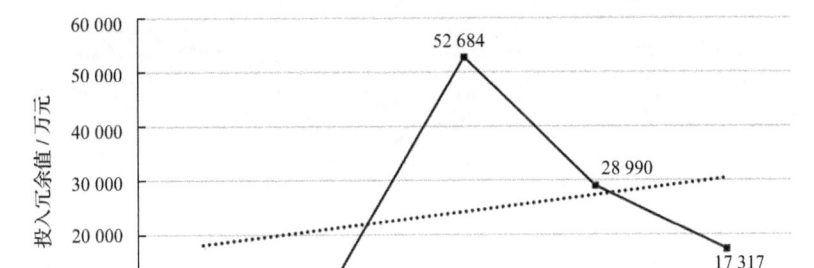

2014—2018年滨州市普通高中教育投入冗余值变化趋势如图6-8所示。

图6-8　2014—2018年滨州市普通高中教育投入冗余值变化趋势

从图6-8可以看出,2014至2018年间滨州市普通高中教育经费投入的冗余值在2016年出现大幅增加状态,说明虽然2016年对普通高中教育经费投入大幅增加,但是其教育资源并未得到有效利用,导致滨州市普通高中教育投入冗余值整体呈上升趋势,由此看来,滨州市对于普通高中教育的经费投入与产出水平并未有效协调发展,教育资源并未得到有效和合理利用,应该强化对教育经费投入的规划设计,提升教育经费投入使用效率,避免教育资源浪费。

(四)2014—2018年滨州市、泰安市和聊城市普通高中教育投入产出效率对比

为了更好地说明滨州市普通高中教育的投入产出效率,本书以GDP总量为基准,选取与滨州市GDP总量相当的泰安市和聊城市进行横向对比。

1.综合效率对比

2014—2018年滨州市、泰安市和聊城市普通高中教育投入产出综合效率见表6-13,2014—2018年滨州市、泰安市和聊城市普通高中教育投入产出综合效率变化如图6-9所示。

表 6-13 2014—2018 年滨州市、泰安市和聊城市普通高中教育投入产出综合效率

地市	2014 年	2015 年	2016 年	2017 年	2018 年	均值
泰安市	0.626	0.627	0.266	0.705	0.688	0.582
聊城市	0.631	0.684	0.314	0.837	0.704	0.634
滨州市	0.805	0.787	0.360	0.688	0.780	0.684

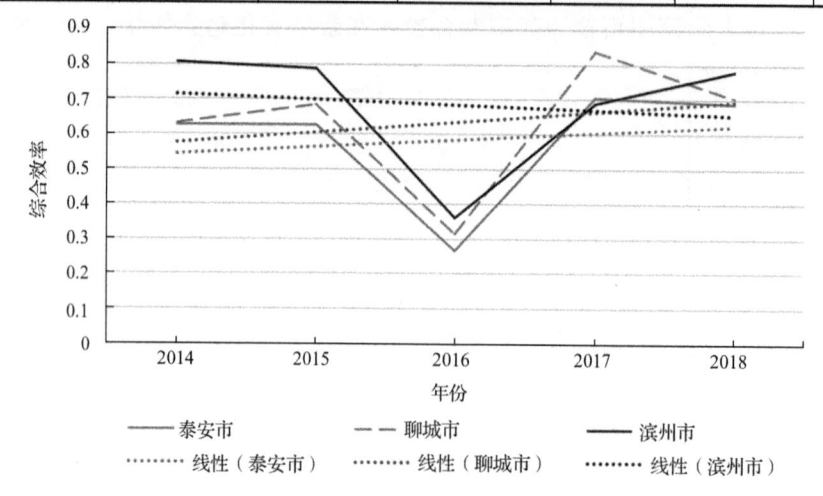

图 6-9 2014—2018 年滨州市、泰安市和聊城市普通高中教育投入产出综合效率变化

从表 6-13 中可以明显看出，滨州市普通高中教育近五年的投入产出综合效率仅在 2017 年低于泰安市和聊城市，其他年份均高于泰安市和聊城市，而且滨州市普通高中教育投入产出综合效率五年平均值高于泰安市、聊城市普通高中教育投入产出综合效率五年平均值。从图 6-9 可以看出，滨州市普通高中教育近五年投入产出综合效率呈整体下降趋势，虽然泰安市和聊城市普通高中教育投入产出综合效率值低于滨州市，但是其发展趋势整体呈上升趋势。

2.纯技术效率和规模效率对比

2014—2018 年滨州市、泰安市和聊城市普通高中教育投入产出效率见表 6-14。

表 6-14 2014—2018 年滨州市、泰安市和聊城市普通高中教育投入产出效率

地市	年份	综合效率	纯技术效率	规模效率	规模收益情况	
泰安市		0.626	0.645	0.970	递增	irs
聊城市	2014	0.631	0.654	0.965	递增	irs
滨州市		0.805	0.845	0.953	递增	irs
泰安市		0.627	0.645	0.973	递增	irs
聊城市	2015	0.684	0.684	1.000	不变	crs
滨州市		0.787	0.835	0.942	递增	irs

(续表)

地市	年份	综合效率	纯技术效率	规模效率	规模收益情况	
泰安市		0.266	0.345	0.773	递减	drs
聊城市	2016	0.314	0.519	0.605	递减	drs
滨州市		0.360	0.369	0.977	递增	irs
泰安市		0.705	0.717	0.983	递增	irs
聊城市	2017	0.837	0.847	0.988	递增	irs
滨州市		0.688	0.720	0.955	递增	irs
泰安市		0.688	0.702	0.981	递增	irs
聊城市	2018	0.704	0.715	0.984	递增	irs
滨州市		0.780	0.831	0.938	递增	irs

2014—2018年滨州市、泰安市和聊城市投入产出效率分析如图6-10所示。

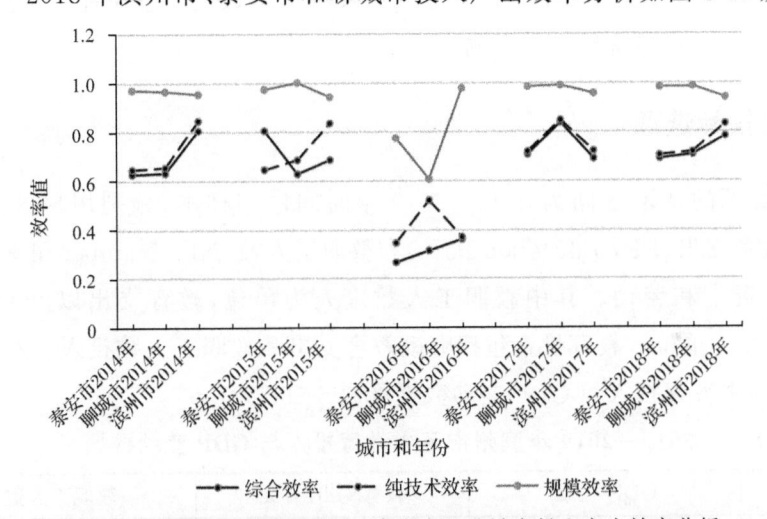

图6-10 2014—2018年滨州市、泰安市和聊城市投入产出效率分析

从表6-14和图6-10可以看出，滨州市普通高中教育纯技术效率在2014年、2015年、2018年均高于泰安市、聊城市。2016年，滨州市普通高中教育纯技术效率高于泰安市，低于聊城市。2017年，滨州市普通高中教育纯技术效率与泰安市接近，远低于聊城市。在综合效率上，2014年、2016年和2018年滨州市普通高中教育投入产出综合效率高于泰安市、聊城市两市，其余时间段，滨州市普通高中教育投入产出综合效率均低于泰安市、聊城市两市。在规模效率上，2014年、2015年、2017年和2018年，滨州市普通高中教育规模效率均低于泰安市和聊城市，只有2016年高于泰安市、聊城市。2016年滨州市普通高中教育规模效率在三市中达到了最高，但没有达到1的最优状态。这说明2016年在政府加大普通高中教育投入过程中，滨州市普通高中教育规模收益得以提升，但是仍需考虑如何科学有效分配、管理、

使用经费和设置教育规模,促使普通高中教育投入产出产生最优效益值。

2014—2018年与泰安市和聊城市普通高中教育相比,滨州市普通高中教育的规模收益一直呈递增的低效率状态,这说明滨州市普通高中教育教学条件及资源配置达到现有办学规模所需要的条件,可以有效确保教学任务的完成,但是也应该避免资源重复配置,并保证资金的高效利用。

二、滨州市普通高中教育经费投入对经济的影响——基于柯布-道格拉斯生产函数

假设在保持技术条件不变的情况下,滨州市经济增长只与资本、劳动有关,以柯布-道格拉斯生产函数为基础理论模型,用普通高中教育阶段教职工人数来代替劳动数据,用滨州市普通高中教育支出数据代替资本数据。基于此,研究滨州市普通高中教育支出对经济增长的影响。

(一)指标选取

样本数据的选取区间为2011—2019年时间序列样本,分别用地区生产总值(GDP)、教育支出(EP,Education Pays)和教职工人数(NF,Number of Faculty)来代替产出、资本和劳动。其中教职工人数以人为单位,教育支出以万元为单位,GDP以亿元为单位。教育投入包括财政教育支出和教职工人数投入。2010—2019年滨州市高中教育投入与GDP变动数据见表6-15。

表6-15　2010—2019年滨州市高中教育投入与GDP变动数据

年份	GDP/亿元	教育支出/万元	教职工人数/人
2010	1 572.50	59 210	4 697
2011	1 817.58	51 161	4 863
2012	1 987.73	69 880	5 074
2013	2 155.73	62 784	5 074
2014	2 276.71	43 854	5 751
2015	2 355.33	85 818	5 994
2016	2 470.10	89 204	6 375
2017	2 612.92	112 689	6 777
2018	2 640.52	114 440	7 043
2019	2 457.19	115 616	7 218

数据来源:2020年《滨州统计年鉴》和《滨州市教育事业统计资料》

第六章　滨州市普通高中教育阶段投入产出效率实证分析

从表 6-15 可以看出，2010—2019 年滨州市普通高中教育支出逐年递增，教职工人数也呈递增趋势，并且 GDP 也是呈逐年增长趋势，根据数据增长规律，初步推测教育投入与经济增长之间存在正相关关系。

(二)模型建立

以生产函数模型两边取对数为理论基础建立如下线性模型：

$$\ln\text{GDP} = \alpha + \beta_1 \ln\text{EP} + \beta_2 \ln\text{NF}$$

其中：GDP 为地区生产总值（亿元）；EP 为教育支出（万元）；NF 为教职工人数（人）。

建立 lnGDP 与 lnEP 的关系图，lnGDP 与 lnNF 的关系图，lnGDP 与 lnEP、lnNF 的关系图，分别见图 6-11、图 6-12、图 6-13。

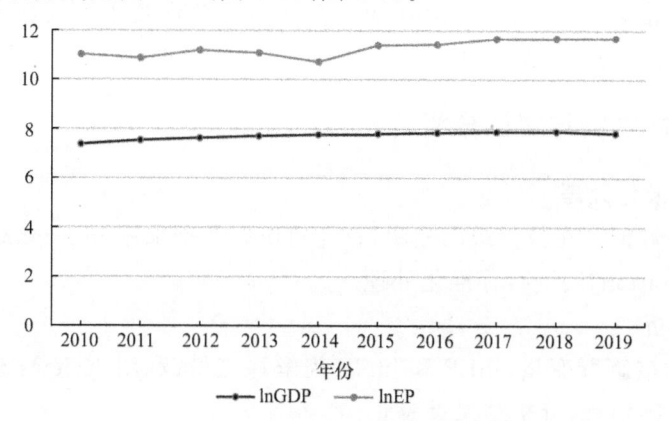

图 6-11　2010—2019 年滨州市高中教育支出与 GDP 关系

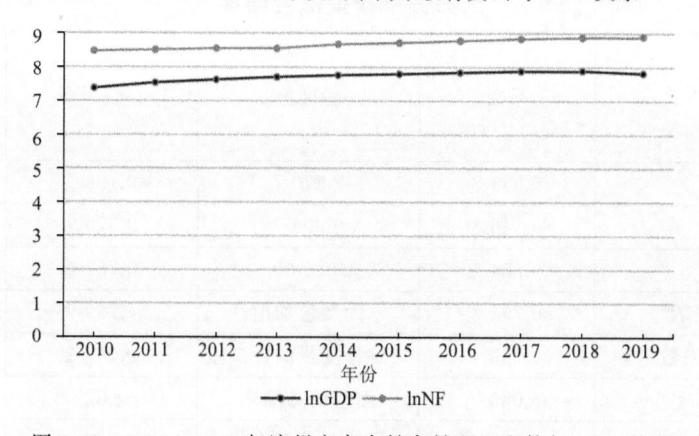

图 6-12　2010—2019 年滨州市高中教育教职工人数与 GDP 关系

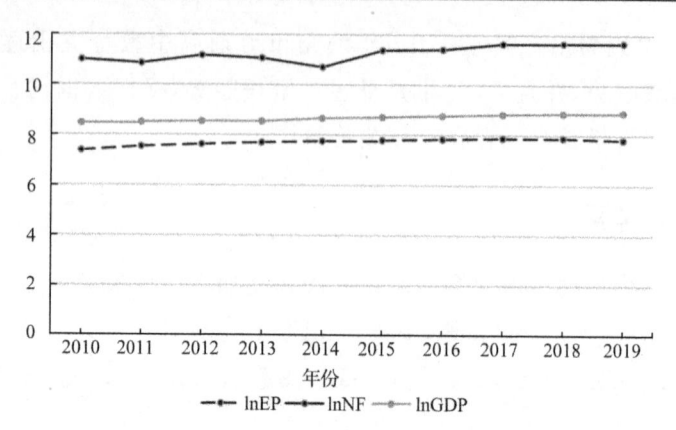

图 6-13 2010—2019 年滨州市高中教育支出、教职工人数增长与 GDP 关系

从图 6-11 至图 6-13 可以看出,解释变量普通高中教育支出与被解释变量 GDP 之间呈线性正相关关系;另一个解释变量普通高中教育教职工人数与被解释变量 GDP 之间也呈线性正相关关系。

(三)数据检验与实证分析

1.数据标准化处理

因采集的数据存在数量级的差距,首先对所有数据采用 min-max 标准化(Min-Max Normalization)法进行标准化处理。

2.回归分析

lnGDP 为被解释变量,lnEP 和 lnNF 为解释变量,利用 Eviews 软件对模型进行普通最小二乘估计,分析结果见表 6-16。

表 6-16　　　　　　　　回归分析模型拟合结果

变量	系数	标准差	T-统计量	T-统计量伴随概率 P 值
C	0.563 3	2.870 7	0.196 2	0.050 0
lnEP	0.146 3	0.394 7	0.370 7	0.021 8
lnNF	0.634 5	0.810 9	0.782 4	0.059 6
可决系数 R^2	0.794 2	因变量均值	7.709 9	
调整的可决系数 R^2	0.735 4	被解释变量的标准差	0.167 2	
标准误差	0.086 0	赤池信息准则	−1.825 2	
残差平方和	0.051 8	贝叶斯信息准则	−1.734 4	
对数似然估计值	12.126 0	汉南-奎因准则	−1.924 8	
F-统计量	13.506 4	DW 统计量	0.717 8	
F-统计量伴随概率 P 值	0.004 0			

根据上表回归结果,得出如下回归公式:
$$\ln GDP = 0.5633 + 0.1463 \ln EP + 0.6345 \ln NF$$

3. 数据检验

(1)拟合优度检验

R^2 值越接近 1,说明回归线对样本数据点的拟合程度越高,拟合效果越好。根据数据结果,$R^2 = 0.7942$,拟合优度值与 1 还有一定差距,这说明回归线对样本数据点的拟合程度并不是非常高,拟合效果较好。由数据结果可知,滨州市经济发展的 73.54% 可由教育支出与教职工人数来解释,拟合优度还需进一步提升。

(2)变量显著性 T 检验

Prob 的判断值小于 0.05,说明经济增长与教育支出、教职工人数呈正向相关。从表 6-16 中可看出教育支出所得系数的 P 值为 0.0218,小于 0.05,说明普通高中教育支出对经济增长的影响是显著的。教职工人数所得系数的 P 值是 0.0596,大于 0.05,说明普通高中教育教职工人数对经济增长的影响并不是非常显著。

4. 结果分析

从参数估计结果看,教育支出投入的产出弹性系数是 0.1463,说明教育支出每增加 1%,GDP 增加 0.1463%;教职工人数投入的产出弹性系数是 0.6345,说明教职工人数每增加 1%,GDP 增加 0.6345%。显然,教职工人数的产出弹性高于教育支出的产出弹性。因为教育支出、教职工人数与 GDP 之间呈正相关关系,而拟合计结果 $\beta_1 + \beta_2 < 1$,约等于 0.78,即不完全规模收益递减,所以滨州市一倍的教育投入没有带来一倍的经济产出。

(四)存在的问题

2014 年至 2018 年间,滨州市普通高中阶段学生规模数趋于稳定,整体呈下降趋势,在师资队伍、办学条件、经费投入等方面都有了长足的进步,但是仍然存在一些问题需要改进。

1. 教育资源存在浪费现象

普通高中教育在管理和技术层面存在一定短板,规划、运用、管理教育经费的能力不足。滨州市对于普通高中教育的经费投入与产出水平不相匹配,教育资源并未得到有效和合理利用,存在浪费现象。

2. 教育规模有待扩大

滨州市普通高中的规模近几年发展保持稳定增长,但是对比省内其他地市的普通高中教育发展规模,当前滨州市普通高中教育的规模还有待进一步扩大发展。

(五)结论

(1)通过对滨州市普通高中教育投入产出效率进行分析得知,当前滨州市普通高中教育的投入产出综合效率应该继续加以提升。从普通高中教育投入产出综合效率来看,滨州市普通高中教育投入产出的综合效率值高于全省普通高中教育投入产出的综合效率值,说明如果投入的数量以相同的百分比增加,产出增加的百分比将大于投入增加的百分比,因此滨州市普通高中教育在现有资源配置效率的情况下,能够获得更高效率的产出效益。从普通高中教育投入产出纯技术效率来看,2014至2018年间,滨州市普通高中教育纯技术效率呈平稳状态,整体有下降趋势,说明滨州市普通高中教育资源整体未得到有效优化。从滨州市普通高中教育投入产出规模效率来看,均值为0.953,接近于1,说明规模接近最优状态,即所投入的普通高中教育经费能够较好地匹配当地的发展需要,仍应该加大投入规模以获得更多的产出。从滨州市普通高中教育经费投入冗余值变化情况看,滨州市普通高中教育投入冗余值整体呈略上升趋势,即滨州市对于普通高中教育的经费投入与产出水平并未有效协调发展,教育资源并未得到有效和合理利用。

(2)通过对比滨州市与泰安市、聊城市的普通高中教育投入产出效率,发现2014—2018年滨州市普通高中教育投入产出综合效率五年平均值高于泰安市、聊城市普通高中教育投入产出综合效率。但是滨州市普通高中教育近五年投入产出综合效率呈整体下降趋势,虽然泰安市和聊城市普通高中教育投入产出综合效率值低于滨州市,但是其发展趋势呈整体上升趋势。说明泰安市和聊城市普通高中教育现有教育资源配置条件逐渐优化。滨州市普通高中教育规模收益虽然得以提升,但是仍需考虑如何科学有效分配、管理、使用经费和设置教育规模,促使普通高中教育投入产出产生最优效益值。

(3)通过对滨州市普通高中教育投入与滨州市经济活动的实证分析得知,滨州市普通高中教育支出投入的产出弹性系数是0.146 3,说明教育支出每增加1%,GDP增加0.146 3%;教职工人数投入的产出弹性系数是0.634 5,说明教职工人数每增加1%,GDP增加0.634 5%。

第七章 滨州市中等职业教育投入产出效率实证分析

第一节 滨州市中等职业教育发展总体情况

2020年,滨州市中等职业教育坚持新发展理念,力争抢抓全国首个"部省共建国家职业教育创新发展高地"建设机遇,不断创新办学体制机制,推动校企合作、产教融合,完善现代职业教育体系,为推动滨州市高质量发展培育了大量技术技能人才。

一、滨州市中等职业教育办学规模情况

(一)中等职业教育学校数量

滨州市2019年有中等职业学校21所(含民办中职学校6所)。其中,创建国家中等职业改革示范学校3所,省规范化中等职业学校6所,省示范性中等职业学校5所,省优质特色中等职业学校2所。2015—2019年滨州市中等职业学校数量如图7-1所示。与滨州市新旧动能转换"十强"产业紧密对接的14个中职专业群被列为山东省职业院校品牌专业(群)建设项目。滨州市职业教育院校开设了14大类52个专业,涵盖了滨州市特色优势产业,为地方经济社会发展培养了大批高素质的劳动者和技术技能型人才。现在,滨州初步构建了较为科学合理的中等职业教育体系。

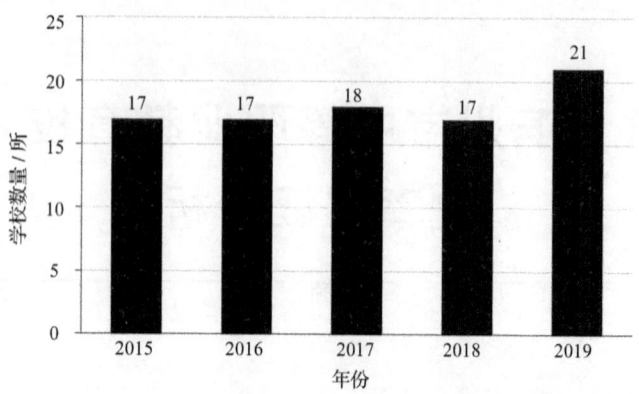

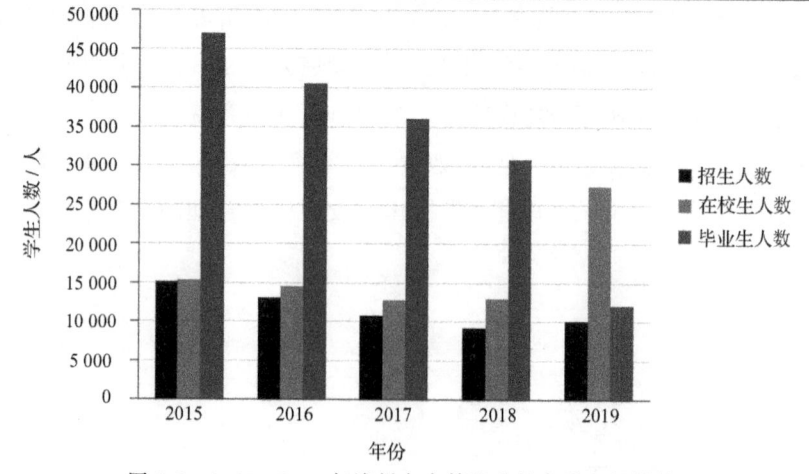

图 7-1　2015—2019 年滨州市中等职业学校数量

(二)中等职业教育学生规模

2019 年,滨州市中等职业教育阶段共计招生 10 093 人,比上年增长 921 人,增长 10.04%。2015—2018 年,滨州市中等职业教育招生人数呈递减趋势,2018—2019 年,滨州市中等职业教育招生人数呈递增趋势。近五年,滨州市中等职业教育招生数总体呈下降态势。

2019 年,滨州市中等职业教育在校生共计 27 397 人,比上年增加 14 423 人,增加 111.17%。近五年,滨州市中等职业教育在校生规模呈逐年递增趋势。

2019 年,滨州市中等职业教育毕业生共计 12 072 人,比上年减少 18 750 人,减少 60.83%。2015—2019 年,滨州市中等职业教育毕业生人数呈递减态势。2015—2019 年滨州市中等职业教育学生规模数见表 7-1,其柱状图见图 7-2。

表 7-1　　2015—2019 年滨州市中等职业教育学生规模数　　　　人

年份	2015	2016	2017	2018	2019
招生人数	15 134	13 091	10 791	9 172	10 093
在校生人数	15 282	14 513	12 793	12 974	27 397
毕业生人数	46 968	40 614	36 133	30 822	12 072

图 7-2　2015—2019 年滨州市中等职业教育学生规模数

二、滨州市中等职业教育师资队伍情况

2019年滨州市中职学校教职工人数2 730人（不含聘请校外教师），生师比为11.70；专任教师所占比例为82.42％，专任教师学历合格率（本科以上）为89.51％，专任教师研究生以上学历比例为11.11％，专任教师中"双师型"教师数比例为51.02％，"双师"素质专任教师比例为42.05％，20％编制员额内自主聘用兼职教师比例为23.04％。相较去年均有提升。2019年，滨州市中等职业教育专任教师中本科及以上学历教师占比89.51％，由于这两年中等职业教师招聘数量很少，所以教师队伍水平稳中有升，变化不大。总体来看，中等职业教育专任教师队伍水平不断提高，学历达标率整体趋于稳定。2015—2019年滨州市中等职业教育专任教师变化情况、生师比变化情况、专任教师学历达标率情况分别如图7-3、图7-4、图7-5所示。

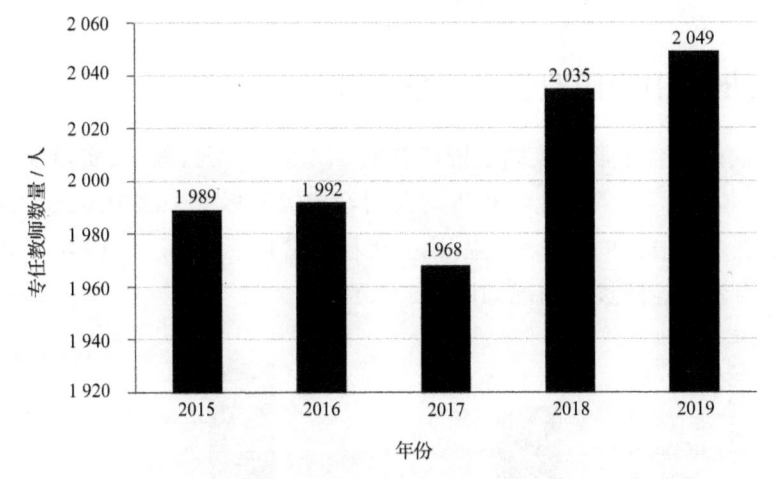

图7-3 2015—2019年滨州市中等职业教育专任教师变化情况

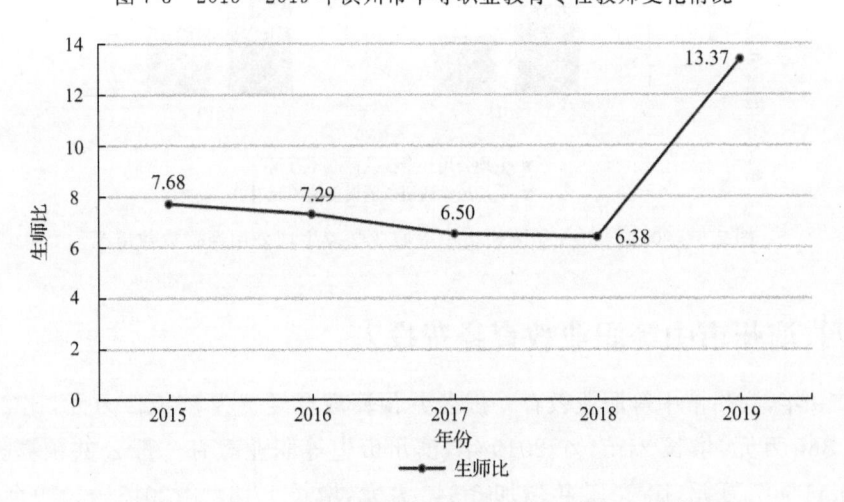

图7-4 2015—2019年滨州市中等职业教育生师比变化情况

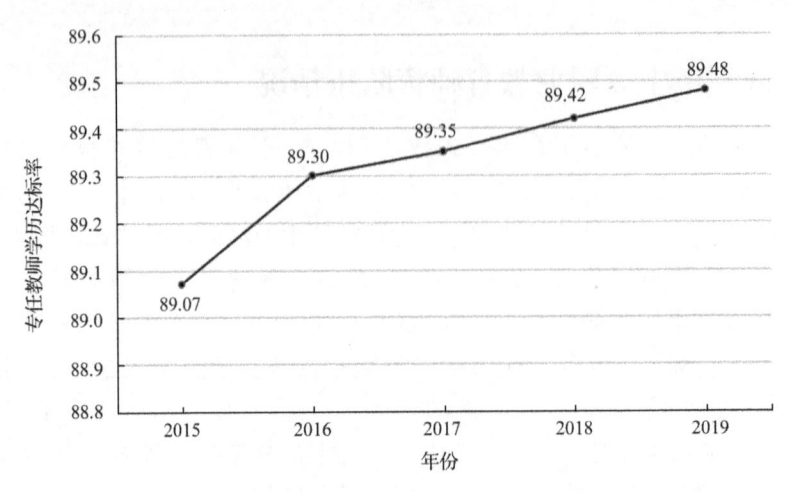

图 7-5　2015—2019 年滨州市中等职业教育专任教师学历达标率情况

三、滨州市中等职业教育办学条件

2019 年滨州市各中职学校固定资产总值 178 931 万元,教学、实习仪器设备资产值 12 359.03 万元,中等职业学校生均公用经费拨款标准 16 351.04 元/生。生均教学科研仪器设备值 4 911.07 元/生,比去年稳定增长。2018—2019 年滨州市中等职业学校生均公用经费拨款情况如图 7-6 所示。

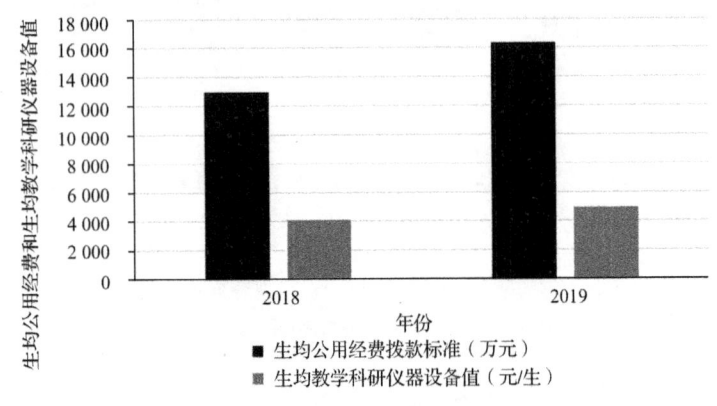

图 7-6　2018—2019 年滨州市中等职业学校生均公用经费拨款情况

四、滨州市中等职业教育经费投入

2019 年,滨州市中等职业教育一般公共预算教育经费为 50 022 万元,比 2015 年增加 8 866 万元,增长 21.54%;2019 年,滨州市中等职业教育一般公共预算教育事业费为 41 907 万元,比 2015 年增加 6 343 万元,增长 17.84%;2015—2019 年,滨州市中等职业教育经费总体呈增长态势。2015—2019 年滨州市中等职业教育经费情况见表7-2,其柱状图见图7-7。

表7-2　　　　2015—2019年滨州市中等职业教育经费情况　　　　万元

年份	2015	2016	2017	2018	2019
一般公共预算教育经费	41 156	53 756	48 426	47 330	50 022
一般公共预算教育事业费	35 564	47 343	42 136	40 967	41 907
其他一般公共预算安排的教育经费	9	2 504	243	56	1 225

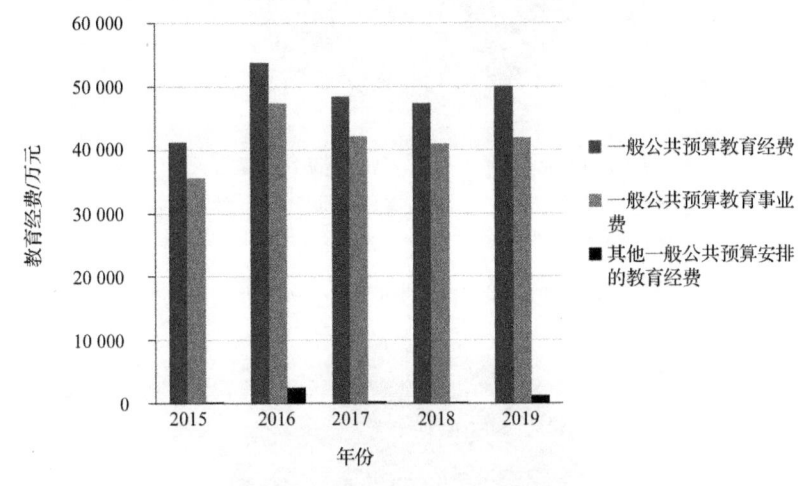

图7-7　2015—2019年滨州市中等职业教育经费情况

五、滨州市中等职业教育毕业生就业情况

2020年滨州市中等职业学校毕业生人数为8 545人,毕业生毕业率98.15%,毕业生就业率57.44%,毕业生升学比例41.95%。

(一)毕业生就业去向情况

(1)毕业生中,去向为机关和企事业单位的有3 406人,约占毕业生总数的39.86%;合法从事个体经营的388人,约占毕业生总数的4.54%;志愿入伍1 114人,约占毕业生总数的13.04%;升入高一级学校3 584人,约占毕业生总数的41.94%;其他去向53人,约占毕业生总数的0.62%。可见,机关和企事业单位是本届毕业生的主要就业去向。2020年滨州市毕业生就业去向如图7-8所示。

(2)直接就业学生中,以第二产业、第三产业的去向为主,具体数据为第一产业的有376人,占比7.66%;第二产业2 274人,占比46.33%;第三产业2 258人,占比46.01%(图7-9)。

(3)直接就业的毕业生中,本地就业3 356人,占据绝对优势,1 552人实现了异

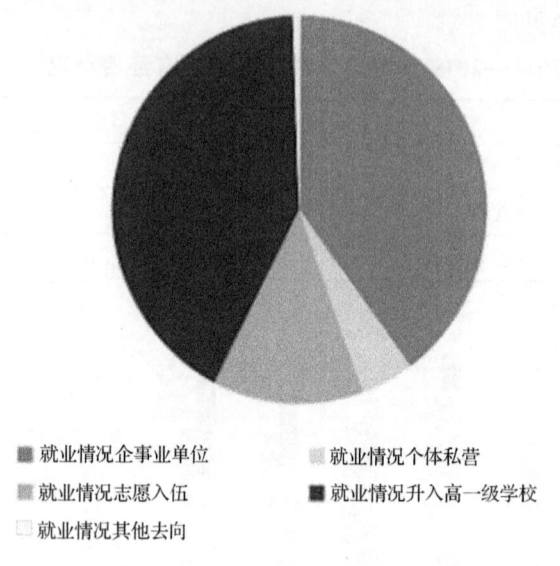

图 7-8　2020 年滨州市毕业生就业去向

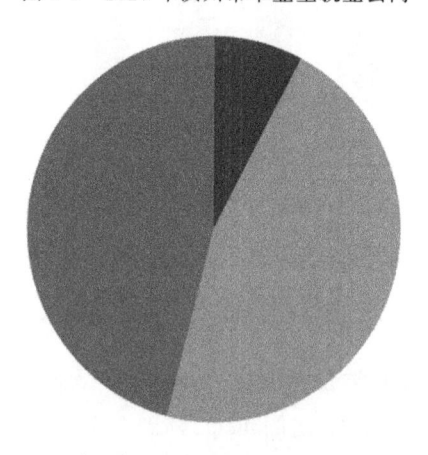

图 7-9　2020 年滨州市毕业生产业去向的就业情况

地就业。由此可见,滨州市中等职业学校为当地的经济建设提供了人力和智力资源支持。

(4)直接就业的毕业生中,经学校推荐就业的 3 458 人,通过中介介绍实现就业的 32 人,通过其他渠道就业的 1 418 人,分别占比 70.46％、0.65％和 28.89％。学校推荐、校企实习成为毕业生就业的主渠道,也说明滨州市中等职业学校在毕业生就业工作中取得了突出的成效,发挥了重要的作用。

(二)各专业大类毕业生就业薪资情况

滨州市 2020 年中等职业学校各专业毕业生中,农林牧渔类、石油化工类、交通运输类、加工制造类、旅游服务类、信息技术类、医药卫生类、财经商贸类、文化艺术类、教育类、体育与健身类、轻纺食品类专业大类毕业生平均月收入分别为 2 700.00元、3 133.33 元、2 892.00 元、3 311.11 元、2 762.50 元、2 440.00 元、2 862.50 元、2 362.00元、3 500.00 元、2 178.89 元、2 500.00 元、3 500.00 元。较去年略有提高,体现了滨州市产业发展人才需求和教学实力。2019—2020 年滨州市各专业大类就业与薪酬情况统计如图 7-10 所示。

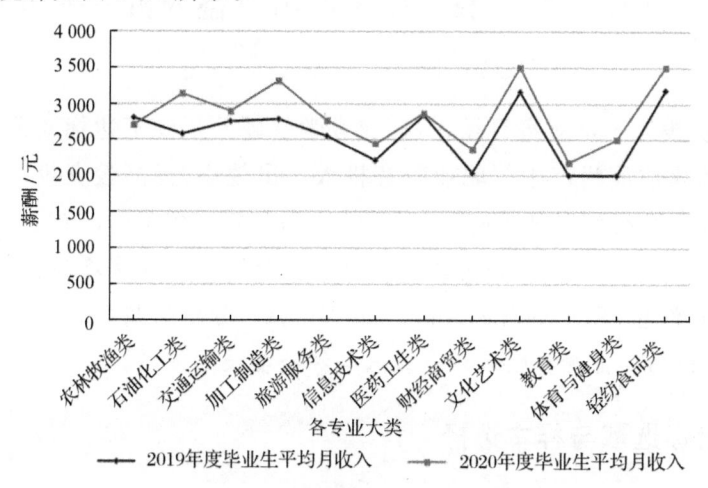

图 7-10　2019—2020 年滨州市各专业大类就业与薪酬情况统计

(三)对毕业生就业满意度调查情况

对就业情况持非常满意态度的有 2 157 人,持满意态度的有 2 576 人,持比较满意态度的有 160 人,有 5 人持不满意态度,态度不明确无法评估的有 10 人。2020年滨州市毕业生就业满意度调查情况如图 7-11 所示。

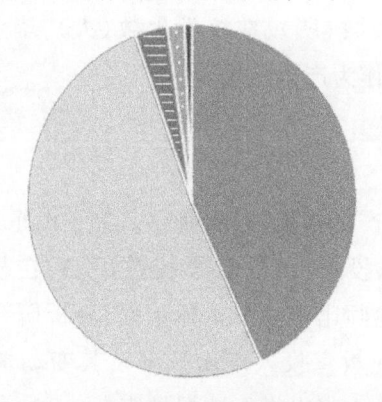

图 7-11　2020 年滨州市毕业生就业满意度调查情况

从总体数据看,99.69%的毕业生对就业情况满意,说明滨州市2020年中职学校毕业生就业工作得到了学生的首肯。

第二节 滨州市中等职业教育投入产出效益分析

一、滨州市中等职业教育投入产出效益分析——基于DEA方法视角

为了避免投入不足或盲目投入,造成教学软硬件条件不达标或重复配置及资源浪费,有效评估滨州市中等职业教育投入产出效率,提高教育投入资金使用效率,更好地服务滨州市中等职业教育发展,本书主要采用DEA方法对滨州市中等职业教育投入产出效率进行分析评价。对于教育投入与经济增长关系分析,引入计量经济学软件包(Eviews,Econometrics Views),分析财政教育投入与经济活动的数量规律,进行实证测算财政教育投入与经济增长的关系。

(一)指标选取与样本选择

指标选取的不同可能会影响研究结果的准确度和可信度。因此,科学研究和确定评价指标体系是第一步。目前,国家和相关部门以及现有研究尚没有发布或出台学校投入产出效率水平的衡量指标,本书根据《教育部关于印发〈普通高等职业院校基本办学条件指标(试行)〉的通知》(教发〔2004〕2号)的要求并参考以往经典研究成果中应用频率较高的教育投入产出效率评价指标,从其中筛选出6个投入产出指标,作为反映中等职业院校投入产出的研究样本。其中:教育经费总投入(万元)作为投入指标,学校数(所)、在校学生数(人)、毕业生数(人)、专任教师数(人)和生师比等5个指标作为产出指标。

(二)数据采集

根据以上选取的投入产出指标,本次研究采集了山东省17地市2014—2018年中等职业教育教育经费总投入(万元)、学校数(所)、在校学生数(人)、毕业生数(人)、专任教师数(人)和生师比等6个指标数据,分析研究滨州市中等职业教育与山东省其余16市中等职业教育投入产出效率及其变动情况。2014—2018年山东省17地市中等职业教育投入产出指标数据见表7-3。

表 7-3　2014—2018 年山东省 17 地市中等职业教育投入产出指标数据

DMU	投入1：教育经费总投入/万元	产出1：学校数/所	产出2：在校学生数/人	产出3：毕业生数/人	产出4：专任教师数/人	产出5：生师比
济南市—2014	94 994	51	75 697	27 566	4 430	17.09
青岛市—2014	219 114	60	97 492	35 115	6 368	15.31
淄博市—2014	40 785	18	48 263	22 870	2 547	18.95
枣庄市—2014	33 046	18	46 520	14 240	1 600	29.08
东营市—2014	30 742	9	23 173	6 246	938	24.70
烟台市—2014	98 009	37	71 785	34 647	4 706	15.25
潍坊市—2014	139 566	34	113 864	48 498	4 475	25.44
济宁市—2014	55 029	23	53 406	22 413	3 163	16.88
泰安市—2014	34 258	18	55 290	17 641	2 190	25.25
威海市—2014	72 129	22	25 315	12 130	1 905	13.29
日照市—2014	35 946	12	35 713	12 799	1 795	19.90
莱芜市—2014	10 988	14	9 142	2 269	442	20.68
临沂市—2014	58 043	45	79 565	27 418	3 972	20.03
德州市—2014	39 137	24	65 933	20 716	2 867	23.00
聊城市—2014	47 002	23	33 748	12 751	3 065	11.01
滨州市—2014	35 285	16	52 974	17 438	1 907	27.78
菏泽市—2014	39 486	36	60 287	19 275	2 904	20.76
济南市—2015	101 661	41	59 292	27 537	4 068	14.58
青岛市—2015	254 281	57	88 926	35 556	4 677	19.01
淄博市—2015	50 545	18	37 818	19 454	2 511	15.06
枣庄市—2015	28 725	18	49 758	12 574	1 745	28.51
东营市—2015	25 743	9	23 740	6 205	866	27.41
烟台市—2015	112 665	33	63 898	24 546	4 617	13.84
潍坊市—2015	136 539	34	94 388	41 434	4 563	20.69
济宁市—2015	53 377	20	48 710	20 575	3 237	15.05
泰安市—2015	41 464	20	53 786	17 194	2 361	22.78
威海市—2015	87 590	21	22 077	8 887	1 854	11.91
日照市—2015	35 658	12	31 488	10 430	1 754	17.95
莱芜市—2015	8 549	9	7 104	3 853	265	26.81

(续表)

DMU	投入1：教育经费总投入/万元	产出1：学校数/所	产出2：在校学生数/人	产出3：毕业生数/人	产出4：专任教师数/人	产出5：生师比
临沂市—2015	74 160	44	79 657	23 979	3 995	19.94
德州市—2015	37 759	26	56 634	22 533	2 888	19.61
聊城市—2015	68 334	20	35 123	9 744	2 986	11.76
滨州市—2015	30 836	17	46 968	15 282	1 989	23.61
菏泽市—2015	36 091	36	57 897	20 570	2 750	21.05
济南市—2016	93 279	37	57 895	18 920	3 987	14.52
青岛市—2016	279 531	55	89 037	27 462	6 487	13.73
淄博市—2016	53 922	18	30 596	14 898	2 128	14.38
枣庄市—2016	29 716	18	50 462	14 883	1 797	28.08
东营市—2016	23 951	7	21 931	8 415	888	24.70
烟台市—2016	133 204	33	59 156	23 205	4 569	12.95
潍坊市—2016	103 693	34	86 796	33 614	4 573	18.98
济宁市—2016	61 298	20	46 725	15 104	3 081	15.17
泰安市—2016	39 898	20	47 156	18 168	2 219	21.25
威海市—2016	61 218	19	22 296	7 558	1 882	11.85
日照市—2016	35 877	14	30 258	11 218	1 756	17.23
莱芜市—2016	6 543	10	6 590	2 870	401	16.43
临沂市—2016	68 835	41	76 055	28 094	3 918	19.41
德州市—2016	49 593	26	52 961	18 648	2 863	18.50
聊城市—2016	54 576	20	36 596	10 279	2 992	12.23
滨州市—2016	44 908	18	40 614	14 513	1 992	20.39
菏泽市—2016	38 388	38	54 702	18 838	2 711	20.18
济南市—2017	99 272	35	55 210	16 801	3 978	13.88
青岛市—2017	257 466	50	87 916	25 307	6 535	13.45
淄博市—2017	54 649	17	28 943	11 301	2 099	13.79
枣庄市—2017	22 703	18	48 736	14 026	1 792	27.20
东营市—2017	23 524	7	20 946	7 216	936	22.38
烟台市—2017	107 286	32	55 352	20 831	4 455	12.42
潍坊市—2017	110 346	34	81 718	29 358	4 665	17.52

(续表)

DMU	投入产出					
	投入1: 教育经费总投入 /万元	产出1: 学校数 /所	产出2: 在校学生数 /人	产出3: 毕业生数 /人	产出4: 专任教师数 /人	产出5: 生师比
济宁市—2017	59 802	20	47 900	12 998	3 113	15.39
泰安市—2017	42 760	16	44 904	15 448	2 231	20.13
威海市—2017	75 521	18	21 092	7 469	1 969	10.71
日照市—2017	33 557	14	29 338	9 313	1 766	16.61
莱芜市—2017	3 367	8	7 106	1 925	521	13.64
临沂市—2017	64 553	33	77 304	23 893	3 855	20.05
德州市—2017	37 343	27	50 480	15 291	2 976	16.96
聊城市—2017	64 078	19	38 153	9 902	2 953	12.92
滨州市—2017	37 071	17	36 133	12 793	1 968	18.36
菏泽市—2017	50 448	36	62 126	14 475	2 847	21.82
济南市—2018	89 493	34	51 601	18 107	3 711	13.90
青岛市—2018	270 627	50	84 293	27 703	6 692	12.60
淄博市—2018	57 545	17	30 872	10 851	2 000	15.44
枣庄市—2018	25 394	19	42 495	13 685	1 735	24.49
东营市—2018	21 208	7	20 481	7 161	989	20.71
烟台市—2018	120 349	31	51 955	17 065	4 644	11.19
潍坊市—2018	103 067	33	75 200	28 128	4 666	16.12
济宁市—2018	66 841	20	46 037	15 954	3 022	15.23
泰安市—2018	51 968	14	38 485	13 017	2 196	17.53
威海市—2018	74 121	18	19 416	5 580	1 958	9.92
日照市—2018	37 937	13	26 372	10 321	1 580	16.69
莱芜市—2018	4 413	8	7 455	2 157	515	14.48
临沂市—2018	70 443	32	77 711	23 779	3 879	20.03
德州市—2018	38 991	30	45 644	17 169	2 765	16.51
聊城市—2018	62 426	19	37 732	9 760	2 908	12.98
滨州市—2018	33 946	17	30 822	12 974	2 035	15.15
菏泽市—2018	52 737	36	63 571	16 709	2 974	21.38

数据来源:《山东教育统计年鉴》和《山东省教育事业发展统计公报》。

（三）DEA 模型分析

在 DEA 理论的基础上，本书运用 DEAP 2.1 软件对滨州市中等职业教育的综合效率、纯技术效率、规模效率和规模收益进行测算分析，同时得到各个单元的产出不足和投入冗余值，为滨州市中等职业教育供给效率的提高提供依据。

1.综合效率分析

综合效率值反映了决策单元在一定的投入下能获得多大程度产出的能力或在产出不变的情况下决策单元能减少多少程度的投入，进而反映决策单元整体有效性情况。综合效率得分取值介于 0 到 1 之间，越接近 1，说明越接近整体效率有效。综合效率值等于 1 时，说明中等职业教育经费投入达到 DEA 相对有效，即在现有规模下，中等职业教育经费得到了有效利用。2014—2018 年山东省 17 地市中等职业教育经费综合效率见表 7-4。2014—2018 年山东省 17 地市中等职业教育经费综合效率如图 7-12 所示。

表 7-4 2014—2018 年山东省 17 地市中等职业教育经费综合效率

地市	2014 年	2015 年	2016 年	2017 年	2018 年	各年均值
济南市	0.634	0.524	0.605	0.291	0.402	0.491
青岛市	0.395	0.243	0.329	0.171	0.212	0.270
淄博市	1.000	0.650	0.563	0.346	0.368	0.585
枣庄市	0.949	1.000	1.000	1.000	1.000	0.990
东营市	0.615	0.644	0.729	0.506	0.641	0.657
烟台市	0.664	0.536	0.486	0.330	0.331	0.469
潍坊市	0.628	0.509	0.656	0.438	0.525	0.551
济宁市	0.784	0.793	0.712	0.378	0.468	0.627
泰安市	1.000	0.791	0.910	0.590	0.483	0.755
威海市	0.359	0.277	0.435	0.172	0.226	0.294
日照市	0.729	0.672	0.701	0.465	0.517	0.617
莱芜市	1.000	1.000	1.000	1.000	1.000	1.000
临沂市	0.943	0.706	0.828	0.610	0.656	0.749
德州市	1.000	1.000	0.817	0.688	0.843	0.870
聊城市	0.887	0.571	0.776	0.298	0.399	0.586
滨州市	0.990	0.945	0.657	0.567	0.729	0.778
菏泽市	1.000	1.000	1.000	0.576	0.714	0.858
各市均值	0.799	0.698	0.718	0.496	0.560	0.656

数据来源：《山东教育年鉴》和《山东省教育事业发展统计公报》。

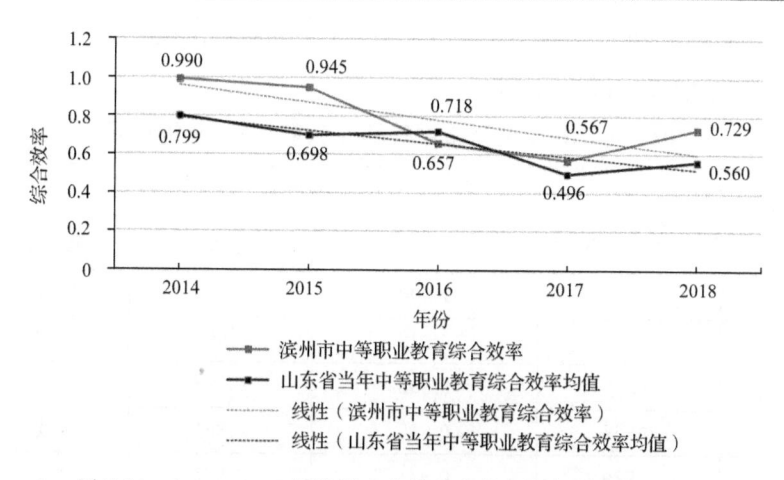

图 7-12 2014—2018 年滨州市中等职业教育综合效率变化情况

由表 7-4 可知,山东省 17 地市中仅莱芜市综合效率为 1,枣庄市综合效率接近 1,这两市中等职业教育产出与投入指标的松弛变量为 0,反映了这两市中等职业教育在投入产出方面 DEA 是有效的。因此认为,这两市中等职业教育的投入与产出比例合适,合理充分使用了现有教育资源,并取得了良好的效益。这两市中等职业教育的纯技术效率和规模效率都是 1,满足了技术有效性和规模有效性,同时它们处于规模收益不变的阶段,说明投入产出间的比例为最佳。

而滨州市与其他市相比,滨州市 2014—2018 年中等职业教育经费综合效率平均值为 0.778,在山东省属于较高水平,但是每年综合效率均小于 1,它们的投入产出规模收益都递增,所以它们在投入产出方面为非 DEA 有效。说明如果投入的数量以相同的百分比增加,产出增加的百分比将大于投入增加的百分比,这说明,在现有资源配置效率的情况下,滨州市中等职业教育能够获得更高效率的产出效益。滨州市中等职业教育综合效率都在 0.560 以上,综合效率等于纯技术效率和规模效率的乘积。综合效率出现非有效的情况,是由纯技术效率非有效或者规模效率非有效造成的。据此,可以根据具体的情况对纯技术效率或者规模效率进行调整,从而达到综合效率的有效性。

因此,需要进一步分析滨州市中等职业教育投入产出的纯技术效率和规模效率。

2.纯技术效率分析

纯技术效率是指教育资源要素的配置和利用是否合理、充分,主要受管理和技术等因素影响。纯技术效率得分取值介于 0 到 1 之间,越接近于 1,说明中等职业教育经费投入资源的使用率越高,纯技术效率值等于 1 时,说明中等职业教育经费投入达到纯技术效率有效,即中等职业教育经费投入不存在资源浪费的情况,现有管理和技术能够将现有经费投入最大化应用到产出中。2014—2018 年滨州市中等职业教育 DEA 分析结果见表 7-5。2014—2018 年滨州市中等职业教育纯技术效率和规模效率变化情况如图 7-13 所示。

表 7-5 　2014—2018 年滨州市中等职业教育 DEA 分析结果

年份	效率结果				
	综合效率	纯技术效率	规模效率	规模收益情况	
2014	0.990	1.000	0.990	递减	drs
2015	0.945	0.948	0.997	递增	irs
2016	0.657	0.658	0.998	递增	irs
2017	0.567	0.658	0.861	递减	drs
2018	0.729	0.831	0.877	递减	drs
平均值	0.778	0.819	0.945	递增	irs

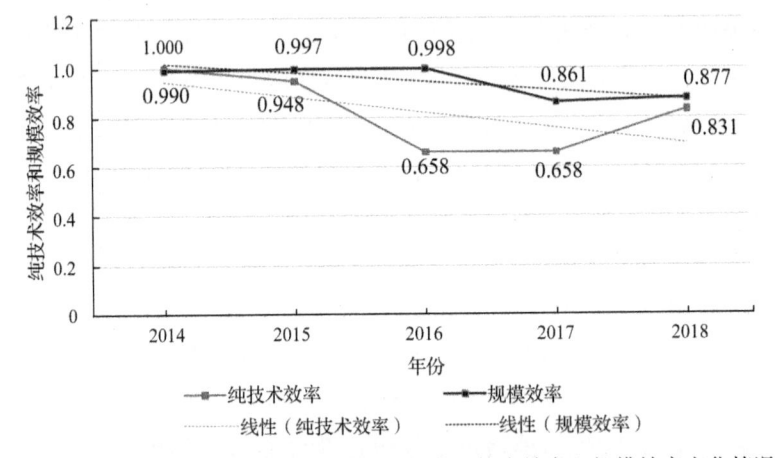

图 7-13 　2014—2018 年滨州市中等职业教育纯技术效率和规模效率变化情况

由表 7-5 可以得知，2014 年滨州市中等职业教育投入产出纯技术效率为 1，而规模效率为 0.990，说明滨州市 2014 年中等职业教育的投入在管理和技术层面影响产出效率是有效的，规模效率为 0.990 说明 2014 年滨州市中等职业教育的规模需要减少；2015—2018 年滨州市中等职业教育 DEA 分析结果中纯技术效率均小于 1，说明滨州市 2015—2018 年中等职业教育在管理和技术层面存在一定短板，且规模效率整体与中等职业教育的投入不匹配。

3.规模效率分析

规模效率是指规模安排是否适宜，反映实际规模与最优生产规模之间的差距，主要受学校规模因素影响。规模效率的得分取值介于 0 到 1 之间，越接近 1，说明越接近规模有效；规模效率值等于 1 时，说明中等职业教育经费投入产出的规模已达到最优状态，即在现有教育经费的管理制度和水平下，现有的教育规模收益与最优规模收益之间的差为0。

由图7-13可以得知,2014至2018年间,滨州市中等职业教育规模效率呈现波动变化、整体减少的趋势,说明滨州市对中等职业教育规模投入应该予以调整;2014至2018年滨州市中等职业教育规模效率均值为0.945,接近1,说明规模接近最优状态,即所投入的中等职业教育经费能够较好地匹配当地的发展需要。

4.规模收益分析

规模收益反映的是当其他条件不变的情况下,决策单元的投入要素变化所带来的产出变化情况,主要分为递增、递减和不变三种情况。当处于规模收益递增状态时,说明加大投入规模能获得成倍的产出;当处于规模收益递减状态时,说明加大投入规模不会得到成倍的产出;当处于规模收益不变的状态时,说明投入增加一倍,产出增加一倍。

5.滨州市中等职业教育投入产出指标的最优目标值分析

DEA模型的最优目标值是指非DEA有效单元实现DEA有效的投入目标值,可以反映非DEA有效单元投入产出的冗余情况及优化方向。2014年滨州市中等职业教育纯技术效率分析结果见表7-6。

表7-6　2014年滨州市中等职业教育纯技术效率分析结果

纯技术效率＝1.000			
规模效率＝0.990(drs)			
预测摘要			
变量	原始值	冗余值	产出不足值	达到DEA有效的目标值
产出1/所	16	0	0	16
产出2/人	52 974	0	0	52 974
产出3/人	17 438	0	0	17 438
产出4/人	1 907	0	0	1 907
产出5	27.78	0	0	27.78
投入1/万元	35 285	0	0	35 285

从表7-6可以看出,2014年滨州市中等职业教育纯技术效率为1.000,规模效率为0.990且处于规模收益递减趋势。从产出不足角度看,2014年滨州市中等职业教育没有产出不足的情况;从投入角度看,2014年滨州市中等职业教育教育经费无投入冗余。由于规模收益呈递减趋势,所以可以适当缩减投入规模,优化资源配置,尽量避免资源的浪费,从而得到更多倍数的产出。

2015年滨州市中等职业教育纯技术效率分析结果见表7-7。

表 7-7　　2015 年滨州市中等职业教育纯技术效率分析结果

	纯技术效率＝0.948			
	规模效率＝0.997（irs）			
	预测摘要			
变量	原始值	冗余值	产出不足值	达到 DEA 有效的目标值
产出 1/所	17	0	8.84	25.84
产出 2/人	46 968	0	0	46 968
产出 3/人	15 282	0	0	15 282
产出 4/人	1 989	0	33.33	2 022.33
产出 5	23.61	0	0.76	24.37
投入 1/万元	30 836	1 610	0.000	29 226

从表 7-7 可以看出，2015 年滨州市中等职业教育纯技术效率为 0.948，规模效率为 0.997，且处于规模收益递增趋势。从产出不足角度看，2015 年滨州市中等职业教育在学校数、专任教师数和生师比上产出不足；从投入角度看，2015 年滨州市中等职业教育教育经费投入冗余 1 610 万元。由于规模收益呈递增趋势，所以可以适当扩增投入规模，优化资源配置，从而得到更多倍数的产出。这与滨州市中等职业教育 2015 年减少教育投入，且增加了 1 所职业教育的实际情况相符合，但是中等职业教育在管理和技术层面存在短板，影响了 2015 年滨州市中等职业教育投入产出的综合效率。

2016 年滨州市中等职业教育纯技术效率分析结果见表 7-8。

表 7-8　　2016 年滨州市中等职业教育纯技术效率分析结果

	纯技术效率＝0.658			
	规模效率＝0.998(irs)			
	预测摘要			
变量	原始值	冗余值	产出不足值	达到 DEA 有效的目标值
产出 1/所	18	0	8.85	26.85
产出 2/人	40 614	0	3 152.38	43 766.38
产出 3/人	14 513	0	0	14 513
产出 4/人	1 992	0	0	1 992
产出 5	20.39	0	1.18	21.57
投入 1/万元	44 908	15 359	0	29 549

从表 7-8 可以看出，2016 年滨州市中等职业教育纯技术效率为 0.658，规模效率为 0.998 且处于规模收益递增的趋势。从产出不足角度看，2016 年滨州市中等职业教育在学校数、在校学生数和生师比上产出不足；从投入角度看，2016 年滨州

市中等职业教育教育经费投入冗余 15 359 万元,由于规模收益呈递增趋势,所以可以适当扩增投入规模,优化资源配置,从而得到更多倍数的产出。这与滨州市 2016 年中等职业教育同比增加投入 1.4 亿元实际情况相符合,但是中等职业教育在管理和技术层面存在短板,影响了 2016 年滨州市中等职业教育投入产出的综合效率。

2017 年滨州市中等职业教育纯技术效率分析结果见表 7-9。

表 7-9　2017 年滨州市中等职业教育纯技术效率分析结果

纯技术效率=0.658			
规模效率=0.861（drs）			
预测摘要			
变量	原始值	冗余值	产出不足值	达到 DEA 有效的目标值
产出 1/所	17	0	2.29	19.29
产出 2/人	36 133	0	7 603.26	43 736.26
产出 3/人	12 793	0	0	12 793
产出 4/人	1 968	0	0	1 968
产出 5	18.36	0	4.07	22.43
投入 1/万元	37 071	12 670	0	24 400

从表 7-9 可以看出,2017 年滨州市中等职业教育纯技术效率为 0.658,规模效率为 0.861 且处于规模收益递减的趋势。从产出不足角度看,2017 年滨州市中等职业教育在学校数、在校学生数和生师比上产出不足;从投入角度看,2017 年滨州市中等职业教育投入冗余 12 670 万元,由于 2017 年减少了 1 家职业院校,这与滨州市 2017 年中等职业教育发展情况相吻合。但中等职业教育在管理和技术层面存在短板,影响了 2017 年滨州市中等职业教育投入产出的综合效率。

2018 年滨州市中等职业教育纯技术效率分析结果见表 7-10。

表 7-10　2018 年滨州市中等职业教育纯技术效率分析结果

纯技术效率=0.831			
规模效率=0.877（drs）			
预测摘要			
变量	原始值	冗余值	产出不足值	达到 DEA 有效的目标值
产出 1/所	17	0	5.68	22.68
产出 2/人	30 822	0	5 289.64	36 111.64
产出 3/人	12 974	0	0	12 974
产出 4/人	2 035	0	0	2 035
产出 5	15.15	0	2.48	17.63
投入 1/万元	33 946	5 729	0	28 217

从表 7-10 可以看出,2018 年滨州市中等职业教育纯技术效率为 0.831,规模效

率为 0.877,且处于规模收益递减的趋势。从产出不足的角度看,2018 年滨州市中等职业教育在学校数、在校学生数和生师比上产出不足;从投入角度看,2018 年滨州市中等职业教育教育经费投入冗余 5 729 万元,因此应加大中等职业教育的投入和缩减中等职业教育的规模。2018 年中等职业教育在管理和技术层面存在短板,影响了 2018 年滨州市中等职业教育投入产出的综合效率。

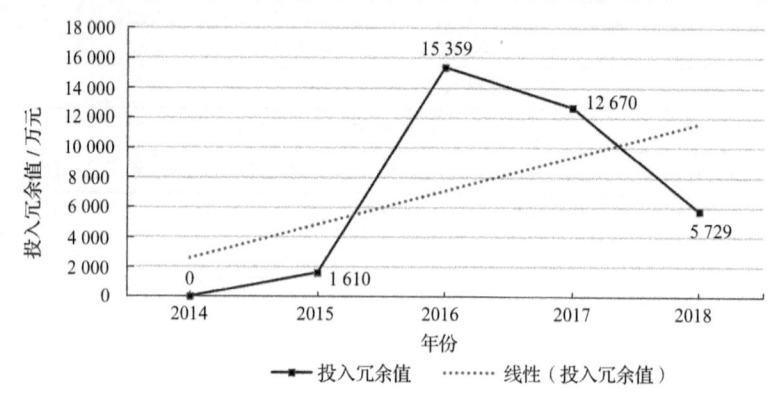

2014—2018 年滨州市中等职业教育投入冗余值变化情况如图 7-14 所示。

图 7-14 2014—2018 年滨州市中等职业教育投入冗余值变化情况

综上所述,通过对滨州市 2014—2018 年中等职业教育投入产出纯技术效率和规模效率的实证测算,测算结果与滨州市中等职业教育的发展情况相吻合。滨州市中等职业教育近五年的投入产出综合效率平均值为 0.778,纯技术效率均值 0.819,规模效率均值 0.945,规模收益递增状态。同时也说明滨州市中等职业教育的投入产出的综合效率还有提升空间。从中等职业教育投入产出综合效率来看,滨州市产出增加的百分比将大于投入增加的百分比,因此滨州市中等职业教育在现有资源配置效率的情况下,能够获得更高效率的产出效益。从中等职业教育投入产出的纯技术效率来看,滨州市中等职业教育投入产出的纯技术效率小于 1,但其纯技术效率均值达到 0.800 以上,因此,从纯技术效率分析角度来看,滨州市中等职业教育的教学条件及资源配置达到现有办学规模所需要的条件,可以有效确保教学、实习、实训等课程的正常开展和教科研目标任务的完成。从滨州市中等职业教育投入产出的规模效率来看,滨州市中等职业教育投入产出的规模效率均值为 0.945,总体处于规模收益递增状态,表明滨州市中等职业教育规模还可以适当增加,能够适当提高滨州市中等职业教育投入产出效率。

(四)2014—2018 年滨州市、泰安市和聊城市中等职业教育投入产出效率对比

为了横向对比滨州市中等职业教育的投入产出效率,选取了与滨州市 GDP 总量相当的泰安市和聊城市横向对比中等职业教育投入产出效率。

1. 综合效率对比

2014—2018 年滨州市、泰安市和聊城市中等职业教育投入产出综合效率见表 7-11,其变化情况如图 7-15 所示。

表 7-11 2014—2018 年滨州市、泰安市和聊城市中等职业教育投入产出综合效率

地市	年份					均值
	2014	2015	2016	2017	2018	
泰安市	1.000	0.791	0.910	0.590	0.483	0.755
聊城市	0.887	0.571	0.776	0.298	0.399	0.586
滨州市	0.990	0.945	0.657	0.567	0.729	0.778

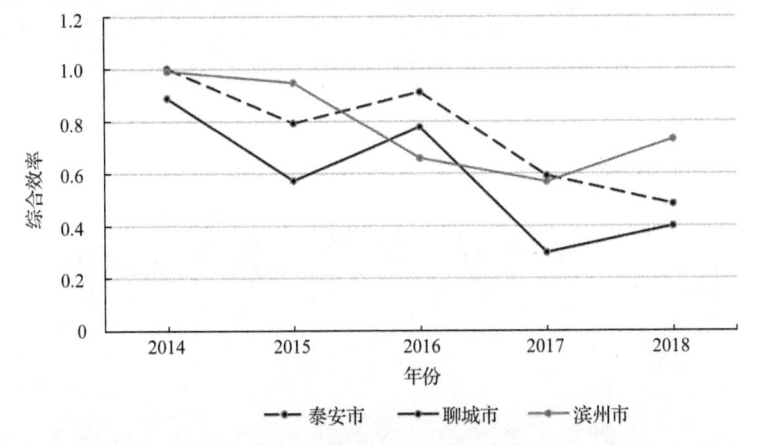

图 7-15 2014—2018 年滨州市、泰安市和聊城市中等职业教育投入产出综合效率变化情况

从表 7-11 可以看出,滨州市中等职业教育投入产出综合效率 2015 年、2018 年高于泰安市和聊城市,2016 年、2017 年低于泰安市和聊城市,2014—2018 年平均值高于泰安市、聊城市。从图 7-15 可以看出,这三个城市投入产出综合效率整体呈下降趋势。

2. 纯技术效率和规模效率对比

2014—2018 年滨州市、泰安市和聊城市中等职业教育投入产出效率见表 7-12,其分析如图 7-16 所示。

表 7-12 2014—2018 年滨州市、泰安市和聊城市中等职业教育投入产出效率

地市	年份	综合效率	纯技术效率	规模效率	规模收益情况	
泰安市	2014	1.000	1.000	1.000	不变	crs
聊城市		0.887	0.900	0.986	递减	drs
滨州市		0.990	1.000	0.990	递减	drs
泰安市	2015	0.791	0.795	0.996	递增	irs
聊城市		0.571	0.600	0.953	递减	drs
滨州市		0.945	0.948	0.997	递增	irs

(续表)

地市	年份	综合效率	纯技术效率	规模效率	规模收益情况	
泰安市	2016	0.910	0.925	0.984	递减	drs
聊城市		0.776	0.833	0.932	递减	drs
滨州市		0.657	0.658	0.998	递增	irs
泰安市	2017	0.590	0.705	0.837	递减	drs
聊城市		0.298	0.578	0.515	递减	drs
滨州市		0.567	0.658	0.861	递减	drs
泰安市	2018	0.483	0.590	0.819	递减	drs
聊城市		0.399	0.689	0.579	递减	drs
滨州市		0.729	0.831	0.877	递减	drs

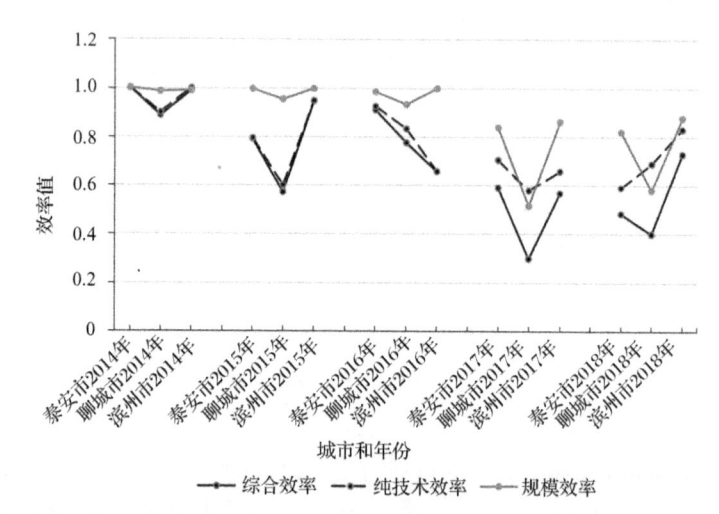

图 7-16　2014—2018 年滨州市、泰安市和聊城市中等职业教育投入产出效率分析

从图 7-16 可以看出，除 2016 年滨州市中等职业教育投入产出综合效率和纯技术效率低于泰安市、聊城市外，其余时间段，滨州市中等职业教育投入产出综合效率、纯技术效率均高于或持平于同时段泰安市和聊城市的综合效率、纯技术效率，2014—2018 年滨州市中等职业教育投入产出规模效率均高于泰安市和聊城市。可见 2014—2018 年滨州市中等职业教育在现有教育资源配置的情况下，产出高于同时期泰安市和聊城市中等职业教育产出。2014—2018 年与泰安市和聊城市中等职业教育相比，滨州市中等职业教育教学条件及资源配置达到现有办学规模所需要的条件，可以有效确保教学、实验实训课程正常开展和教学科研目标任务的完成，资源配置相对泰安市和聊城市较合理。

二、滨州市中等职业教育经费投入对经济的影响——基于柯布-道格拉斯生产函数

美国著名经济学家舒尔茨通过实证研究揭示了教育投入对一个国家的经济发展起着重要的作用。本书以滨州市为研究样本,以柯布-道格拉斯生产函数为基础,通过经济计量的方法,探讨滨州市中等职业教育投入对经济增长的贡献。

(一)指标选取

本书以滨州市作为研究对象,分别用地区生产总值(GDP)、教育支出(EP,Education Pays)和教职工人数(NF,Number of Faculty)来代替产出、资本和劳动。其中教职工人数以人为单位,教育支出以万元为单位,GDP以亿元为单位。教育投入包括财政教育支出和教职工人数投入。2010—2019年滨州市中等职业教育投入与GDP变动数据见表7-13。

表7-13　2010—2019年滨州市中等职业教育投入与GDP变动数据

年份	GDP/亿元	教育支出/万元	教职工人数/人
2010	1 572.50	36 312	2 736
2011	1 817.58	25 397	2 835
2012	1 987.73	35 200	2 883
2013	2 155.73	27 347	2 883
2014	2 276.71	35 270	2 810
2015	2 355.33	41 165	2 897
2016	2 470.10	54 062	2 876
2017	2 612.92	48 669	2 741
2018	2 640.52	47 386	2 759
2019	2 457.19	51 246	2 591

数据来源:《滨州统计年鉴》和《滨州市教育事业统计资料》。

从表7-13可以看出,2010至2019年间滨州市中等职业教育支出逐年递增,教职工人数也呈递增趋势,但是变化不是很明显,并且GDP也是在逐年增长,根据数据增长规律,初步推测教育投入与经济增长之间存在正相关关系。

(二)模型建立

以生产函数模型两边取对数为理论基础建立如下线性模型:

$$\ln \text{GDP} = \alpha + \beta_1 \ln \text{EP} + \beta_2 \ln \text{NF}$$

其中:GDP 为地区生产总值(亿元);EP 为教育支出(万元);NF 为教职工人数(人)

建立 lnGDP 与 lnEP 的关系图,lnGDP 与 lnNF 的关系图,lnGDP 与 lnEP、lnNF 的关系图,分别见图 7-17、图 7-18、图 7-19。

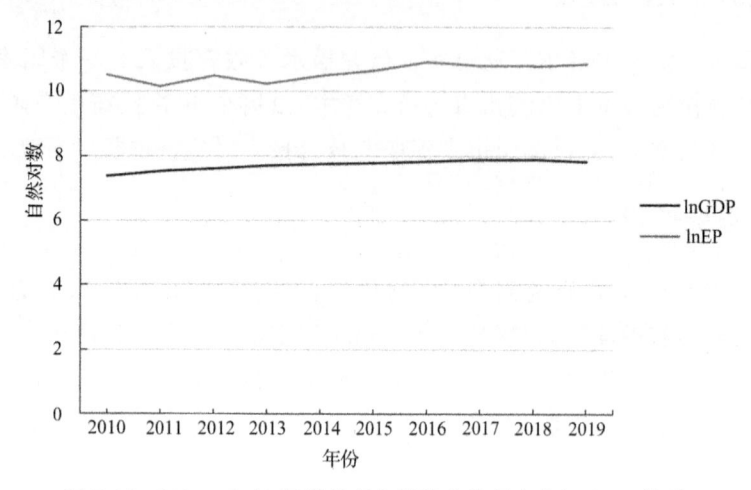

图 7-17　2010—2019 年滨州市中等职业教育支出与 GDP 关系

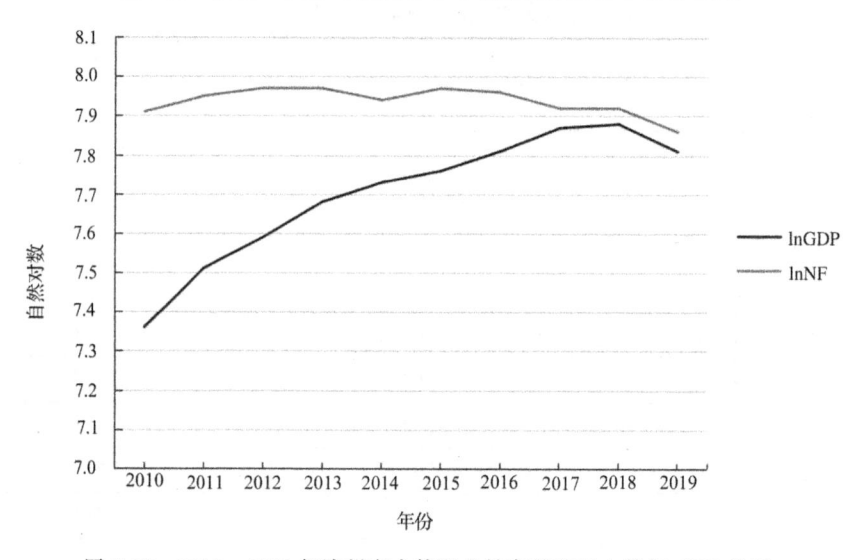

图 7-18　2010—2019 年滨州市中等职业教育教职工人数与 GDP 关系

从图 7-17 至图 7-19 数据可以看出,解释变量中等职业教育支出与被解释变量 GDP 之间呈线性正相关关系;另一个解释变量中等职业教育教职工人数与被解释变量 GDP 之间也呈线性正相关关系。

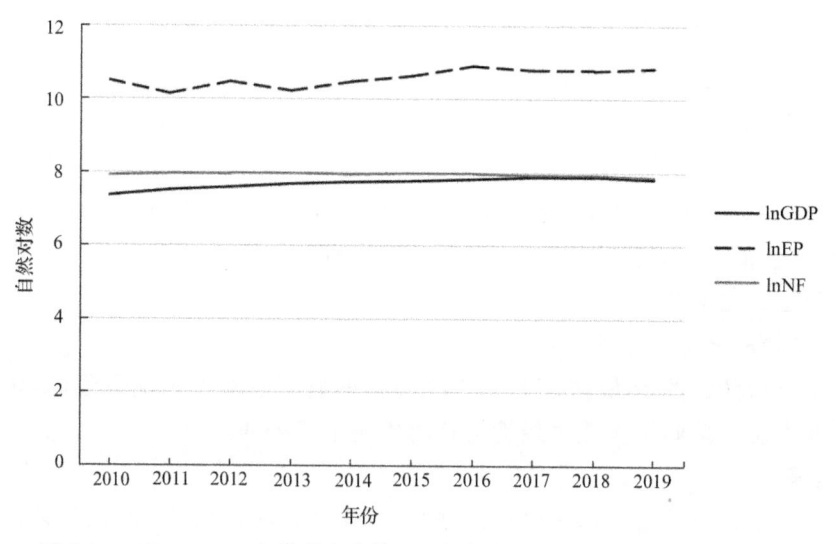

图 7-19　2010—2019 年滨州市中等职业教育支出、教职工人数与 GDP 关系

(三)数据检验与实证分析

1. 数据标准化处理

因采集的数据存在数量级的差距,首先对所有数据采用 min-max 标准化(Min-Max Normalization)法进行标准化处理。

2. 回归分析

lnGDP 为被解释变量,lnEP 和 lnNF 为解释变量,利用 Eviews 软件对模型进行普通最小二乘估计。回归分析模型拟合结果见表 7-14。

表 7-14　回归分析模型拟合结果

变量	系数	标准差	T-统计量	T-统计量伴随概率 P 值
C	0.091 5	0.303 3	0.301 7	0.001 6
lnEP	0.759 3	0.268 9	2.824 0	0.005 6
lnNF	0.228 1	0.296 7	0.768 8	0.007 1
可决系数 R^2	0.940 9	因变量均值	0.641 0	
调整的可决系数 R^2	0.909 7	被解释变量的标准差	0.327 2	
标准误差	0.251 4	赤池信息准则	0.319 9	
残差平方和	0.442 5	贝叶斯信息准则	0.410 7	
对数似然估计值	1.400 3	汉南-奎因准则	0.220 4	
F-统计量	4.123 1	DW 统计量	1.310 1	
F-统计量伴随概率 P 值	0.065 6			

根据表 7-14 回归结果,得出如下回归公式:
$$\ln GDP = 0.0915 + 0.7593 \ln EP + 0.2281 \ln NF$$

3. 数据检验

(1)拟合优度检验

$R^2 = 0.9409$,非常接近 1,拟合优度检验通过,这说明回归线对样本数据点的拟合程度很高,拟合效果比较好,这也充分说明滨州市经济发展的 90.97% 可由教育支出与教职工人数来解释。

(2)变量显著性 T 检验

表中所得系数的 P 值均小于 0.05,在 1% 的显著性水平拒绝原假设,认为中等职业教育支出和教职工人数对经济增长的影响是显著的。

4. 结果分析

从参数估计结果看,教育支出投入的产出弹性系数是 0.7593,说明教育支出每增加 1%,GDP 增加 0.7593%;教职工人数投入的产出弹性系数是 0.2281,说明教职工人数每增加 1%,GDP 增加 0.2281%。显然,教育支出的产出弹性高于教职工人数的产出弹性。结合图 7-17、图 7-18 可以清晰看出教育支出、教职工人数与 GDP 之间呈正相关关系。估计结果 $\beta_1 + \beta_2 < 1$,约等于 0.9873,即不完全规模收益递减,表明滨州市一倍的教育投入没有带来一倍的经济产出。

(四)存在的问题

(1)从办学规模看,中等职业教育学生规模增长较慢且呈下降趋势。从 2014 到 2018 年期间,"双减少"现象是中等职业教育学校一直面临的难题,即中职在校生总体规模持续减少,中职学校数和校平均规模持续减少。但是 2019 年后,伴随着职业教育深化改革,中等职业学校将逐步改变其次等教育的标签,向类型教育转变,迎来新的发展机遇。

(2)从毕业与就业情况看,不少学校面临供大于求的困境,学生毕业人数多,但是企业需求少,学生就业面临学历和技能的双重考验,由此也带来学校的招生难问题。除此之外,还有极少部分中等职业学校学生存在不能按时毕业的情况。中等职业学校教育投入与教育经费管理还需进一步优化,帮助毕业学生提升技能水平,加大企业实习实践教育。

(五)结论

(1)通过对滨州市中等职业教育投入产出效率进行分析发现,滨州市中等职业教育投入产出的综合效率有提升空间。从中等职业教育投入产出综合效率来看,滨州市中等职业教育如果投入的数量以相同的百分比增加,产出增加的百分比将大于投入增加的百分比,因此滨州市中等职业教育在现有资源配置效率的情况下,能够获得更高效率的产出效益。从中等职业教育投入产出纯技术效率来看,滨州市中等职业教育投入产出的纯技术效率小于1,但是纯技术效率均值也达到0.8以上。因此,从纯技术效率分析角度来看,滨州市中等职业教育的教学条件及资源配置达到了现有办学规模所需要的条件;从滨州市中等职业教育投入产出规模效率来看,滨州市中等职业教育投入产出的规模效率均值为0.945,总体处于规模收益递增状态,表明滨州市中等职业教育规模还可以适当增加,能够适当提高滨州市中等职业教育投入产出效率。

(2)通过对比滨州市与泰安市、聊城市的中等职业教育投入产出效率,发现2014—2018年滨州市中等职业教育在现有教育资源配置的情况下,产出高于同时期泰安市和聊城市中等职业教育产出。2014—2018年与泰安市和聊城市中等职业教育相比,滨州市中等职业教育教学条件及资源配置达到现有办学规模所需要的条件,可以有效确保教学、实验实训课程正常开展和教科研目标任务的完成,资源重复配置相对泰安市和聊城市较合理。

(3)通过对滨州市中等职业教育投入与滨州市经济活动的实证分析,教育支出投入的产出弹性系数是0.759 3,说明教育支出每增加1%,GDP增加0.759 3%;教职工人数投入的产出弹性系数是0.228 1,说明教职工人数每增加1%,GDP增加0.228 1%。

第八章　滨州市高等职业教育投入产出效率实证分析

第一节　滨州市高等职业教育发展总体情况

滨州市高等职业教育坚持以服务于经济社会发展和满足人民群众的需求为宗旨，以优化布局与结构、改善办学条件、提高教育质量为重点，加强统筹规划和宏观调控，取得了显著的成绩。高等职业教育规模稳中有进，增幅合理、适度，办学条件得到明显改善和提高，高等职业教育与区域经济社会发展逐步融合，沿着科学发展的道路不断迈进。

一、滨州市高等职业教育办学规模情况

（一）高等职业教育机构设置情况

截至2020年底，滨州市现有2所本科高校，隶属省管，1所高职院校，隶属市管。滨州市政府正在建设渤海先进技术研究院和滨州国科研究院，另有5所院校（2所本科院校、3所职业院校）正在筹建，见表8-1。本书仅分析高等职业教育相关情况，根据发展情况仅分析滨州职业学院情况。

表8-1　　　　　　　　2020年滨州市高等教育情况

序号	类型	数量	状态	备注
1	本科层次	2	建成	省属
		2	筹建	市属
2	职业院校	1	建成	市属
		3	筹建	市属
3	研究院	2	在建	市属

（二）滨州职业学院招生规模

2020年，滨州职业学院招生8 613人，比上一年减少1 010人，降低10.50％，比2016年增加1 753人，增长25.55％，近五年年均增长5.11％。2016—2020年滨州职业学院招生规模变化情况如图8-1所示。

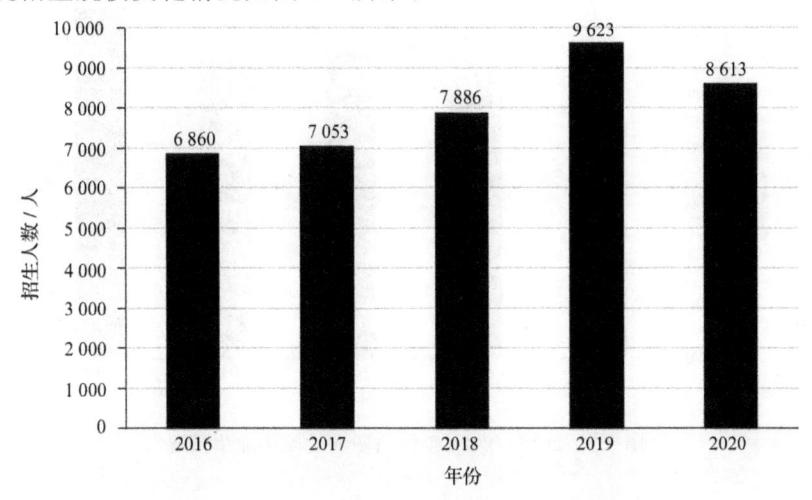

图8-1　2016—2020年滨州职业学院招生规模变化情况

（三）滨州职业学院在校生规模

2020年，滨州职业学院在校生总规模17 055人，比上一年增加411人，增长2.47％，比2016年增加2 474人，增长16.97％，近五年年均增长3.39％。2016—2020年滨州职业学院在校生规模变化情况如图8-2所示。

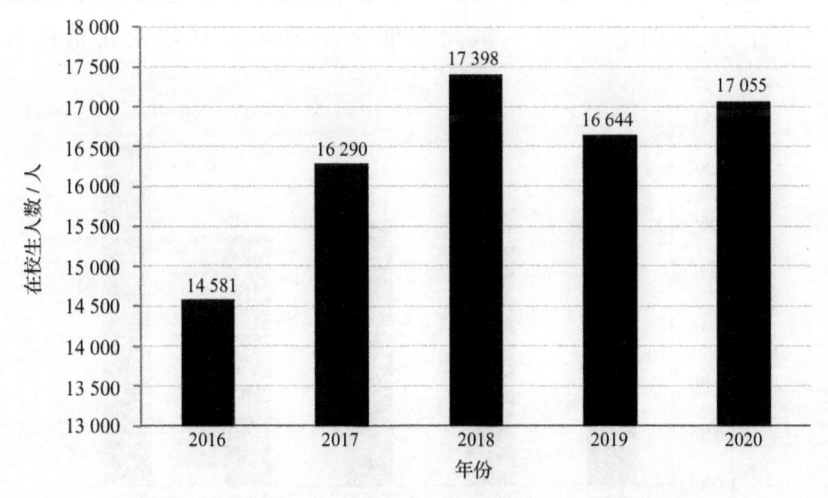

图8-2　2016—2020年滨州职业学院在校生规模变化情况

(四)滨州职业学院毕业生人数

2020年,滨州职业学院毕业生6 589人,比上一年增加1 019人,增长18.29%,比2016年增加2 155人,增长48.60%,近五年年均增长9.72%。2016—2020年滨州职业学院毕业生情况如图8-3所示。

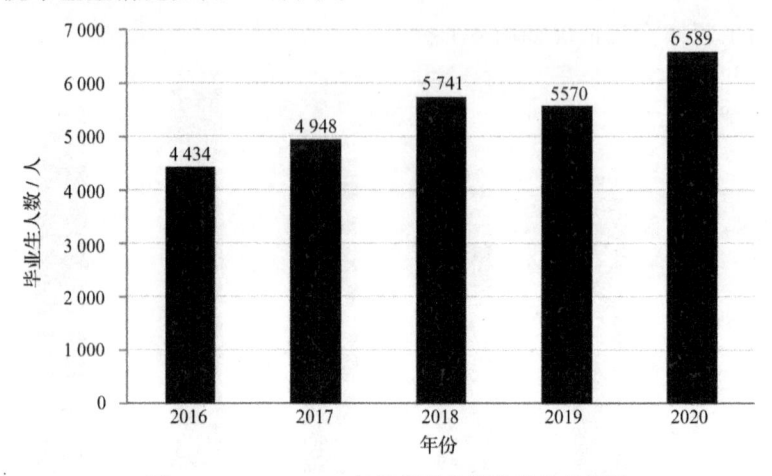

图8-3 2016—2020年滨州职业学院毕业生情况

二、滨州市高等职业教育师资队伍情况

(一)教职工队伍基本情况

2020年,滨州职业学院教职工总数1 129人,比上一年增加34人,增长3.10%,比2016年增加84人,增加8.04%,近五年年均增长1.61%。总体来看,这五年教职工总数略有上升。2016—2020年滨州职业学院教职工总数变化情况如图8-4所示。

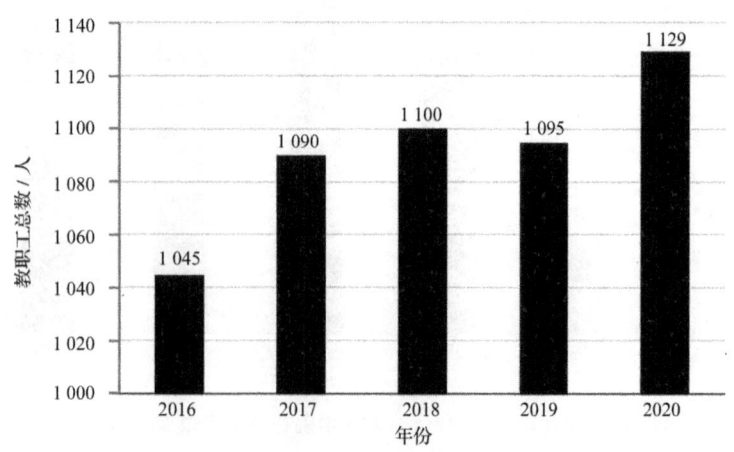

图8-4 2016—2020年滨州职业学院教职工总数变化情况

2020年，滨州职业学院有专任教师870人，与上一年持平，比2016年增加30人，增长3.57%，近五年年均增长0.71%。2016—2020年滨州职业学院专任教师数量变化情况如图8-5所示。

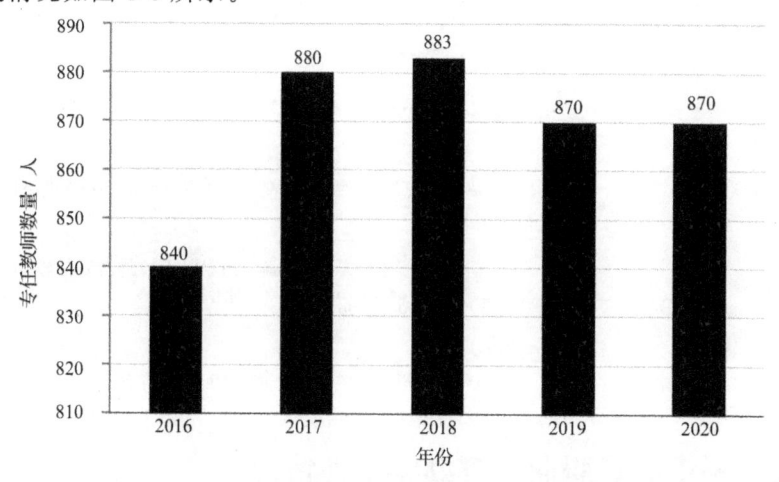

图8-5 2016—2020年滨州职业学院专任教师数量变化情况

2020年，滨州职业学院生师比为15.11∶1，比上一年减少0.09，降低0.59%，比2016年增加1.16，增加8.32%，近五年年均增长1.66%。2016—2020年滨州职业学院生师比变化情况如图8-6所示。

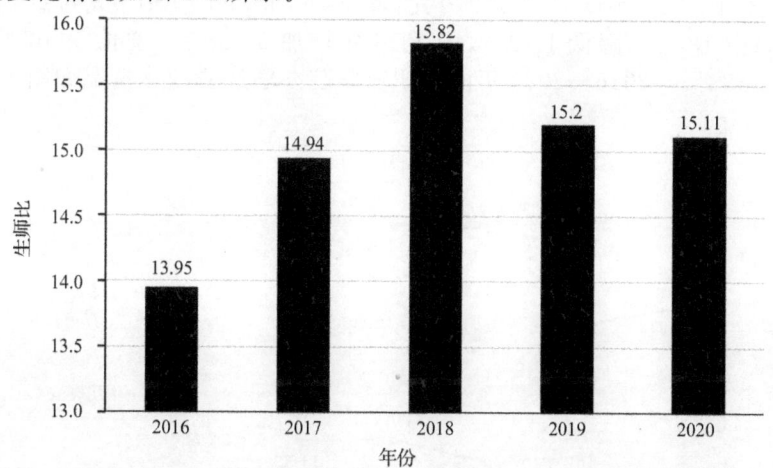

图8-6 2016—2020年滨州职业学院生师比变化情况

(二)师资结构

2020年，滨州职业学院专任教师中双师比例为74.25%，比上一年减少0.81%，比2016年增加4.25%；2020年具有研究生学位教师占专任教师的比例为48.94%，比上一年减少0.37%，比2016年增加7.39%；2020年专任教师中高级职称比例为28.76%，比上一年减少1.47%，比2016年减少1.78%，主要是学生扩招后教师增加数量没有跟上。2020年45岁以下教师占专任教师的比例为63.43%，比上一年增加0.33%，比2016年减少6.57%。教师队伍专业技术职务、学位学历、年龄结构等较为合理,双师素质教师比例较高。2016—2020 年滨州职业学院师资结构变化情况如图 8-7 所示。

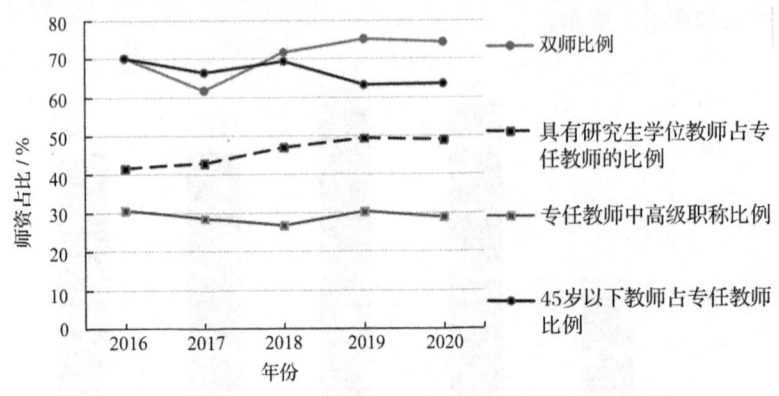

图 8-7　2016—2020 年滨州职业学院师资结构变化情况

三、滨州市高等职业教育办学条件情况

(一)办学经费

2020 年滨州职业学院教育经费总收入 44 929 万元,比上一年增加 7 031 万元,增长 18.55％,比 2016 年增加 16 136 万元,增长 56.04％;2020 年生均拨款 13 729 元,比上一年减少 184 元,降低 1.32％,比 2016 年增加 5 098 元,增长 59.07％,近五年年均增长 11.81％。2016—2020 年滨州职业学院办学经费变化情况如图 8-8 所示。

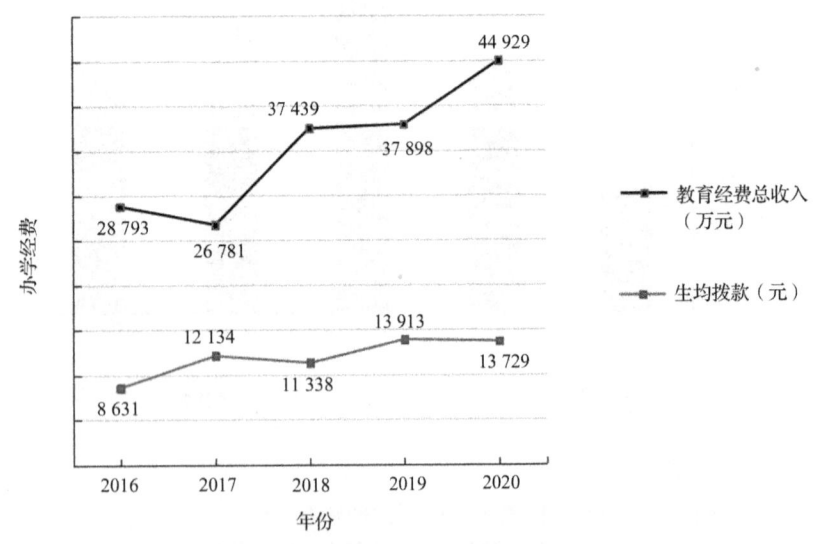

图 8-8　2016—2020 年滨州职业学院办学经费变化情况

(二)办学经费收入与支出情况

2020 年,学院经费收入为 44 929 万元,其中学费收入为 11 076 万元,占

24.65%；财政经常性补助收入 16 881 万元，占 37.57%；中央、地方财政专项投入 7 977 万元，占 17.75%；社会捐赠 1 万元；其他收入 8 995 万元，占 20.02%。贷款金额 16 700 万元，贷款余额 60 765 万元。从收入结构来看，收入主要是财政经常性补助、学费收入和其他收入。

当年学校总支出 40 183 万元，基础设施建设 4 776 万元，占 11.89%；设备采购支出 2 116 万元，占 5.27%；日常教学经费支出 459 万元，占 1.14%；教学改革及研究 5 102 万元，占 12.70%；师资建设 10 369 万元，占 25.80%；购置图书 38 万元，占 0.09%；其他支出 17 323 万元，占 43.11%。从支出结构来看，用于设备采购、日常教学经费、图书购置的支出偏低。

2016—2020 年滨州职业学院办学经费投入与支出情况见表 8-2。

表 8-2   2016—2020 年滨州职业学院办学经费投入与支出情况表

项目	具体科目		2016 年	2017 年	2018 年	2019 年	2020 年
总收入	学费收入	金额/万元	8 951	10 273	13 821	10 698	11 076
		比例/%	31.09	38.36	36.92	28.23	24.65
	财政经常性补助收入	金额/万元	11 905	11 711	16 625	17 374	16 881
		比例/%	41.35	43.73	44.41	45.84	37.57
	中央、地方财政专项投入	金额/万元	7 821	4 707	6 790	6 787	7 977
		比例/%	27.16	17.57	18.14	17.91	17.75
	社会捐赠金额	金额/万元	9	0	2	1	1
		比例/%	0.03	0	0.01	0	0
	其他收入金额	金额/万元	107	90	201	3 039	8 995
		比例/%	0.37	0.34	0.54	8.02	20.02
	合计/万元		28 793	26 781	37 439	37 899	44 930
总支出	征地	金额/万元	14	50	0	0	0
		比例/%	0.05	0.19	0	0	0
	基础设施建设	金额/万元	0	0	0	0	4 776
		比例/%	0	0	0	0	11.89
	设备采购	金额/万元	1 184	876	1 065	1 032	2 116
		比例/%	4.11	3.27	2.85	2.72	5.27
	教学改革及研究	金额/万元	986	1 305	1 944	2 280	5 102
		比例/%	3.42	4.87	5.19	6.02	12.70
	师资建设	金额/万元	5 946	5 634	8 907	9 945	10 369
		比例/%	20.65	21.04	23.79	26.24	25.80
	图书购置费	金额/万元	59	44	97	90	38
		比例/%	0.20	0.16	0.26	0.24	0.09
	日常教学经费	金额/万元	571	529	596	351	459
		比例/%	1.89	1.98	1.59	0.93	1.14
	其他支出	金额/万元	20 033	18 343	24 829	24 200	17 323
		比例/%	69.58	68.49	66.32	63.86	43.11
	合计/万元		28 793	26 781	37 438	37 898	40 183

数据来源：《滨州职业学院 2020 年办学质量年报》。

（三）办学条件基本情况

2020年，滨州职业学院建筑面积734 558 m²，比上一年增加28 727 m²，增长4.07%，比2016年增加22 067 m²，增长3.10%，近五年年均增长0.62%；2020年教学用计算机5 008台，比上一年增加103台，增长2.10%，比2016年减少605台，降低10.78%，近五年年均增长2.16%；2020年校内实践基地工位数11 875个，比上一年增加140个，增长1.19%，比2016年增加455个，增长3.98%，近五年年均增长0.80%。2016—2020年滨州职业学院办学条件基本情况见表8-3，其曲线如图8-9所示。

表8-3　　2016—2020年滨州职业学院办学条件基本情况

年份	学校建筑面积/m²	教学用计算机/台	校内实践基地工位数/个
2016	712 491	5 613	11 420
2017	712 491	5 763	11 275
2018	712 491	4 905	11 715
2019	705 831	4 905	11 735
2020	734 558	5 008	11 875

数据来源：《滨州职业学院2020年办学质量年报》。

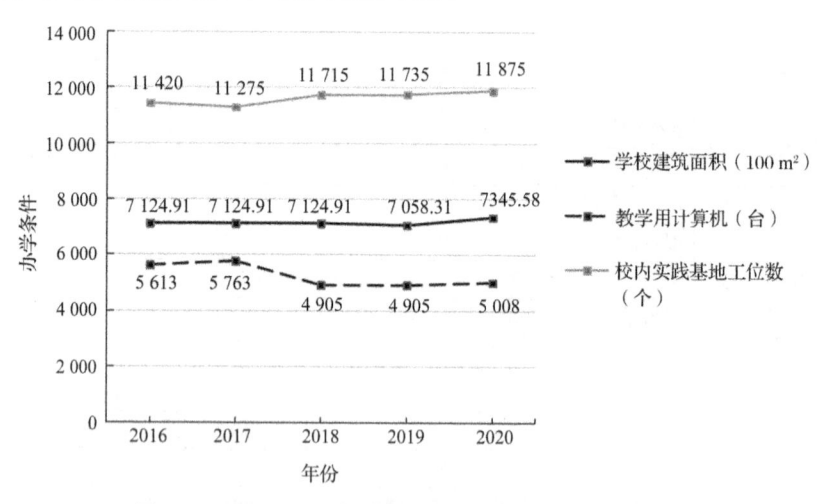

图8-9　2016—2020年滨州职业学院办学条件基本情况

（四）生均办学条件基本情况

截至2020年，滨州职业学院2020年生均教学科研仪器设备总值10 845.17元/生，比上一年增加2 291.86元/生，增长26.80%，比2016年减少148.95元/生，降低

1.35%，近五年年均降低 0.27%。2020 年生均教学及辅助、行政办公用房面积 18.54 m²/生，比上一年减少了 1.07 m²/生，降低 5.46%，比 2016 年减少 3.84 m²/生，降低 17.16%，近五年年均降低 3.43%。2020 年生均校内实践教学工位数 0.73 个/生，比上一年增加了 0.02 个/生，增长 2.82%，比 2016 年减少 0.07 个/生，降低 8.75%，近五年年均降低 1.75%。2020 年生均图书 94.69 册/生，比上一年减少 2.59 册/生，降低 2.66%，比 2016 年减少 25.69 册/生，降低 21.34%，近五年年均降低 4.27%。2020 年生均占地面积 123.06 m²/生，比上一年减少 5.48 m²/生，降低 4.26%，比 2016 年减少 42.25 m²/生，降低 25.56%，近五年年均降低 5.11%。滨州职业学院办学经费持续增长，办学规模持续增加，办学条件略有下降。2016—2020 年滨州职业学院生均办学条件情况见表 8-4。2016—2020 年滨州职业学院生均办学条件变化情况如图 8-10 所示。

表 8-4　　2016—2020 年滨州职业学院生均办学条件情况

年份	生均教学科研仪器设备总值/元/生	生均教学及辅助、行政办公用房面积/m²/生	生均校内实践教学工位数/个/生	生均图书/册/生	生均占地面积/m²/生
2016	10 994.12	22.38	0.8	120.38	165.31
2017	4 866.37	20.04	0.72	101.00	134.57
2018	9 046.5	18.76	0.67	102.00	136.02
2019	8 553.31	19.61	0.71	97.28	128.54
2020	10 845.17	18.54	0.73	94.69	123.06

数据来源：《滨州职业学院 2020 年办学质量年报》。

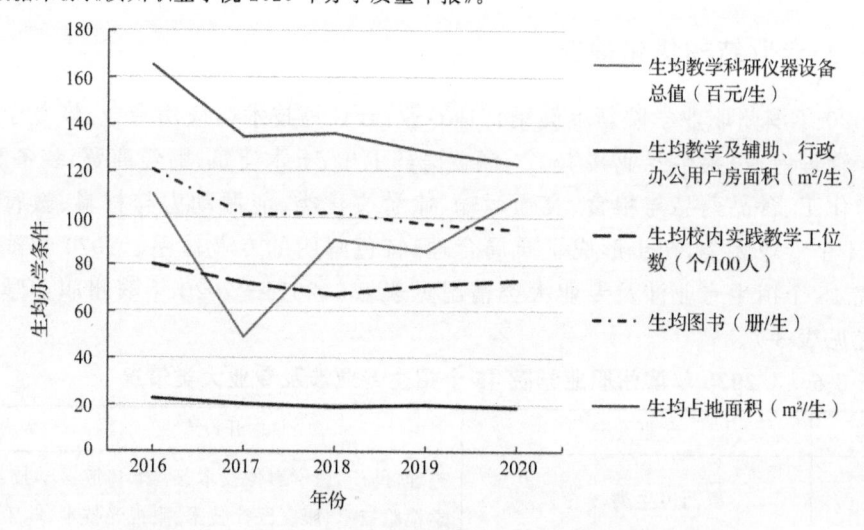

图 8-10　2016—2020 年滨州职业学院生均办学条件变化情况

四、滨州市高等职业教育学生就业与发展情况

经过对2018届毕业生的跟踪调查结果统计分析,滨州职业学院就业质量重要指标均实现稳步增长,2020年毕业生就业率达98.76%,比上一年减少0.89%,比2016年减少1.02%;2020年毕业生月收入达3672元,比上一年增加61元,比2016年增加350元,增长10.54%,近五年年均增长2.11%;理工农医类专业相关度91.11%,比上一年增加0.52%,比2016年增加8.20%;雇主满意度89.80%,比上一年降低0.40%,比2016年增加4.39%;学生自主创业比例为3.97%,母校满意度、毕业三年职位晋升比例分别为93.42%、70.35%,保持了在省职业院校中的较高水平。2016—2020年滨州职业学院就业情况统计见表8-5。

表8-5　　　　2016—2020年滨州职业学院就业情况统计

	指标	2016年	2017年	2018年	2019年	2020年
1	就业率/%	99.78	99.20	99.09	99.65	98.76
2	月收入/元	3 322	3 379	3 464	3 611	3 672
3	理工农医类专业相关度/%	82.91	83.70	84.90	90.59	91.11
4	对母校的满意度/%	92.48	92.51	93.41	93.56	93.42
5	自主创业比例/%	3.52	3.68	3.40	3.73	3.97
6	对雇主的满意度/%	85.41	86.33	87.95	90.20	89.80
7	毕业三年职位晋升比例/%	63.95	64.07	68.55	70.13	70.35

数据来源:《滨州职业学院2020年办学质量年报》。

五、滨州市高等职业教育教学改革情况

(一)专业结构优化情况

2020年滨州职业学院新上健康管理专业、云计算技术与应用专业,恢复了老年服务与管理专业,招生专业共45个,涵盖医药卫生、土木建筑、财经商贸、装备制造、生物与化工、食品药品与粮食、交通运输、旅游文化类、能源动力与材料、教育与体育等14个专业大类,初步形成了布局合理、特色鲜明的专业体系。2020年滨州职业学院45个招生专业涉及专业大类情况见表8-6,2016—2020年滨州职业学院招生情况见表8-7。

表8-6　　2020年滨州职业学院45个招生专业涉及专业大类情况

序号	专业大类	开设专业
1	医药卫生类(9个)	护理、助产、医学影像技术、药学、口腔医学技术、医学检验技术、康复医疗技术、眼视光技术、健康管理

(续表)

序号	专业大类	开设专业
2	电子信息类(4个)	计算机应用技术、软件技术、计算机网络技术、云计算技术与应用
3	土木建筑类(3个)	建筑工程技术、工程造价、建筑室内设计
4	财经商贸类(6个)	会计、市场营销、物流管理、工商企业管理、电子商务、互联网金融
5	装备制造类(7个)	机电一体化技术、数控技术、电气自动化技术、汽车检测与维修技术、机械制造与自动化、工业机器人技术、智能控制技术
6	生物与化工类(3个)	化工生物技术、应用化工技术、石油化工技术
7	食品药品与粮食大类(2个)	药品生产技术、食品营养与检测
8	交通运输类(4个)	航海技术、轮机工程技术、港口与航运管理、空中乘务
9	公共管理与服务大类(2个)	知识产权管理、老年服务与管理
10	农林牧渔类(1个)	园林技术
11	旅游类(1个)	旅游管理
12	文化艺术类(1个)	艺术设计
13	能源动力与材料类(1个)	电厂化学与环保技术
14	教育与体育类(1个)	学前教育

表8-7　　　　2016—2020年滨州职业学院招生情况

类别	2016年	2017年	2018年	2019年	2020年
全日制高职招生专业数	36	35	39	42	45
全日制高职招生数	6 860	7 503	7 886	9 534	8 577
其中普通高中生	4 016	4 333	4 847	5 119	5 369
其他类型	2 844	3 170	3 039	4 415	3 208
9月1日前高职在校生	18 310	20 483	22 249	25 003	26 113

数据来源:《滨州职业学院2020年办学质量年报》。

(二)一流专业群建设情况

在重点打造医药卫生、财经、土建、制造、交通、生化药品、电子信息、教育等8大专业群的基础上,根据山东省优质高职院校建设要求,推动护理专业群、机电一体化专业群、机械制造与自动化专业群、计算机网络技术专业群、航海技术专业群等

5个专业群建设。按照专业建设方案,全面深化产教融合、校企合作,完善人才培养体系,推进内涵建设,增强国际化水平,形成了一系列具有国内一流水准的标志性成果,整体提升了专业水平。截至2020年底,学院已具有教育部、财政部支持高等职业学校建设的重点专业2个,国家骨干高职院校重点建设专业7个、全国职业院校示范专业点1个、国家级现代学徒制试点专业2个、省主体专业5个,省高校特色专业点8个、省级品牌专业群3个、省高职教育高水平专业群建设项目3个、省级现代学徒制试点专业5个。建成优质高等职业院校国家骨干专业14个、国家级生产性实训基地3个、国家级虚拟仿真实训中心1个、国家级协同创新中心2个、国家级技能大师工作室1个。2006—2019年滨州职业学院专业建设成果见表8-8。

表8-8 2006—2019年滨州职业学院专业建设成果一览表

授予称号	授予单位	授予专业/学院/部门	授予时间	所在学院/项目
省高等学校特色专业	省教育厅	护理	2006年	护理学院
省高等学校特色专业	省教育厅	机电一体化技术	2007年	电气工程学院
省高等学校特色专业	省教育厅	生物技术及应用	2008年	生物工程学院
省高等学校特色专业	省教育厅	会计电算化	2009年	会计学院
省高等学校特色专业	省教育厅	计算机网络技术	2010年	信息工程学院
省高等学校特色专业	省教育厅	数控技术	2011年	机械工程学院
省高等学校特色专业	省教育厅	软件技术	2012年	信息工程学院
省高等学校特色专业	省教育厅	应用化工技术	2013年	轻纺化工学院
省高等职业学校品牌专业群	省教育厅	护理专业群	2013年	护理学院 医疗学院
省高等职业学校品牌专业群	省教育厅	建筑工程技术专业群	2016年	建筑工程学院
省高等职业学校品牌专业群	省教育厅	航海技术专业群	2018年	海洋学院
省主体专业	省人力资源和社会保障厅	数控技术、计算机应用技术	2004年	信息工程学院
省主体专业	省人力资源和社会保障厅	护理、机电一体化技术、应用化工技术	2015年	机械工程学院
企校共建工科专业	省职工教育办公室	应用化工技术	2014年	轻纺化工学院

(续表)

授予称号	授予单位	授予专业/学院/部门	授予时间	所在学院/项目
列入国家骨干高职院校建设计划的专业	教育部 财政部	现代纺织技术、机电一体化技术、生物技术及应用、计算机网络技术、护理、会计电算化、建筑工程技术	2010年	工学院、信息工程学院
列入"教育部、财政部支持高等职业学校提升专业服务能力项目"	教育部 财政部	应用化工技术、园林技术	2011年	轻纺化工学院、生物工程学院
滨州市职业院校服务产业重点专业	市教育局 市财政局	电子商务、汽车检测与维修技术	2015年	工商管理学院、轻纺化工学院
滨州市职业院校服务产业重点专业	市教育局 市财政局	应用化工技术、物流管理	2016年	工商管理学院、轻纺化工学院
滨州市职业院校服务产业重点专业	市教育局 市财政局	康复治疗技术、学前教育	2018年	教育学院
全国职业院校健康服务示范专业点	教育部、民政部、国家卫生计生委	口腔医学技术	2016年	医学技术学院
山东省优质高职院校建设单位	山东省教育厅	护理专业群、机械制造与自动化专业群、机电一体化专业群、航海技术专业群、计算机网络技术专业群	2017年	健康学院、机械工程学院、海洋学院
山东省高水平专业群	山东省教育厅	高端铝专业群、化工生物专业群、医养健康专业群	2019年	机械工程学院、健康学院、轻纺化工学院

(续表)

授予称号	授予单位	授予专业/学院/部门	授予时间	所在学院/项目
国家骨干专业	教育部	化工生物技术、应用化工技术、机电一体化技术、护理、助产、航海技术、工业机器人技术、电气自动化技术、数控技术、计算机网络技术、机械制造与自动化、口腔医学技术、药品生产技术、康复治疗技术	2019年	《高等职业教育创新发展行动计划（2015—2018年）》项目
国家生产性实训基地	教育部	建筑类专业生产性实训基地、机械加工生产性实训基地、学前教育生产性实训基地		
国家优质高职院校	教育部	滨州职业学院		
国家虚拟仿真中心	教育部	化工虚仿真实训中心		
国家协同创新中心	教育部	BIM工程技术研究中心、黄河三角洲生物工程技术研发中心		
国家技能大师工作室	教育部	护理技能大师工作室		

（三）推动现代学徒制情况

与山东魏桥铝电有限公司、渤海集团、山东京博控股集团有限公司、中国万达集团等企业紧密合作，在机械制造与自动化、应用化工技术、机电一体化技术等7个专业，深化"企校联盟、一体育人、学训交替、岗位成才"现代学徒制。成立滨州市现代学徒制试点联盟，完成机械制造与自动化、应用化工技术2个首批国家级试点专业、机电一体化技术、口腔医学技术省级试点专业的省教育厅验收工作。积极推进计算机网络技术、数控技术、康复治疗技术等3个专业的现代学徒制工作。现有国家级试点专业2个、省级试点专业5个。2020年滨州职业学院现代学徒制试点情况见表8-9。

表 8-9　　2020 年滨州职业学院现代学徒制试点情况一览表

试点类别	试点专业	合作企业	学生数/人	备注
国家级试点	机械制造与自动化	山东魏桥铝电有限公司	40	——
国家级试点	应用化工技术	山东京博控股集团有限公司、富海集团有限公司	40	——
省级试点	机电一体化技术	中国万达集团	50	获省财政补贴25万元
省级试点	口腔医学技术	迈尔口腔材料有限公司（中德合资）、潍坊嘉德隆义齿有限公司	50	获省财政补贴25万元
省级试点	计算机网络技术	中兴通讯亚太区实训总部、北京天融信网络安全技术有限公司等	50	获省财政补贴25万元
省级试点	数控技术	山东开泰集团有限公司	50	获省财政补贴25万元
省级试点	康复治疗技术	滨州医学院附属医院、滨州市中医院、国昌控股集团有限公司	50	获省财政补贴25万元
合　计			330	

六、滨州市高等职业教育国际交流合作情况

2020 年，国（境）外人员培训量 25 人日，在校生服务"走出去"企业国（境）外实习时间 1 300 人日，专任教师赴国（境）外指导和开展培训时间 320 人日，在国（境）外组织担任职务的专任教师人数 5 人，开发并被国（境）外采用的专业教学标准数 2 个，开发并被国（境）外采用的课程标准数 12 个，国（境）外技能大赛获奖数量 5 个，国（境）外办学点数量为 1 个。2018—2020 年滨州职业学院国际交流合作情况见表 8-10。

表 8-10　　2018—2020 年滨州职业学院国际交流合作情况

	指标	单位	2018年	2019年	2020年
1	国（境）外人员培训量	人日	0	20	25
2	在校生服务"走出去"企业国（境）外实习时间	人日	1 100	1 215	1 300
3	专任教师赴国（境）外指导和开展培训时间	人日	0	260	320
4	在国（境）外组织担任职务的专任教师人数	人	0	3	5

(续表)

	指标	单位	2018年	2019年	2020年
5	开发并被国(境)外采用的专业教学标准数	个	2	2	2
	开发并被国(境)外采用的课程标准数	个	0	12	12
6	国(境)外技能大赛获奖数量	项	0	4	5
7	国(境)外办学点数量	个	0	0	1

七、滨州市高等职业教育服务贡献情况

滨州职业学院2020年毕业生人数6 589人，留在当地就业人数为2 447人，比例为37.14%；到西部地区和东北地区就业人数为26人，比例为0.39%；到中小微企业等基层服务人数为5 450人，比例为82.71%；到500强企业就业人数891人，比例为13.52%；横向技术服务到款额827万元，横向技术服务产生的经济效益16 030万元，纵向科研经费到款额855万元，技术交易到款额100万元，非学历培训服务达65 480人日，非学历培训到款额2 057万元。连续两年成功入选全国高职高专院校"服务贡献50强"。2016—2020年滨州职业学院服务贡献情况见表8-11。

表8-11　　2016—2020年滨州职业学院服务贡献情况

	指标	单位	2016年	2017年	2018年	2019年	2020年
1	全日制在校生人数	人	14 581	16 290	17 398	16 644	17 055
	毕业生人数(合计)	人	4 434	4 948	5 741	5 570	6 589
	其中:就业人数(合计)	人	4 349	4 727	5 578	5 450	6 357
	毕业生就业去向(以下三类均要填写):	—					
	A类:留在当地就业人数	人	2 101	1 795	2 120	2 635	2 447
	B类:到西部地区和东北地区就业人数	人	—	—	—	57	26
	C类:到中小微企业等基层服务人数	人	3 474	3 790	4 530	4 471	5 450
	D类:到500强企业就业人数	人	481	584	872	865	891
2	横向技术服务到款额	万元	327	389	557	636	827
	横向技术服务产生的经济效益	万元	—	—	—	300 000	16 030
3	纵向科研经费到款额	万元	96	144	240	329	855

(续表)

	指标	单位	2016年	2017年	2018年	2019年	2020年
4	技术交易到款额	万元	6	10	200	200	100
5	非学历培训服务	人日	25 600	52 300	53 290	62 170	65 480
	其中 技术技能培训服务	人日	—	—	—	18 960	12 670
	新型职业农民培训服务	人日	—	—	—	3 420	3 360
	退役军人培训服务	人日	—	—	—	600	900
	基层社会服务人员培训服务	人日	—	—	—	7 230	7 230
6	非学历培训到款额	万元	1 327	1 086	1 366	1 715	2 057

数据来源：《滨州职业学院2020年办学质量年报》。

第二节　滨州市高等职业教育投入产出效益分析

本书将滨州市作为研究样本，以柯布-道格拉斯生产函数为基础，通过经济计量的方法，探讨滨州市高等职业教育投入对经济增长的贡献。

根据滨州市高等职业教育近十年发展基本情况，重点关注滨州市教育支出和教职工人数对于经济增长的影响，利用相关分析和回归分析方法定量研究三者的关系。

一、滨州市高等职业教育投入和教职工队伍的现状

滨州市高等职业教育投入到滨州职业学院的经费包括学费，财政经常性补助，中央、地方财政专项投入，社会捐赠和其他收入。高等职业教育投入是学院办学的重要指标，直接影响学校办学条件、师资队伍等指标。高等职业教育教职工数是一项重要办学指标，包含管理人员、专任教师、兼职教师、兼课教师和后勤人员等。2019年滨州职业学院教育收入情况见图8-11。

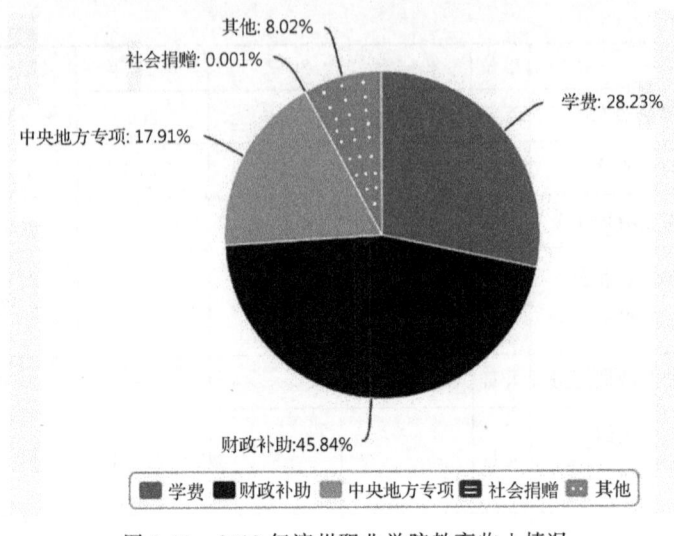

图 8-11　2019 年滨州职业学院教育收入情况

二、滨州市高等职业教育投入对经济的影响——基于柯布-道格拉斯生产函数

2010—2019 年滨州市统计数据显示,滨州市高等职业教育投入总体呈上涨趋势。2010—2013 年滨州市高等职业教育投入最低超过 5 000 万元,此时正值全国骨干高职院校建设时期。从 2015—2019 年,投入规模快速增长,在 2018 年的时候突破 3.5 亿元,此时正是国家优质校建设时期。从滨州市高等职业教育投入增速来看,发展速度惊人,滨州职业学院被列为中国特色高水平高职学校,下个时期教育投入必将高速增加。2014 至 2019 年高等职业教育投入整体呈增长趋势,平均每年增长 54.61%。其中 2015 年比 2014 年增长 98.43%,2017 年比 2016 年下降 6.99%,2018 年比 2017 年增长 39.80%。2010—2019 年滨州职业学院教育投入情况如图 8-12 所示。

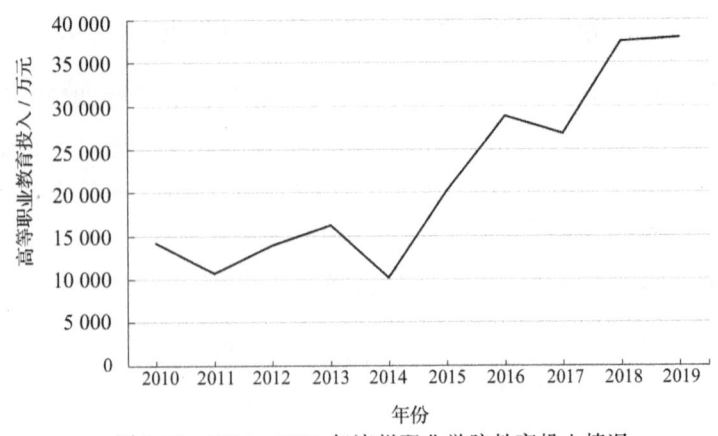

图 8-12　2010—2019 年滨州职业学院教育投入情况

2010—2019 年滨州职业学院教职工数变化呈现"浴盆曲线"趋势。2010—2014 年 5 年时间人数呈现逐步下降趋势,2015—2019 年呈现逐年上升趋势。2019 年全校教职工人数为 1 129 人,比上一年增加 2.92%,近五年年均增长 1.64%。2010—2019 年滨州职业学院教职工人数情况如图 8-13 所示。

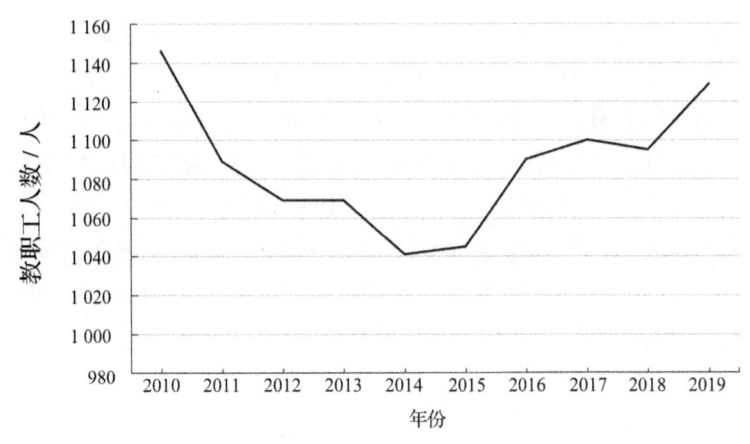

图 8-13 2010—2019 年滨州职业学院教职工人数情况

(一)指标选取

本书以滨州市作为研究对象,分别用地区生产总值(GDP)、教育支出(EP, Education Pays)和教职工人数(NF, Number of Faculty)来代替产出、资本和劳动。其中教职工人数以人为单位,教育支出以万元为单位,GDP 以亿元为单位。教育投入包括财政教育支出和教职工人数投入。

2010—2019 年滨州市高等职业教育投入与 GDP 变动数据见表 8-12。

表 8-12 2011—2020 年滨州市高等职业教育投入与 GDP 变动数据

年份	GDP/亿元	高等职业教育支出/万元	教职工人数/人
2010	1 572.50	14 190	1 146
2011	1 817.58	10 684	1 089
2012	1 987.73	13 900	1 069
2013	2 155.73	16 195	1 069
2014	2 276.71	10 159	1 041
2015	2 355.33	20 159	1 045
2016	2 470.10	28 793	1 090
2017	2 612.92	26 781	1 100
2 018	2 640.52	37 439	1 095
2019	2 457.19	37 898	1 129

数据来源:《滨州统计年鉴》和《滨州市教育事业统计资料》。

2010至2019年间滨州市高等职业教育支出逐年递增,GDP也是在逐年增长,根据数据增长规律,初步推测教育投入与经济增长之间存在正相关关系。

(二)模型建立

首先对高等职业教育支出、教职工人数和滨州市地区生产总值(GDP)三者进行相关分析,经计算,得到两者的相关系数为 0.004 7,小于 0.05,说明呈现较高的正向线性相关关系,即教育支出和教职工人数对经济增长的影响是显著的。

因此,根据计量经济学模型的基本假设,建立三个变量之间的模型如下:

$$\ln\text{GDP} = \alpha + \beta_1 \ln\text{EP} + \beta_2 \ln\text{NF}$$

其中:GDP为地区生产总值(亿元);EP为教育支出(万元);NF为教职工人数(人)。

建立 lnGDP 与 lnEP 的关系图,lnGDP 与 lnNF 的关系图,lnGDP 与 lnEP、lnNF 的关系图,分别见图 8-14、图 8-15、图 8-16。

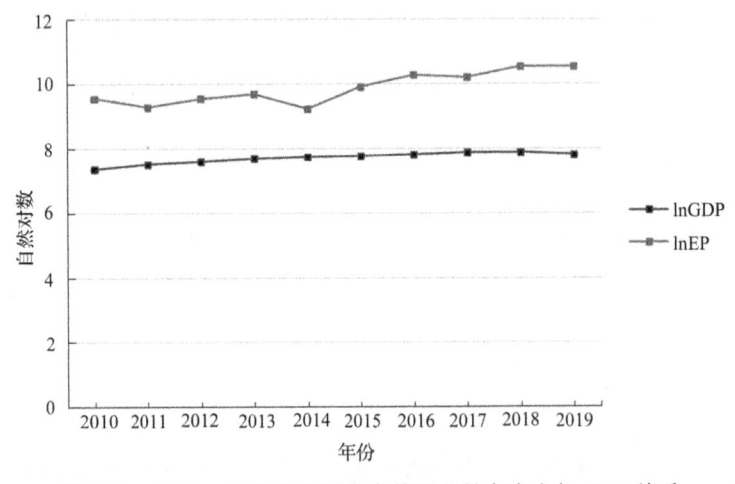

图 8-14 2010—2019 年滨州市高等职业教育支出与 GDP 关系

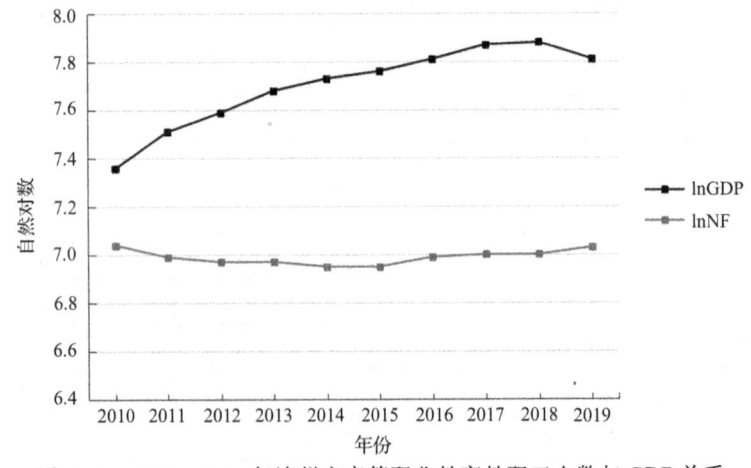

图 8-15 2010—2019 年滨州市高等职业教育教职工人数与 GDP 关系

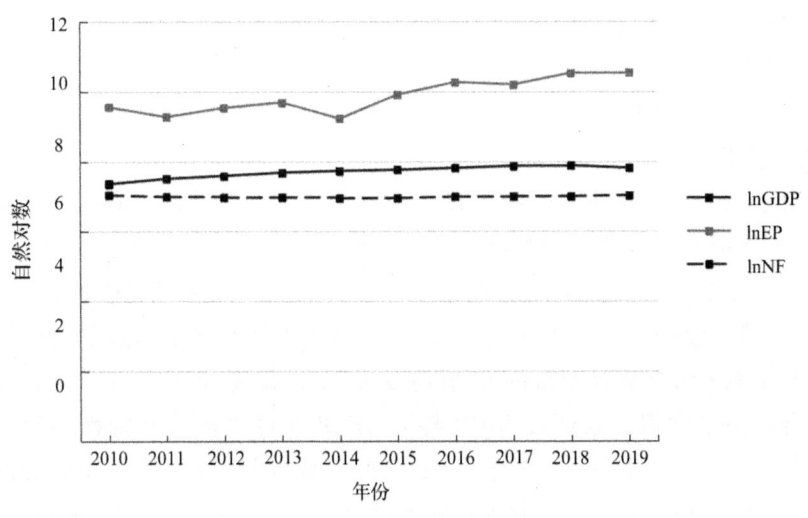

图 8-16　2010—2019 年滨州市高等职业教育支出、教职工人数与 GDP 关系

(三)数据检验与实证分析

1.数据标准化处理

因采集的数据存在数量级的差距,首先对所有数据采用 min-max 标准化(Min-Max Normalization)法进行标准化处理。

2.回归分析

应用 Eviews 软件对高等职业教育支出、教职工人数和滨州市地区生产总值(GDP)进行回归分析,得到回归分析结果见表 8-13。

表 8-13　回归分析模型拟合结果

变量	系数	标准差	T-统计量	T-统计量伴随概率 P 值
C	16.669 6	4.082 5	4.083 2	0.004 7
lnEP	0.351 1	0.041 1	8.532 9	0.000 1
lnNF	−1.776 9	0.582 0	−3.052 9	0.018 5
可决系数 R^2	0.920 7	因变量均值		7.709 9
调整的可决系数 R^2	0.898 1	被解释变量的标准差		0.167 2
标准误差	0.053 4	赤池信息准则		−2.779 1
残差平方和	0.020 0	贝叶斯信息准则		−2.688 3
对数似然估计值	16.895 3	汉南-奎因准则		−2.878 6
F-统计量	40.643 3	DW 统计量		2.048 0
F-统计量伴随概率 P 值	0.000 1			

结合分析结果，β_1 为 lnEP 的系数，即 0.351 1；β_2 为 lnNF 的系数，即 −1.776 9，模型估计结果为：

$$\ln GDP = 16.669\ 6 + 0.351\ 1\ \ln EP - 1.776\ 9\ \ln NF$$

3.数据检验

R^2 为 0.920 7，调整的可决系数 R^2 为 0.898 1，F-统计量为 40.643 3，说明模型对样本的整体拟合度较好。模型结果表明，选取的 2 个指标高等职业教育支出、教职工人数对 GDP 呈现显著影响。在模型的 2 个变量中，高等职业教育支出、教职工人数的 P 值分别为 0.000 1、0.018 5，在 5% 的显著性水平下通过显著性检验。虽然 lnEP 与 lnNF 两个解释变量的 T 值均较大，明显显著，但由于 lnNF 的系数为负值，不符合经济学常识。故怀疑 lnEP 与 lnNF 之间存在多重共线性，经计算 lnEP 与 lnNF 的相关系数，发现 lnEP 与 lnNF 之间有较大相关性，从而去掉 lnNF，即去掉教职工人数变量。进行下一步回归分析，得到二次计算回归结果，见表 8-14。

表 8-14　　　　　　　　　　回归分析模型拟合结果

变量	系数	标准差	T-统计量	T-统计量伴随概率 P 值
C	4.268 1	0.580 0	7.359 3	0.000 1
lnEP	0.349 0	0.058 8	5.939 5	0.000 3
可决系数 R^2	0.815 1	因变量均值		7.709 9
调整的可决系数 R^2	0.792 0	被解释变量的标准差		0.167 2
标准误差	0.076 3	赤池信息准则		−2.132 6
残差平方和	0.046 5	贝叶斯信息准则		−2.072 1
对数似然估计值	12.662 9	汉南-奎因准则		−2.199 0
F-统计量	35.277 9	DW 统计量		1.351 5
F-统计量伴随概率 P 值	0.000 3			

结合分析结果，β_1 为 lnEP 的系数，即 0.349 0，模型估计结果为：

$$\ln GDP = 4.268\ 1 + 0.349\ 0\ \ln EP$$

R^2 为 0.815 1，调整的可决系数 R^2 为 0.792 0，F-统计量为 35.277 9，说明模型对样本的整体拟合度较好。模型结果表明，选取的指标高等职业教育支出对 GDP 呈现显著影响。

4.结果分析

该模型结果显示，高等职业教育投入的产出弹性系数是 0.349 0，说明高等职业教育投入每增加 1%，滨州市 GDP 增加 0.349 0%，教育支出与 GDP 之间呈正相关关系。

(四)存在的问题

高等职业教育投入产出效率特别是职业教育的投入产出效率,受地区经济水平、工业化水平、产业高级化、政府财力、教育支持力度等多因素的影响,各个区域的影响程度和显著性有较大差异,纯技术效率体现了高等职业教育的管理组织水平对投入产出效率的影响。从数据统计与分析来看,主要存在以下问题:

1.教育投入来源不足

高等院校作为非营利性机构,教育经费需要从外部获取,财政投入是教育投资的主要渠道,其次是学校办学收取的学杂费等事业收入,另外可以通过与企业合作接受社会民众的投入。

2.经费分配不合理

在经费的使用安排上,教学行政管理机构庞大,造成教育经费中管理费用支出过大,学校往往重视基础设施建设而忽视学科教学建设与教师的能力培养。在经费的管理上,高职院校往往忽视教育成本核算,缺少内部成本控制机制而浪费严重。

(五)结论

滨州职业学院全面贯彻全国、全省和滨州市教育大会精神,学校基本办学条件的主要指标均达到国家普通高等学校基本办学条件指标(试行)(教发〔2004〕2号)合格标准。学校坚持党建引领,落实立德树人,突出内涵建设,深化产教融合,立足对标争先,狠抓工作落实,全面提升办学水平,实现了中国特色高水平职业学校和专业的成功创建,实现了"走在前列"高职院校的建设目标。

根据滨州职业学院总体情况进行数据分析,得出以下结论:从办学条件各项指标和数据来分析,虽然办学收入和生均拨款持续增加,但随着学生规模的扩大,生均办学条件持续下降。从师资队伍各项指标和数据来分析,教职工总数略有上升,专任教师减少,生师比降低,师资队伍中高级职称和具有硕士及以上学历专任教师比例偏低。从教学改革各项指标和数据来分析,虽然专业数量较多,分布较广,但与滨州市产业吻合度还有一定差距,专业调整与产业升级还达不到同频共振。从国际交流合作、服务贡献各项指标和数据来看,学校的对外合作和学校的办学实力不匹配、学校的贡献和滨州市经济发展不匹配,应进一步提升。

第九章　滨州市特殊教育投入产出效率实证分析

合理的经费投入是特殊教育发展的基本保障,特殊教育由于其教育对象的特殊性,教育资源与普通教育相比有很大的差别,所以充足合理的特殊教育经费投入是保证特殊教育发展的重要根基。由于教育对象大部分为生理或心理发展有缺陷的儿童少年,其特点决定了特殊教育比普通教育具有更高成本,因此,稳定又合理的经费投入尤为重要。特殊教育的财政经费合理投入、特殊教育经费的多渠道多来源投入、建立特殊教育经费投入均衡的发展体系等,是确保特殊教育均衡、良好发展的重要举措。

第一节　滨州市特殊教育及教育扶贫总体情况

一、滨州市特殊教育办学规模情况

截至目前,滨州市共有特殊教育学校8所,其中市属1所,各县区7所。分别是滨州市特殊教育学校、滨城区聋哑学校、滨州市滨城区特殊教育学校、沾化区聋哑学校、无棣县聋童学校、惠民县聋童学校、博兴县特殊教育学校、阳信县聋哑学校。2018年,滨州市特殊教育学校在校生人数为1 054人,比上年增加334人,增长46.39%。2015年,滨州市特殊教育学校在校生人数为686人,2016年比2015年在校生人数减少71人。2016—2018年,滨州市特殊教育学校在校生人数呈逐年增长趋势。2015—2019年滨州市特殊教育学校在校生人数变化情况如图9-1所示。

2018年,滨州市特殊教育学校毕业生数为85人,比上年减少4人。2014年,滨州市特殊教育学校毕业生人数为93人,2015年毕业生人数为75人,比2014年减少18人,减少了19.35%。2016—2018年,滨州市毕业生人数呈减少趋势。2015—2019年滨州市特殊教育学校毕业生数变化情况如图9-2所示。

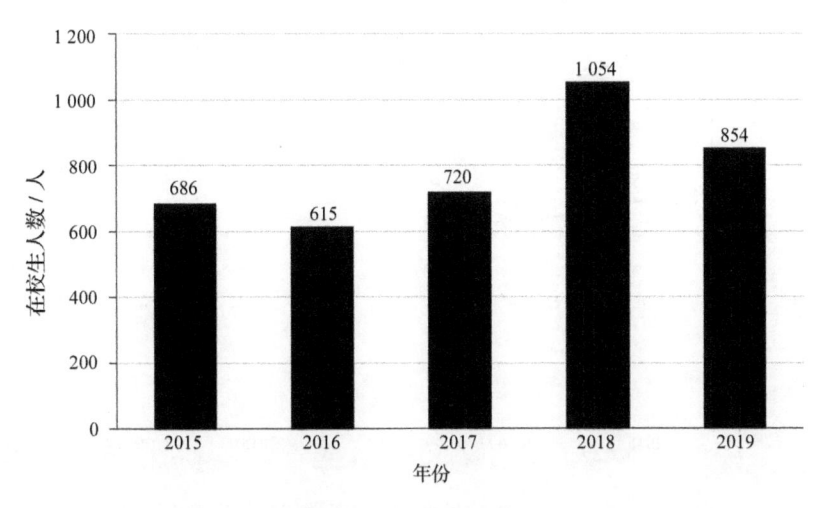

图 9-1　2015—2019 年滨州市特殊教育学校在校生人数变化情况

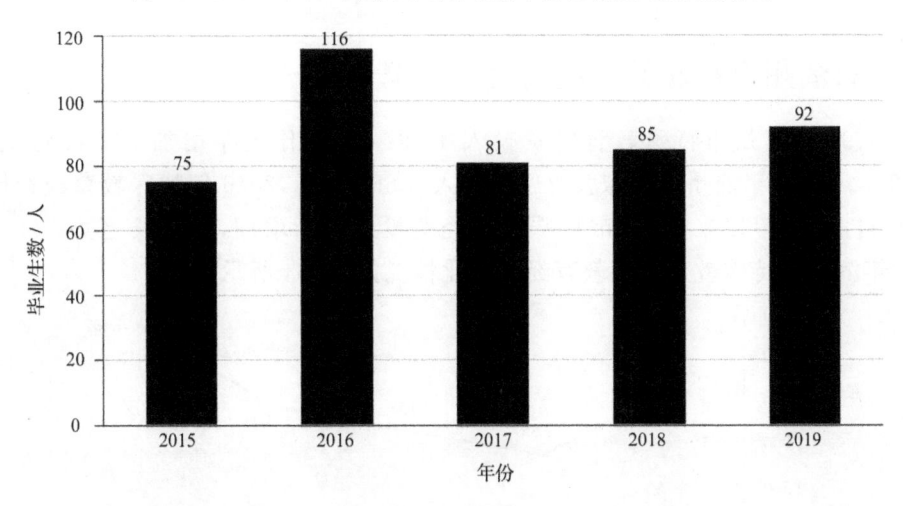

图 9-2　2015—2019 年滨州市特殊教育学校毕业生数变化情况

二、滨州市特殊教育师资队伍情况

2019 年，滨州市特殊教育学校专任教师共 189 人，比上年增加 9 人，增长 5%。2015—2017 年，滨州市特殊教育学校专任教师呈减少状态，近 3 年呈增长趋势。但是，2019 年专任教师仍比 2015 年减少 7 人，下降 3.70%。滨州市特殊教育学校专任教师数量不足，随着在校生人数的增加，生师比不断提高。2015 年，滨州市特殊教育学校生师比为 3.50∶1；2019 年，滨州市特殊教育学校生师比为 5.02∶1，2015—2019 年滨州市特殊教育学校生师比变化情况如图 9-3 所示。

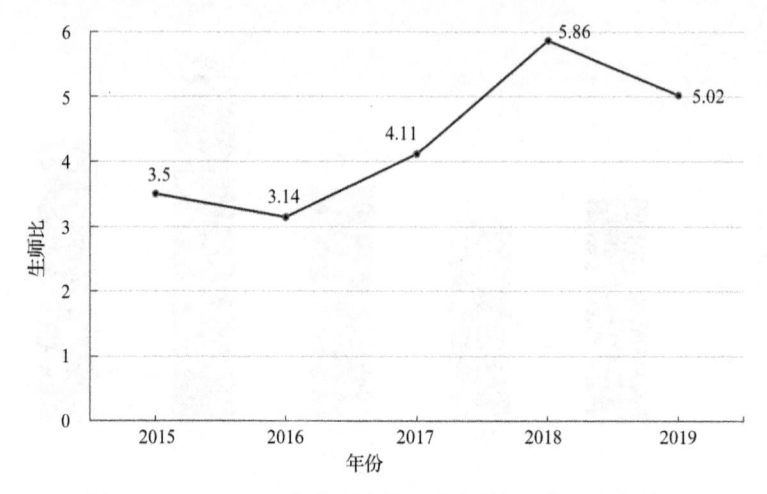

图 9-3　2015—2019 年滨州市特殊教育学校生师比变化情况

三、滨州市特殊教育经费投入情况

2019 年,滨州市特殊教育经费投入 4 367 万元,比上年增加 937 万元,增长 27.32%。2015 年滨州市特殊教育经费投入 3 666 万元,2016 年特殊教育经费投入减少,自 2016 年以来,滨州市特殊教育经费投入逐渐增加,呈增长趋势。2015—2019 年滨州市特殊教育学校教育经费变化情况如图 9-4 所示。

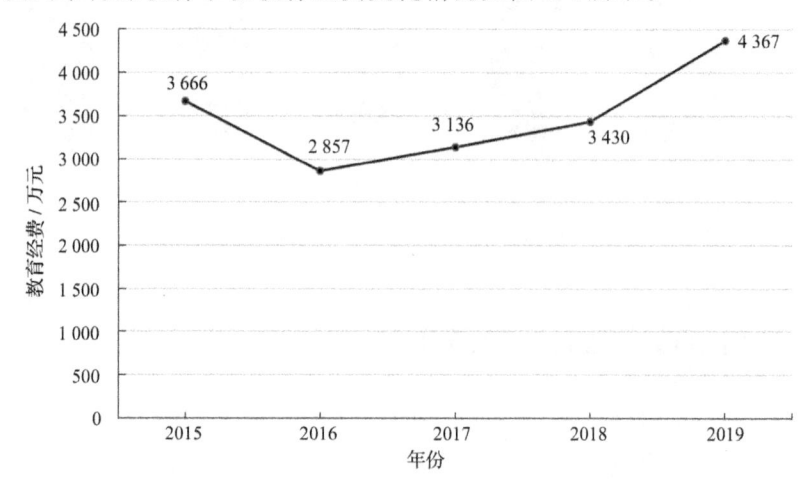

图 9-4　2015—2019 年滨州市特殊教育学校教育经费变化情况

2019 年,滨州市特殊教育学校固定资产原值 4 825 万元,比上年增加 1 910 万元,增长 65.52%。2015—2018 年,滨州市特殊教育学校固定资产原值呈稳定状态,随着政府对特殊教育的持续关注,对其投入也不断增加。其中,学校通用专用设备资产原值不断增加,2019 年为 1 446 万元,比 2015 年增加 551 万元,增长 61.56%。生均通用专用设备资产值也由 2015 年的 1.52 万元增加为 2019 年的 1.69 万元,增长了11.18%。2015—2019年滨州市特殊教育学校资产设备变化情况如图9-5所示。

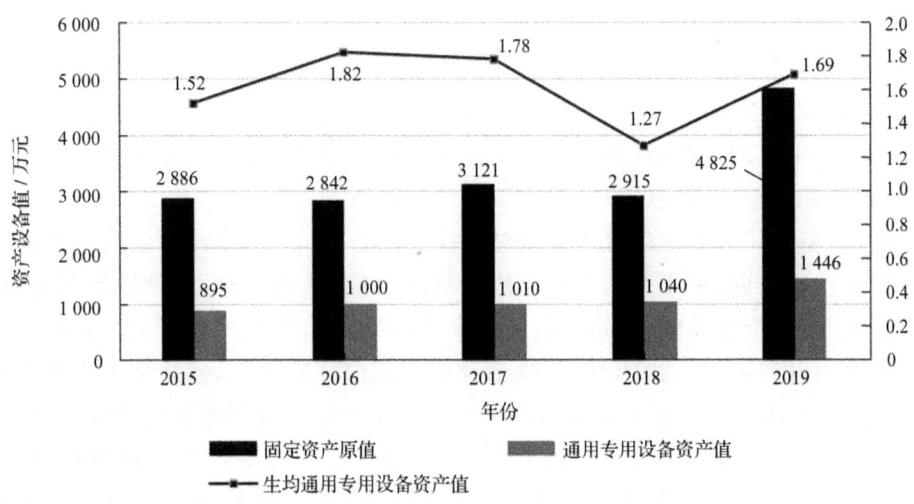

图 9-5　2015—2019年滨州市特殊教育学校资产设备变化情况

四、滨州市特殊教育扶贫开展情况

教育扶贫承担着扶智、强能的基础性作用,是扶贫工作的重要组成部分,是阻断贫困代际传递的关键性工作。滨州市教育扶贫工作以贯彻落实省"323"教育精准扶贫工程为抓手,充分发挥教育扶贫的基础性、先导性作用,努力实现"人人有学上,家家有希望",为2020年全面完成脱贫攻坚任务奠定了坚实基础。

第一,保障所有贫困村适龄幼儿都能接受学前阶段教育。2016—2018年,滨州市建设覆盖贫困村幼儿园19所,实现了贫困村公共学前教育资源全覆盖。

第二,保障贫困家庭学生能够接受公平而有质量的教育。2017年,完成改造覆盖贫困村学校123所,其中贫困村驻地学校9所。完成6所覆盖贫困村学校宽带网络校校通、教学资源班班通、网络学习空间人人通的"三通"建设,以教育信息化提升贫困乡村学校办学水平。2018年,完成了239所覆盖贫困村学校"校校通、班班通、人人通"建设。2017年,滨州市拨付生活费补助资金815万元,资助家庭贫困寄宿生2.06万人次,其中建档立卡在校生4 321人次。2018年,滨州市累计为6 507名建档立卡家庭经济困难学生拨付各类学费和助学资金1 175万元。2019年,累计资助在滨州市就读建档立卡家庭经济困难学生10 842人次(含市标贫困户),免除和发放资助资金1 313万元。2020年免除和发放各类学生资助金1.60亿元,惠及17.40万人次,办理生源地助学贷款8 307万元,惠及1.01万人次。2016—2018年,连续三年实施"泛海助学行动",对建档立卡的普通高校新生按照每生5 000元标准进行一次性资助。

第三,加强贫困农村留守儿童关爱工作。截至目前,滨州市市域内省定重点扶贫村所在的 190 所中小学校全部设立"留守儿童关爱室",实现了留守儿童关爱室全覆盖。滨州市留守儿童劝返复学实现 100%。滨州市小学课后服务覆盖率 100%,初中课后服务覆盖率 68.00%,对农村留守儿童进行优先保障。2019 年,滨州市残疾儿童义务教育入学率达 98.10%。已建立残疾学生安置台账,明确就学形式。加大了残疾学生资助力度,认真落实各项普惠性助学政策,对残疾儿童优先给予扶持救助,形成了"普惠+特惠"残疾儿童教育资助体系。

第四,多措并举实施教育扶贫结对帮扶行动。2017 年,依托职业院校开展贫困人口职业技能培训,完成劳动力职业技能培训 2.6 万人次。建立了"城市帮农村、强校帮弱校"结对帮扶制度,滨州市结成城乡学校帮扶对子 249 对,促进了优质资源向贫困乡村辐射和覆盖。2018 年,帮扶活动在市域内全部推开,省扶贫工作重点村中小学结对率达到 100%,实现结对帮扶学校全部优秀课程资源的共建共享。2019 年,滨州市四所中等职业学校入选省示范性及优质特色中等职业学校建设计划,一所职业中专顺利通过省规范化学校验收,一所县职业中专顺利通过省优质特色中职中期评估验收,切实提高了中职学校精准扶贫支持能力。

第二节 滨州市特殊教育投入产出效益分析

《国家中长期教育改革和发展规划纲要(2010—2020)》和《特殊教育提升计划(2014—2016)》都强调"加大特殊教育经费投入力度",可见特殊教育经费投入已受到国家高度重视。为了更好地帮助特殊教育合理、稳定、充足地发展,本书将以滨州市特殊教育的发展作为研究样本,以柯布-道格拉斯生产函数为基础,通过 DEA 经济计量方法,探讨滨州市特殊教育投入对经济增长的贡献,更好地服务地区特色教育的发展。

一、滨州市特殊教育投入产出效益分析——基于 DEA 方法视角

基于教育投入产出效率评价研究,选用数据包络分析方法(DEA)对滨州市特殊教育投入产出效率进行分析评价。

(一)指标选取

选取和确定教育投入产出效率评价指标是进行效率分析的前提。基于现有的文献参考,选取了教育经费总投入(万元)作为投入指标,学校数(所)、在校学生数(人)、毕业生数(人)、专任教师数(人)和生师比等 5 个指标作为产出指标。

(二)数据采集

根据以上选取的投入产出指标,采集了山东省 17 地市 2014 年到 2018 年特殊教育经费总投入(万元)、学校数(所)、在校学生数(人)、毕业生数(人)、专任教师数(人)和生师比等 6 个指标数据,分析研究滨州市特殊教育与山东省其余 16 地市特殊教育投入产出效率及其变动情况。2014—2018 年山东省 17 地市特殊教育投入产出指标数据见表 9-1。

表 9-1 2014—2018 年山东省 17 地市特殊教育投入产出指标数据

DMU	投入1:教育经费总投入/万元	产出1:学校数/所	产出2:在校学生数/人	产出3:毕业生数/人	产出4:专任教师数/人	产出5:生师比
济南市—2014	6 078	12	1 897	307	410	4.63
青岛市—2014	14 822	12	2 205	446	487	4.53
淄博市—2014	4 255	9	1 006	188	334	3.01
枣庄市—2014	2 510	4	983	81	139	7.07
东营市—2014	3 710	1	335	36	68	4.93
烟台市—2014	3 600	9	826	136	287	2.88
潍坊市—2014	11 778	12	1 993	262	445	4.48
济宁市—2014	5 785	13	1 282	225	372	3.45
泰安市—2014	3 992	7	895	86	233	3.84
威海市—2014	3 072	4	578	50	129	4.48
日照市—2014	1 407	6	1 075	115	180	5.97
莱芜市—2014	619	1	214	29	51	4.20
临沂市—2014	13 175	15	2 794	556	601	4.65
德州市—2014	1 784	13	2 300	438	264	8.71
聊城市—2014	2 995	8	1 399	140	276	5.07
滨州市—2014	3 613	8	616	93	193	3.19
菏泽市—2014	3 079	11	1 407	109	328	4.29
济南市—2015	8 230	12	1 870	289	410	4.56
青岛市—2015	16 847	12	2 325	361	508	4.58
淄博市—2015	4 982	9	1 078	116	344	3.13
枣庄市—2015	2 834	5	1 398	116	142	9.85

(续表)

DMU	投入1：教育经费总投入/万元	产出1：学校数/所	产出2：在校学生数/人	产出3：毕业生数/人	产出4：专任教师数/人	产出5：生师比
东营市—2015	4 086	1	280	54	69	4.06
烟台市—2015	5 444	9	856	156	277	3.09
潍坊市—2015	11 362	12	2 095	249	441	4.75
济宁市—2015	5 334	13	2 034	147	378	5.38
泰安市—2015	5 628	7	930	186	235	3.96
威海市—2015	7 932	4	494	69	134	3.69
日照市—2015	4 602	6	1 080	51	180	6.00
莱芜市—2015	885	1	197	23	52	3.79
临沂市—2015	7 014	15	2 912	336	620	4.70
德州市—2015	2 512	13	2 744	287	289	9.49
聊城市—2015	4 082	9	1 531	168	283	5.41
滨州市—2015	3 666	8	686	75	196	3.50
菏泽市—2015	2 958	11	1 367	152	334	4.09
济南市—2016	8 966	11	1 935	281	402	4.81
青岛市—2016	20 238	12	2 607	359	527	4.95
淄博市—2016	6 352	9	1 265	148	353	3.58
枣庄市—2016	2 893	5	1 628	117	139	11.71
东营市—2016	3 746	1	376	50	69	5.45
烟台市—2016	5 841	9	1 012	125	279	3.63
潍坊市—2016	14 946	12	2 769	328	460	6.02
济宁市—2016	6 542	13	2 367	256	388	6.10
泰安市—2016	4 350	7	1 117	155	249	4.49
威海市—2016	3 471	4	632	40	138	4.58
日照市—2016	3 422	6	1 101	117	187	5.89
莱芜市—2016	790	1	204	40	50	4.08
临沂市—2016	7 991	15	3 374	307	604	5.59
德州市—2016	2 384	13	2 271	313	293	7.75
聊城市—2016	5 088	9	1 567	226	286	5.48

(续表)

DMU	投入1：教育经费总投入/万元	产出1：学校数/所	产出2：在校学生数/人	产出3：毕业生数/人	产出4：专任教师数/人	产出5：生师比
滨州市－2016	2 857	8	615	116	196	3.14
菏泽市－2016	3 490	11	1 484	255	358	4.15
济南市－2017	9 117	11	2 086	373	421	4.95
青岛市－2017	20 973	13	2 737	483	541	5.06
淄博市－2017	6 530	9	1 184	185	361	3.28
枣庄市－2017	2 548	5	1 410	152	135	10.44
东营市－2017	4 162	1	466	77	68	6.85
烟台市－2017	6 351	9	1 317	163	283	4.65
潍坊市－2017	14 697	12	3 021	479	503	6.01
济宁市－2017	7 547	13	3 121	420	399	7.82
泰安市－2017	4 529	7	1 476	182	305	4.84
威海市－2017	4 361	4	711	91	140	5.08
日照市－2017	4 072	6	1 243	163	191	6.51
莱芜市－2017	931	1	121	37	50	2.42
临沂市－2017	8 289	15	3 715	524	612	6.07
德州市－2017	2 572	13	2 183	248	325	6.72
聊城市－2017	6 110	9	1 420	210	299	4.75
滨州市－2017	3 136	8	720	81	175	4.11
菏泽市－2017	3 855	11	1 570	176	375	4.19
济南市－2018	10 057	12	2 218	401	468	4.74
青岛市－2018	25 205	13	3 163	455	547	5.78
淄博市－2018	6 739	9	1 377	204	364	3.78
枣庄市－2018	2 642	5	1 230	190	140	8.79
东营市－2018	2 888	2	517	79	81	6.38
烟台市－2018	7 969	9	1 579	180	295	5.35
潍坊市－2018	11 422	12	3 380	478	503	6.72
济宁市－2018	11 305	13	3 246	523	410	7.92
泰安市－2018	4 561	7	1 302	226	278	4.68

(续表)

DMU	投入产出					
	投入1: 教育经费 总投入/ 万元	产出1: 学校数/所	产出2: 在校学生数/ 人	产出3: 毕业生数/ 人	产出4: 专任教师 数/人	产出5: 生师比
威海市—2018	3 828	4	788	78	155	5.08
日照市—2018	3 484	6	1 424	129	199	7.16
莱芜市—2018	813	1	130	17	49	2.65
临沂市—2018	8 108	14	3 714	537	633	5.87
德州市—2018	2 705	13	2 126	361	350	6.07
聊城市—2018	8 601	10	1 602	187	335	4.78
滨州市—2018	3 430	8	1 054	85	180	5.86
菏泽市—2018	5 689	11	1 623	192	365	4.45

数据来源:《山东教育统计年鉴》和《山东省教育事业发展统计公报》。

(三) DEA 模型分析

基于 DEA 模型分析构建,本书运用 DEAP 2.1 软件基于表 9-1 的数据对山东省 17 地市 2014—2018 年连续五年的特殊教育投入产出效率进行分析测算,得到山东省 17 地市特殊教育综合效率、纯技术效率、规模效率和规模收益增减情况。

1. 综合效率分析

综合效率值反映了决策单元在一定的投入下能获得多大程度产出的能力或在产出不变的情况下决策单元能减少多少程度的投入,进而反映决策单元整体有效性情况。综合效率得分取值介于 0 到 1 之间,越接近 1,说明越接近整体效率有效;综合效率值等于 1 时,说明特殊教育经费投入达到 DEA 相对有效,即在现有规模下,特殊教育经费得到了有效利用。2014—2018 年山东省 17 地市特殊教育投入产出综合效率值见表 9-2。2014—2018 年滨州市和山东省特殊教育综合效率变化如图 9-6 所示。

表 9-2 2014—2018 年山东省 17 地市特殊教育投入产出综合效率值

DMU	2014 年	2015 年	2016 年	2017 年	2018 年	均值
济南市	0.456	0.433	0.365	0.424	0.360	0.408
青岛市	0.222	0.262	0.212	0.239	0.168	0.221
淄博市	0.530	0.600	0.452	0.437	0.417	0.487
枣庄市	0.482	0.852	0.953	1.000	1.000	0.857
东营市	0.203	0.241	0.295	0.402	0.664	0.361

(续表)

DMU	2014 年	2015 年	2016 年	2017 年	2018 年	均值
烟台市	0.539	0.442	0.389	0.353	0.293	0.403
潍坊市	0.255	0.337	0.250	0.338	0.376	0.311
济宁市	0.435	0.616	0.483	0.577	0.365	0.495
泰安市	0.394	0.363	0.466	0.533	0.471	0.445
威海市	0.292	0.147	0.361	0.351	0.464	0.323
日照市	0.867	0.344	0.483	0.494	0.702	0.578
莱芜市	1.000	1.000	1.000	0.713	1.000	0.943
临沂市	0.308	0.768	0.615	0.656	0.603	0.590
德州市	1.000	1.000	1.000	1.000	1.000	1.000
聊城市	0.623	0.602	0.457	0.387	0.301	0.474
滨州市	0.361	0.465	0.558	0.505	0.639	0.506
菏泽市	0.720	0.981	0.835	0.770	0.496	0.760
均值	0.511	0.556	0.540	0.540	0.548	0.539

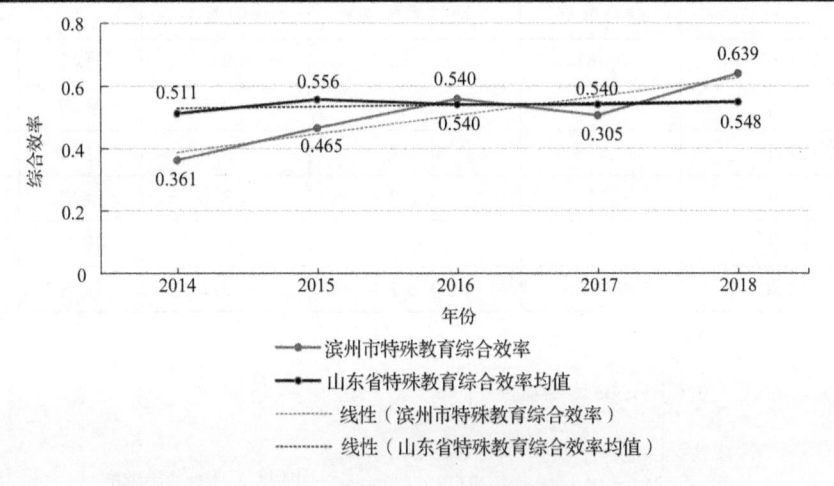

图 9-6　2014—2018 年滨州市和山东省特殊教育综合效率变化

根据表 9-2 的综合效率值可以得出：2014 年至 2018 年间山东省 17 个地市的特殊教育供给综合效率值不高，均值为 0.539，整体呈现 DEA 非有效状态，且在山东省 17 个地市中，仅有德州市的综合效率值为 1，说明其对特殊教育的投入产出是最有效的，充分利用了现有的教育资源并使教育经费投入发挥了最佳的产出效益。其次是莱芜市，特殊教育综合效率值与 1 最为接近，说明莱芜市相对其他市，其特殊教育投入产出比例相对合适，能够较好地发挥教育资源的供给作用。

滨州市特殊教育与其他市相比，整体综合效率居于全省中游，且 DEA 非有效。横向上看，2014 至 2018 年滨州市特殊教育的综合效率值均小于 1，为非有效单元，说明产出没有达到最大,应该继续扩大产出;纵向上看,2014 至 2018 年滨州市特殊教育的均值为 0.506,说明滨州市特殊教育经费投入达到最优效率的 50.6%,未发挥出投入产出的最佳值。全省特殊教育综合效率均值为 0.539,滨州市特殊教育综合效率低于全省平均水平,这说明滨州市特殊教育资源使用率不高,投入产出比例不协调。由于综合效率等于纯技术效率和规模效率的乘积,造成 DEA 非有效的原因主要受纯技术效率、规模效率影响,因此还需进一步分析纯技术效率和规模效率。

2. 纯技术效率分析

纯技术效率是指教育资源要素的配置和利用是否合理、充分,主要受管理和技术等因素影响。纯技术效率得分取值介于 0 到 1 之间,越接近于 1,说明特殊教育经费投入资源的使用率越高。纯技术效率值等于 1 时,说明特殊教育经费投入达到纯技术效率有效,即特殊教育经费投入不存在资源浪费的情况,现有管理和技术能够将现有经费投入最大化应用到产出中。2014—2018 年滨州市特殊教育 DEA 分析结果见表 9-3。2014—2018 年滨州市特殊教育效率情况如图 9-7 所示。

表 9-3　　　2014—2018 年滨州市特殊教育 DEA 分析结果

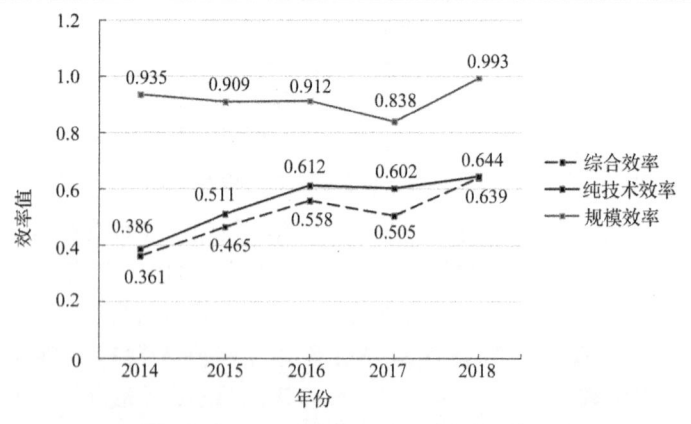

年份	综合效率	纯技术效率	规模效率	规模收益情况	
2014 年	0.361	0.386	0.935	递增	irs
2015 年	0.465	0.511	0.909	递增	irs
2016 年	0.558	0.612	0.912	递增	irs
2017 年	0.505	0.602	0.838	递增	irs
2018 年	0.639	0.644	0.993	递增	irs
平均值	0.506	0.551	0.917	递增	irs

图 9-7　2014—2018 年滨州市特殊教育效率情况

由表 9-3 知,2014 至 2018 年间,滨州市特殊教育纯技术效率呈平稳上升趋势,说明滨州市特殊教育资源逐渐得到优化;2014 至 2018 年间滨州市特殊教育纯技术效率均值为 0.551,与 1 差距较大,说明滨州市特殊教育在管理和技术层面存在短板,需继续加强规划、运用、管理教育经费的能力。

3.规模效率分析

规模效率是指规模安排是否适宜,它反映实际规模与最优生产规模的差距,主要受学校规模因素影响。规模效率的得分取值介于 0 到 1 之间,越接近 1,说明越接近规模有效;规模效率值等于 1 时,说明特殊教育经费投入产出的规模已达到最优状态,即在现有教育经费的管理制度和水平下,现有的教育规模效率与最优规模效率之间的差为 0。

由表 9-3 和图 9-7 可知:2014 至 2018 年间,滨州市特殊教育规模效率保持平稳状态,均值为 0.917,接近 1,说明规模接近最优状态,即所投入的特殊教育经费能够较好地匹配当地的发展需要。

4.规模收益分析

规模收益反映的是当其他条件不变的情况下,决策单元的投入要素变化所带来的产出变化情况,主要分为递增、递减和不变三种情况。当处于规模收益递增状态时,说明加大投入规模能获得成倍的产出;当处于规模收益递减状态时,说明加大投入规模不会得到成倍的产出;当处于规模收益不变的状态时,说明投入增加一倍,产出增加一倍。

由表 9-3 可知,2014 至 2018 年间,滨州市特殊教育规模收益呈现出递增的趋势,说明应该加大投入规模以获得更多的产出。

5.滨州市特殊教育投入产出指标的最优目标值分析

DEA 模型的最优目标值是指非 DEA 有效单元实现 DEA 有效的投入目标值,可以反映非 DEA 有效单元投入产出的冗余情况及优化方向。2014 年滨州市特殊教育投入产出指标的最优目标值分析结果见表 9-4。

表 9-4 2014 年滨州市特殊教育投入产出指标的最优目标值分析结果

纯技术效率=0.386				
规模效率= 0.935（irs）				
预测摘要				
变量	原始值	冗余值	产出不足值	达到 DEA 有效的目标值
产出 1/所	8	0	1.00	9.00
产出 2/人	616	0	988.67	1 604.67
产出 3/人	93	0	208.67	301.67
产出 4/人	193	0	0	193.00
产出 5	3.19	0	4.02	7.21
投入 1/万元	3 613	2 217	0	1 396

从表 9-4 可以看出,2014 年滨州市特殊教育纯技术效率为 0.386,规模效率为

0.935且处于规模收益递增的低效率状态。表 9-4 表明,从产出不足角度看,2014 年滨州市特殊教育在学校数、在校学生数、毕业生数和生师比方面产出不足;从投入角度看,2014 年滨州市特殊教育经费投入冗余 2 217 万元,由于规模收益呈递增趋势,所以可以适当调整投入规模,优化资源配置,尽量避免资源的浪费,从而得到更多倍数的产出。

2015 年滨州市特殊教育投入产出指标的最优目标值分析结果见表 9-5。

表 9-5　2015 年滨州市特殊教育投入产出指标的最优目标值分析结果

纯技术效率=0.511			
规模效率=0.909(irs)			
预测摘要			
变量	原始值	冗余值	产出不足值	达到 DEA 有效的目标值
产出 1/所	8	0	0.29	8.29
产出 2/人	686	0	1 058.54	1 744.54
产出 3/人	75	0	108.40	183.40
产出 4/人	196	0	0	196
产出 5	3.50	0	3.75	7.25
投入 1/万元	3 666	1 793	0	1 873

从表 9-5 可以看出,2015 年滨州市特殊教育纯技术效率为 0.511,规模效率为 0.909,且处于规模收益递增的低效率状态。表 9-5 表明,从产出不足角度看,2015 年滨州市特殊教育在学校数、在校学生数、毕业生数和生师比方面产出不足;从投入角度看,2015 年滨州市特殊教育经费投入冗余 1 793 万元,由于规模收益呈递增趋势,所以可以适当调整投入规模,优化资源配置,尽量避免资源的浪费,从而得到更多倍数的产出。

2016 年滨州市特殊教育投入产出指标的最优目标值分析结果见表 9-6。

表 9-6　2016 年滨州市特殊教育投入产出指标的最优目标值分析结果

纯技术效率=0.612			
规模效率=0.912(irs)			
预测摘要			
变量	原始值	冗余值	产出不足值	达到 DEA 有效的目标值
产出 1/所	8	0	0.21	8.21
产出 2/人	615	0	830.90	1 445.90
产出 3/人	116	0	88.02	204.02
产出 4/人	196	0	0	196
产出 5	3.14	0	3.14	6.28
投入 1/万元	2 857	1 109	0	1 748

从表 9-6 可以看出,2016 年滨州市特殊教育纯技术效率为 0.612,规模效率为 0.912,且处于规模收益递增的低效率状态。表 9-6 表明,从产出不足角度看,2016 年滨州市特殊教育在学校数、在校学生数、毕业生数和生师比方面产出不足;从投入角度看,2016 年滨州市特殊教育经费投入冗余 1 109 万元,由于规模收益呈递增趋势,所以可以适当调整投入规模,优化资源配置,尽量避免资源的浪费,从而得到更多倍数的产出。

2017 年滨州市特殊教育投入产出指标的最优目标值分析结果见表 9-7。

表 9-7　2017 年滨州市特殊教育投入产出指标的最优目标值分析结果

纯技术效率＝0.602			
规模效率＝0.838(irs)			
预测摘要			
变量	原始值	冗余值	产出不足值	达到 DEA 有效的目标值
产出 1/所	8	0	0	8
产出 2/人	720	0	603.83	1 323.83
产出 3/人	81	0	79.08	160.08
产出 4/人	175	0	35.42	210.42
产出 5	4.11	0	0.82	4.93
投入 1/万元	3 136	1 248	0	1 888

从表 9-7 可以看出,2017 年滨州市特殊教育纯技术效率为 0.602,规模效率为 0.838,且处于规模收益递增的低效率状态。表 9-7 表明,从产出不足角度看,2017 年滨州市特殊教育在在校学生数、毕业生数、专任教师人数和生师比方面产出不足;从投入角度看,2017 年滨州市特殊教育经费投入冗余 1 248 万元,由于规模收益呈递增趋势,所以可以适当调整投入规模,优化资源配置,尽量避免资源的浪费,从而得到更多倍数的产出。

2018 年滨州市特殊教育投入产出指标的最优目标值分析结果见表 9-8。

表 9-8　2018 年滨州市特殊教育投入产出指标的最优目标值分析结果

纯技术效率＝0.644			
规模效率＝0.993(irs)			
预测摘要			
变量	原始值	冗余值	产出不足值	达到 DEA 有效的目标值
产出 1/所	8	0	0	8
产出 2/人	1 054	0	345.96	1 399.96
产出 3/人	85	0	146.84	231.84
产出 4/人	180	0	42.32	222.32
产出 5	5.86	0	0	5.86
投入 1/万元	3 430	1 222	0	2 208

从表9-8可以看出，2018年滨州市特殊教育纯技术效率为0.644，规模效率为0.993且处于规模收益递增的低效率状态。表9-8表明，从产出不足角度看，2018年滨州市特殊教育在在校学生数、毕业生数和专任教师数方面产出不足；从投入角度看，2018年滨州市特殊教育经费投入冗余1 222万元，由于规模收益呈递增趋势，所以可以适当调整投入规模，优化资源配置，尽量避免资源的浪费，从而得到更多倍数的产出。

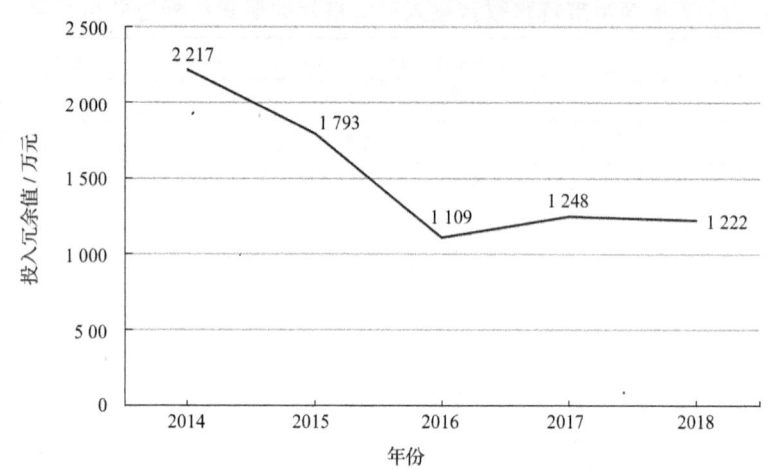

2014—2018年滨州市特殊教育投入冗余值变化趋势如图9-8所示。

图9-8 2014—2018年滨州市特殊教育投入冗余值变化趋势

从图9-8可以看出，2014至2018年间滨州市特殊教育经费投入的冗余值整体呈下降趋势，说明滨州市特殊教育经费投入的应用水平逐渐提高，教育资源逐渐得到合理利用。

（四）2014—2018年滨州市、泰安市和聊城市特殊教育投入产出效率对比

为了更好地说明滨州市特殊教育的投入产出效率，本书以GDP总量为基准，选取与滨州市GDP总量相当的泰安市和聊城市进行横向对比。

1.综合效率对比

2014—2018年滨州市、泰安市和聊城市特殊教育投入产出综合效率见表9-9，其投入产出综合效率变化情况如图9-9所示。

表9-9 2014—2018年滨州市、泰安市和聊城市特殊教育投入产出综合效率

地市	2014年	2015年	2016年	2017年	2018年	均值
泰安市	0.394	0.363	0.466	0.533	0.471	0.445
聊城市	0.623	0.602	0.457	0.387	0.301	0.474
滨州市	0.361	0.465	0.558	0.505	0.639	0.506

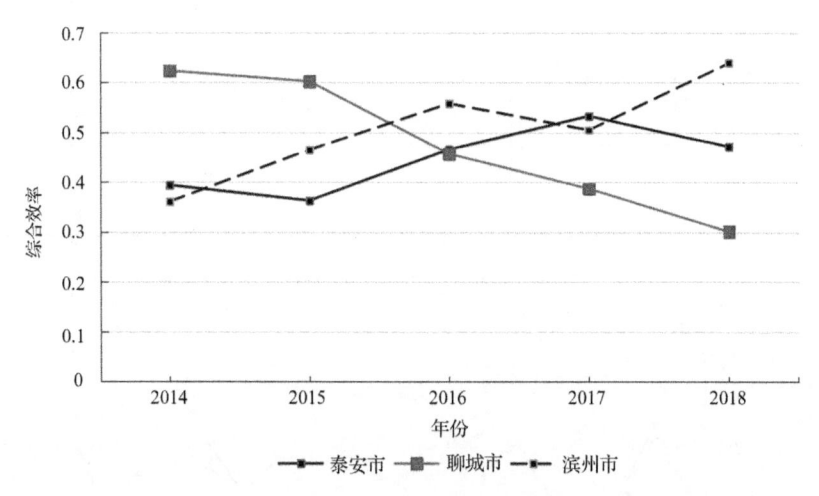

图 9-9　2014—2018 年滨州市、泰安市和聊城市特殊教育投入产出综合效率变化情况

从表 9-9 和图 9-9 中可以明显看出，滨州市特殊教育近五年的投入产出综合效率在 2014 年低于泰安市和聊城市，在 2015 年超过泰安市仍低于聊城市，在 2016 年高于泰安市和聊城市，在 2017 年高于聊城市低于泰安市，在 2018 年远高于泰安市和聊城市两市。滨州市特殊教育投入产出综合效率均值高于泰安市和聊城市两市，且呈不断上升趋势，泰安市特殊教育投入产出综合效率也呈上升趋势，但是增幅低于滨州市，而聊城市特殊教育投入产出的综合效率一直呈下降趋势。

2. 纯技术效率和规模效率对比

2014—2018 年滨州市、泰安市和聊城市特殊教育投入产出效率见表 9-10，其投入产出效率分析如图 9-10 所示。

表 9-10　2014—2018 年滨州市、泰安市和聊城市特殊教育投入产出效率

地市	年份	综合效率	纯技术效率	规模效率	规模收益情况	
泰安市	2014	0.394	0.404	0.975	递增	irs
聊城市	2014	0.623	0.677	0.920	递减	drs
滨州市	2014	0.361	0.386	0.935	递增	irs
泰安市	2015	0.363	0.380	0.954	递增	irs
聊城市	2015	0.602	0.605	0.996	递增	irs
滨州市	2015	0.465	0.511	0.909	递增	irs
泰安市	2016	0.466	0.482	0.967	递增	irs
聊城市	2016	0.457	0.460	0.995	递增	irs
滨州市	2016	0.558	0.612	0.912	递增	irs
泰安市	2017	0.533	0.541	0.984	递增	irs
聊城市	2017	0.387	0.396	0.979	递增	irs
滨州市	2017	0.505	0.602	0.838	递增	irs

(续表)

地市	年份	综合效率	纯技术效率	规模效率	规模收益情况	
泰安市	2018	0.471	0.494	0.954	递增	irs
聊城市		0.301	0.304	0.992	递增	irs
滨州市		0.639	0.644	0.993	递增	irs

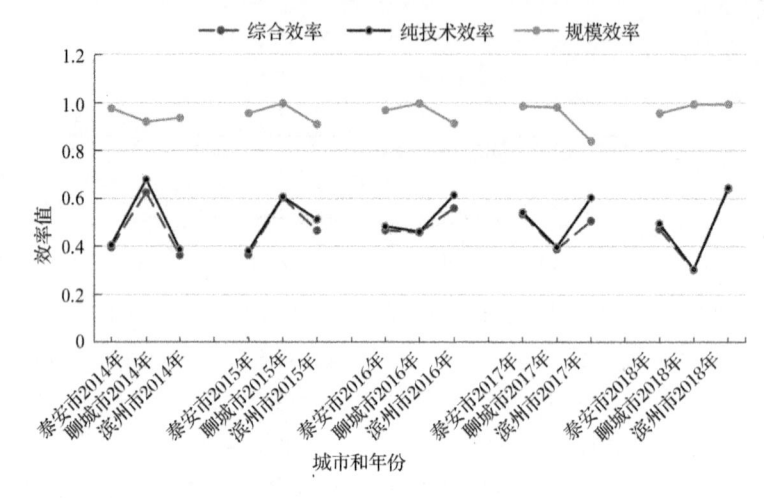

图 9-10　2014—2018 年滨州市、泰安市和聊城市特殊教育投入产出效率分析

从表 9-10 和图 9-10 可以看出,2014 至 2018 年,滨州市特殊教育纯技术效率在 2016 年、2017 年、2018 年均高于泰安市和聊城市两市。2014 年,滨州市特殊教育纯技术效率低于泰安市和聊城市两市。2015 年,滨州市特殊教育纯技术效率高于泰安市,低于聊城市。在规模效率上,2014 和 2018 年,滨州市特殊教育规模效率高于聊城市,低于泰安市,2015—2017 年,滨州市特殊教育规模效率均低于泰安市和聊城市,除 2014 年聊城市特殊教育规模收益呈递减状态,其余均是规模收益递增,这说明三市特殊教育的投入产出效率均有提升,但是都没有达到 1 的最佳状态,教育经费仍需考虑如何科学有效分配、管理、使用经费和设置教育规模,促使特殊教育投入产出产生最优效益值。

二、滨州市特殊教育经费投入对经济的影响——基于柯布-道格拉斯生产函数

假设在保持技术条件不变的情况下,滨州市经济增长只与资本和劳动有关,以柯布-道格拉斯生产函数为基础理论模型。用滨州市特殊教育支出数据来代替资本数据,用特殊教育教职工人数来代替劳动数据,基于此来研究滨州市特殊教育支出对经济增长的影响。

(一)指标选取

2010—2019年滨州市特殊教育投入与GDP变动数据见表9-11。表中样本数据的选取区间为2010—2019年的时间序列样本。分别用地区生产总值(GDP)、教育支出(EP,Education Pays)和教职工人数(NF,Number of faculty)来代替产出、资本和劳动。其中教职工人数以人为单位,教育支出以万元为单位,GDP以亿元为单位。教育投入包括教育支出和教职工人数投入。

表9-11　2010—2019年滨州市特殊教育投入与GDP变动数据

年份	GDP/亿元	教育支出/万元	教职工人数/人
2010	1 572.50	1 588	182
2011	1 817.58	1 747	191
2012	1 987.73	1 864	186
2013	2 155.73	2 924	190
2014	2 276.71	2 420	193
2015	2 355.33	2 666	196
2016	2 470.10	2 857	196
2017	2 612.92	3 136	175
2018	2 640.52	3 430	180
2019	2 457.19	4 367	189

数据来源:《滨州统计年鉴》和《滨州市教育事业统计资料》。

从表9-11可以看出,2010—2019年滨州市特殊教育支出逐年递增,教职工人数也呈缓慢递增趋势,并且GDP也呈逐年增长趋势。根据数据增长规律,初步推测特殊教育投入与经济增长之间存在正相关关系。

(二)模型建立

以生产函数模型两边取对数为理论基础建立如下线性模型:

$$\ln GDP = \alpha + \beta_1 \ln EP + \beta_2 \ln NF$$

其中,GDP为地区生产总值(亿元);EP为教育支出(万元);NF为教职工人数(人)。

建立lnGDP与lnEP的关系图,lnGDP与lnNF的关系图,lnGDP与lnEP、lnNF的关系图,分别如图9-11、图9-12、图9-13所示。

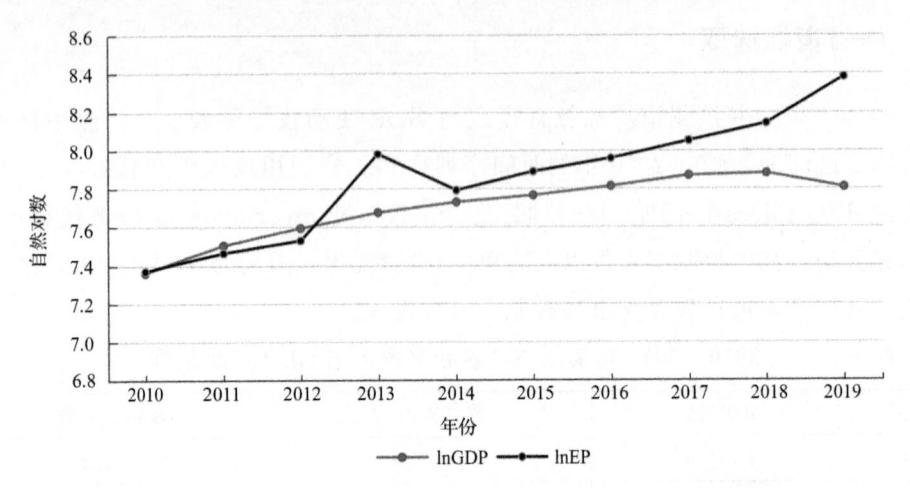

图 9-11 2010—2019 年滨州市特殊教育支出与 GDP 关系

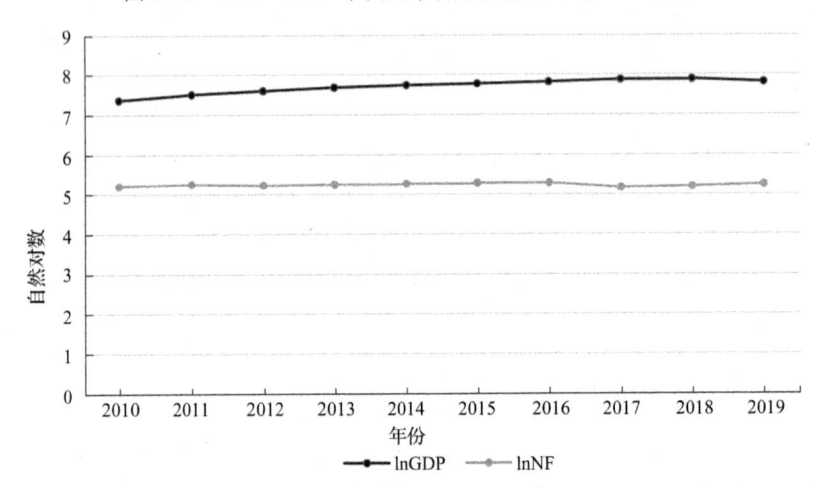

图 9-12 2010—2019 年滨州市特殊教育教职工人数与 GDP 关系

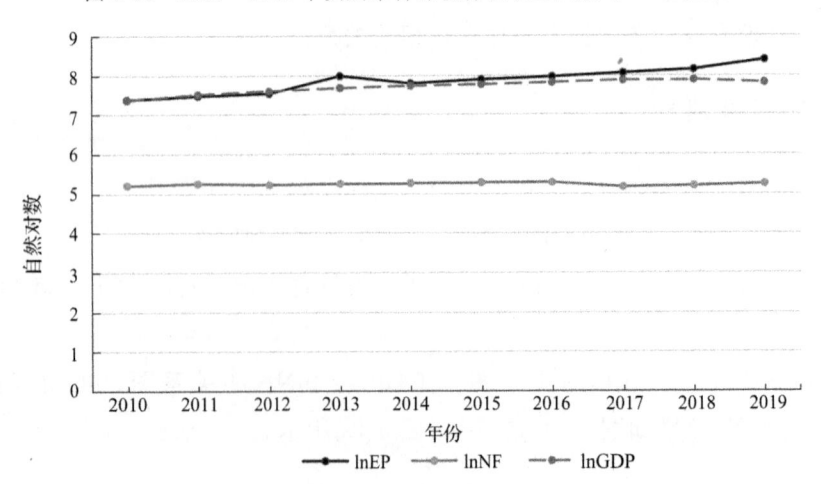

图 9-13 2010—2019 年滨州市特殊教育支出、教职工人数与 GDP 关系

从图 9-11 至图 9-13 可以看出,解释变量特殊教育支出与被解释变量 GDP 之间呈线性正相关关系;另一个解释变量特殊教育教职工人数与被解释变量 GDP 之间也呈线性正相关关系。

(三)数据检验与实证分析

1.数据标准化处理

因采集的数据存在数量级的差距,首先对所有数据采用 min-max 标准化(Min-Max Normalization)法进行标准化处理。

2.回归分析

lnGDP 为被解释变量,lnEP 和 lnNF 为解释变量,利用 Eviews 软件对模型进行普通最小二乘估计,得出表 9-12 数据。

表 9-12　　　　　　　　回归分析模型拟合结果

变量	系数	标准差	T-统计量	T-统计量伴随概率 P 值
C	3.187 1	4.551 3	0.700 3	0.006 4
lnEP	0.451 9	0.099 8	4.528 8	0.002 7
lnNF	0.185 8	0.849 2	0.218 7	0.033 1
可决系数 R^2	0.745 5	因变量均值		7.709 9
调整的可决系数 R^2	0.672 8	被解释变量的标准差		0.167 2
标准误差	0.095 6	赤池信息准则		$-1.613\ 0$
残差平方和	0.064 0	贝叶斯信息准则		$-1.522\ 2$
对数似然估计值	11.065 0	汉南-奎因准则		$-1.712\ 6$
F-统计量	10.255 0	DW 统计量		1.397 7
F-统计量伴随概率 P 值	0.008 3			

根据表 9-12,得出如下回归公式:

$$\ln GDP = 3.187\ 1 + 0.451\ 9\ \ln EP + 0.185\ 8\ \ln NF$$

3.数据检验

(1)拟合优度检验

R^2 值越接近 1,说明回归线对样本数据点的拟合程度越高,拟合效果越好。根据数据结果,$R^2 = 0.745\ 5$,拟合优度值与 1 还有一定差距,这说明回归线对样本数据点的拟合程度并不是非常高,拟合效果较好。由数据结果可知,滨州市经济发展的 67.28% 可由教育支出与教职工人数来解释,拟合优度需要很大提升。

(2)变量显著性 T 检验

Prob 的判断值小于 0.05,说明经济增长与教育支出、教职工人数呈正向相关。从表 9-12 中可看出教育支出所得系数的 P 值为 0.002 7,小于 0.05,说明特殊教育支出对经济增长的影响是非常显著的。教职工人数所得系数的 P 值是 0.033 1,小于 0.05,说明特殊教育教职工人数对经济增长的影响也是显著的。

4.结果分析

从参数估计结果看,特殊教育支出投入的产出弹性系数是 0.451 9,说明特殊教育支出每增加 1%,GDP 增加 0.451 9%;教职工人数投入的产出弹性系数是 0.185 8,说明教职工人数每增加 1%,GDP 增加 0.185 8%。显然,特殊教育支出投入的弹性高于教职工人数投入弹性。因为特殊教育支出、教职工人数与 GDP 之间呈正相关关系,而估计结果 $\beta_1+\beta_2<1$,等于 0.637 7,即不完全规模收益递减,所以滨州市一倍的特殊教育投入没有带来一倍的经济产出。

(四)存在的问题

1.师资队伍有待增强

各市特殊教育教师在教师专业发展路径、教师专业发展态度上没有明确清晰的管理,专任教师数量有待增加,师资队伍素质与质量需要出台相关的政策文件加以保障教师权益,提升师资队伍素质,加大经费投入。

2.经费安排不够合理

特殊教育规模收益呈递减状态,教育经费仍需考虑如何科学有效分配、管理、使用经费和设置教育规模,促使特殊教育投入、产出产生最优效益值,特殊教育在管理和技术层面存在短板,需继续加强规划、运用、管理教育经费的能力。

(五)结论

(1)通过对滨州市特殊教育投入产出效率进行分析得知,当前滨州市特殊教育投入、产出的综合效率应该继续加以提升。2014 年至 2018 年间全省 17 个市的特殊教育供给综合效率均不高,滨州市低于全省平均水平,这说明滨州市特殊教育资源使用率不高,投入、产出比例不协调。

从纯技术效率来看,2014 至 2018 年间,滨州市特殊教育纯技术效率呈平稳上升趋势,说明滨州市特殊教育资源逐渐得到优化,但仍需进一步加强规划、运用、管理教育经费的能力,提高教育支出收益。从规模效率来看,2014 至 2018 年间,滨州市特殊教育规模效率保持平稳状态,且规模接近最优状态,即所投入的特殊教育经费能够较好地匹配当地的发展需要。而且滨州市特殊教育规模收益呈现出递增的趋势,应该加大投入规模以获得更多的产出。2014 至 2018 年间滨州市特殊教育经费投入的冗余值整体呈下降趋势,说明滨州市特殊教育经费投入的应用水平逐渐提高,教育资源逐渐得到合理利用。

(2)通过对比滨州市与泰安、聊城两市的特殊教育投入产出效率,发现 2014—2018 年滨州市特殊教育投入、产出综合效率五年平均值高于泰安市、聊城市特殊教育投入、产出综合效率,且一直呈上升趋势,说明滨州市特殊教育现有的教育资源配置条件逐渐优化,教育经费仍需考虑如何科学有效分配、管理、使用经费和设置教育规模,促使特殊教育投入、产出产生最优效益值。

(3)通过对滨州市特殊教育投入与经济活动的实证分析得知,滨州市特殊教育支出投入的产出弹性系数是 0.451 9,说明教育支出每增加 1%,GDP 增加 0.451 9%;教职工人数投入的产出弹性系数是 0.185 8,说明教职工人数每增加 1%,GDP 增加 0.185 8%。

第十章 "十四五"时期地方教育发展展望及提高教育投入产出效率政策建议

第一节 "十四五"时期各类型教育发展展望

回顾"十三五",滨州市教育事业在办学条件、师资队伍、育人质量、投入产出等方面均取得了长足发展。通过透析滨州市教育发展现状及各级各类教育投入产出效率情况,"十四五"时期,需立足当下,放眼未来,明晰各级各类教育发展侧重点,聚力增强办学条件,深化内涵建设,提升人才培养质量。

一、学前教育发展展望

学前教育是幼儿进入教育系统的"第一棒",是受教育者接受学校教育的最初体验,也是社会公益活动的一个重要内容。办好让家长满意、让幼儿"乐学"、让社会认可的学前教育是未来学前教育发展的方向。"十三五"时期,我国学前教育幼儿园入园率不断提高,普惠性幼儿园数量不断增多,基本形成了一个公平、优质的学前教育公共服务系统。面向"十四五",新时期要树立新目标,学前教育在以下方面要继续努力,最终实现高质量发展。

(一)持续优化经费支出结构

通过对滨州市学前教育投入产出指标的最优目标值分析得出,该市学前教育规模与学前教育投入匹配度有待提高,且滨州市学前教育经费投入的冗余值整体呈上升趋势。由此可以看出,教育资金总量不再是影响学前教育发展的重要因素,要在加大投入的同时,进一步优化财政支出结构,对各项经费的收支进行统筹管理和使用。另外,在城镇、中心村或者合迁村等经济实力较为弱势的地区,要注重加大对学前教育的投入力度,并发挥乡镇中心幼儿园统筹、辐射、带动、示范作用,总体上提升学前教育的办学质量。

(二)持续加强幼儿园教师培养力度

2015—2019年,滨州市幼儿园数量、在园幼儿人数、教职工人数都大致呈现出平稳增长之态,2019年增幅最大。幼儿园师资队伍的水平制约着学前教育的办学质量,为了进一步提高幼儿园师资队伍的水平,打造高素质学前教育教师团队,建议加快落实《关于实施卓越教师培养计划2.0的意见》。在近几年幼儿园教职工人数持续增长的情况下,进一步探索幼儿园教师的培养模式,加强对幼儿园教师的培养力度显得尤为重要。在保证学前教育教师质量的前提下,还可以通过鼓励优秀学生报考幼师相关专业、开展学前教育公费师范生等途径不断扩充学前教育的教师队伍。

(三)持续增加学前教育供给渠道

2019年,受二孩政策开放后第一批幼儿开始入园的影响,滨州市当年入学人数增幅较大,但办园条件建设未及时跟进,导致幼儿生均校舍面积、幼儿生均图书册数有较大幅度的下降。学前教育不仅是国民教育的第一阶段,也是社会公益事业的重要组成部分,因此要鼓励社会上各种力量都参与到学前教育的建设中。在幼儿园的办学主体上,鼓励社会各种力量开办幼儿园,支持民办幼儿园的开办;在幼儿园的资金筹措上,扩大学前教育经费来源渠道。

(四)持续赋能学前教育信息化

在教育信息化2.0背景下,信息技术的发展对教育事业的开展造成了巨大的冲击。2018年4月,教育部组织实施的《教育信息化2.0行动计划》中,提出"教育信息化已成为教育系统性变革的内生变量",因此在教学活动中应该适当地采用信息技术手段。在学前教育未来的发展中,可以通过加强幼儿园的信息化环境建设、实现幼儿园管理的信息化、加强幼儿园数字资源建设、增加信息技术在教学中的应用等手段进一步加强学前教育的信息化。

二、义务教育发展展望

义务教育一直以来都是我国教育事业发展中的重中之重,在党和国家的高度重视和大力支持下,"十三五"时期我国义务教育的发展取得了长足的进步。面向"十四五",义务教育的发展要立足于国情世情,以习近平新时代中国特色社会主义思想为导向,通过转变教育观念、优化经费支出、提升教师素质等方式提高义务教育的质量,以更好地满足经济社会发展和社会公众对义务教育的需求,实现义务教育公平而有质量的发展。

(一)转变教育观念,提升育人水平

教育观念是办学行为的先导和灵魂,对义务教育效果的发挥起着至关重要的作用。义务教育的发展和创新长久以来受到应试教育的影响,"唯分数论"的教育方式也严重束缚我国青少年创造性的发展。为适应新时代对人才培养的需求,"十四五"时期要转变教育观念,特别是校长和教师要解放思想,摆脱应试教育的束缚,全面提升育人水平,树立正确的人才观和学生观。要全面系统地遵循人才成长和教育教学规律,紧扣立德树人的主题,重视对学生道德、体能、美感、劳动技能的教育,转变"唯分数、唯排名、唯升学有用"的观念,多渠道、多规格培养学生,加强对学生综合素养的培育,最终达成义务教育内涵式发展的目标。

(二)优化经费支出结构,完善保障体系

"十三五"时期,义务教育已实现了基本均衡,"十四五"时期,应该将以人为本、教育公平作为基本原则,努力向优质均衡迈进。通过对滨州市义务教育投入产出指标的最优目标值分析得出,2014 至 2018 年间该市义务教育经费投入的冗余值整体呈下降趋势,这说明该市义务教育经费投入的应用水平逐渐提高,义务教育资源逐渐得到合理利用。在未来,要实现义务教育的进一步优质均衡发展,在保证对义务教育经费投入的前提下,进一步优化教育经费的支出结构,对各项经费的收支进行统筹管理和使用。

(三)优化教师队伍,提升教师素质

义务教育阶段的师资队伍建设水平也是影响义务教育发展的重要因素,要实现义务教育进一步优质均衡发展,就要不断优化教师队伍,提高教师队伍的整体素质水平。以滨州市为例,"十三五"时期积极响应国家促进基础教育改革与发展的相关政策,全力开展教师队伍的招聘与管理工作,不断加强教师队伍建设,专任教师数呈增长趋势,教师学历达标率整体趋于稳定,教师队伍结构不断优化。面向"十四五",更要进一步优化教师队伍,不断提升教师素质。通过提高教师待遇、推进"四有"教师建设工程等方式扩充优秀教师队伍;不断完善教师培训制度;进一步完善"优质教育资源均衡配置工程",建立起师资流动机制。

(四)创新教学方式,提高教育质量

当前我国高度重视人工智能和信息技术的发展对教育改革与发展产生的影响,推动人工智能与教育深度融合也是未来教育改革与发展的方向,是加快教育变革与创新的路径。因此"十四五"时期义务教育应融合新兴信息技术,创新教学方

式,在教学过程中多采用信息化的教学方式,注重学生思维能力的提升,并加强对教师的培养,提高教师利用现代信息技术和信息资源的能力。实现优质义务教育资源的共享,提高教育质量。

(五)巩固脱贫成果,助力社会发展

2019年4月16日,习近平总书记在解决"两不愁,三保障"突出问题座谈会上指出:"实现义务教育有保障主要是让贫困家庭义务教育阶段的孩子不失学辍学。"这一论断指出了义务教育进一步优质均衡发展的方向。一要开展控辍保学"清零"行动,进一步巩固义务教育阶段普及成果,聚焦义务教育阶段"一个都不能少"的目标,全面落实资助政策,实现困难学生资助全覆盖。二要对薄弱的环节加大资助力度,尤其是加强对乡镇寄宿制学校的建设,减少学生的辍学率。三要加强乡村教师队伍建设,在做好扩充教师队伍工作的同时,不断提高乡村教师待遇,落实对乡村教师的补助政策。

三、高中教育阶段发展展望

"十四五"时期,是提升办学水平、树立办学品牌、实现教育现代化的关键时期。对于高中教育阶段未来的发展,应该坚持以德育人,不断提高教学质量,加强教学资源的优化,建设一批特色高中,从而更好地满足人民群众对优质高中的需要。

(一)依托学科核心,创建特色高中

以滨州市为例,在高中教育阶段的发展方面,大力引进优质高中教学资源,实施普通高中振兴计划,形成普通高中多样化、有特色的发展格局。具体来说,可以通过进一步推动特色高中与中考、高考政策的衔接,扩大特色高中学校招生自主权,依据特色学科自主提出中考科目达标要求。支持学校依据特色学科,采取更加灵活的选课走班方式,通过学分互认、课程先修等方式推进与高校联合育人,综合施策将"特色做强"。

(二)强化课程实施,培植发展优势

全面实施新课程、使用新教材,做好课程实施监测工作。建议各学校强化特色课程建设,开发建设特色课程集群,围绕特色课程构建高水平的教师教学、设施支持、经费保障体系。在开发特色课程的过程中,鼓励教师积极参与,充分调动起一线教师的积极性与创造性,不断完善教师特色课程工作量的认定和评估办法。发展多样的课程传授模式,将已开发好的特色课程付诸实践,真正意义上促进学生综合素质的提高。建议政府部门完善各类机制,制定各类高中特色办学的评估标准,

对特色高中课程体系的实施予以支持。

(三)注重内涵建设,提升教学质量

滨州市普通高中在5年间增加了13所,学校规模扩大的同时需要进一步提升内涵建设。基于此,需要实施强科培优行动,着力解决同质化问题。建议启动高中特色学校创建工作,经过5~10年时间,创建一批特色高中。创新评价体系,对生源不同、规模不同的高中实行分类别、多维度、动态的评价方式,提升高中学校办学的积极性。引进、培育优质高中教育资源,到2025年实现每个县市区都有2所以上优质普通公办高中,提升高中阶段的教育质量。

(四)关注个性发展,推进招考改革

招生考试制度是影响生源质量的重要因素,也是影响各高中办学水平和办学积极性的重要因素。在高中阶段的招生考试中,要关注学生个性发展,关注过程性评价与终结性评价相结合。在结束高中阶段的学习后,要关注高考制度配套与延续,建议不断完善普通高中学业水平考试与综合素质评价实施办法,增强高考改革意识,推动建立健全职教高考制度。

四、中等职业教育发展展望

基于前述分析,"十三五"期间滨州市中等职业学校数量在2014—2018年趋于稳定,受深化职业教育改革、促进职业教育提质培优影响,2019年中等职业教育规模快速壮大。同时,中等职业教育学生规模整体呈下降趋势。因此,滨州市中等职业教育整体为稳中求进状态。众所周知,中等职业教育作为现代职业教育体系构建的基础,为技术技能型人才成长提供了方向性指引。"十四五"期间,建议中等职业教育进一步加强基础办学条件建设,注重内涵发展,健全"职教高考"制度,规范长学制技术技能型人才培养,确保中等职业教育找准办学定位,培养更多的技术技能型人才,使中职学生人人拥有技能,人人尽展其能。

(一)进一步改善中等职业教育办学条件

近年来,滨州市大力实施现代职业教育质量提升工程,全市所有中职学校全部达到省合格中职学校标准,中职学校规范化建设实现县区全覆盖。2019年,滨州市中等职业教育学校比上年增加5所,学校数量的增加需要同步提升职业教育办学条件。2022年教育部等五部门印发了《职业学校办学条件达标工程实施方案》,其中明确了中等职业学校办学条件监测指标,包括一般类中职学校、技工学校、体育

类中职学校、艺术类中职学校、特殊教育类职业学校和边远脱贫地区中职学校等。[①]不同中等职业学校应该对照基本办学条件监测指标,确保生均用地面积、生均校舍建筑面积、生师比、生均仪器设备值、生均图书等指标满足办学条件要求。其次,加大中等职业教育经费投入,强化学校基础能力建设。目前我国中等职业学校生均拨款的国家标准还没有制定出来,各地水平参差不齐,中职教育经费的投入很难保证学校的办学质量。建议各级有关部门加强统筹、协调、分工,共同努力,确保中等职业教育办学环境得到进一步改善。根据办学规模、办学成本、办学质量等条件,从资金、政策、人员等方面给予相应的政策支持。再次,探索建立"基础保障+发展专项+绩效激励"的财政资金分配机制,将中职教育纳入财政保障体系,保证各项生均公用资金政策落实到位,城镇教育附加和地方教育附加用于职业教育的比例不低于30%,新增财政性教育投入向职业教育倾斜。

(二)进一步优化中等职业教育师资队伍结构

滨州市中等职业学校在不断发展壮大的同时,师资队伍也逐渐壮大,生师比趋于合理。由于这两年中等职业学校教师招聘数量很少,所以教师队伍建设稳中有升,变化不大。但是随着中职教育基础性作用越来越重要,师资队伍结构也应进一步优化。"十四五"期间,一是要强化中职学校教师的"入口"管理,为中职院校培养高素质的专业师资。可以通过设立中职教师专项教育培训方案,促进中等职业学校师资队伍建设,全面提升学生综合素质,提升教学质量。二是指导中等职业学校制订"双师型"师资培训计划,努力提高中等职业学校"双师型"师资的比重。选择一批大中型企业建立"双师型"教师企业实践基地,专业教师主要利用无课时间或暑假到行业企业研修锻炼。三是建立名师工作室制度,为教师培养提供一个专业发展的平台,及时收集整理培养过程中所积累的各类信息。四是与高职、应用型大学加强联合,共建教师教学创新团队,提升教师能力素养水平,增强教师队伍整体质量。

(三)进一步增强中等职业教育内涵建设

"十四五"期间,中等职业学校要以建设"优质中职学校和专业建设计划"为目标,一是实施"中职高质量发展工程",重点打造一批高水平的中等职业院校和特色专业,示范带动中职整体水平的提高。二是推进产教融合,优化中职学校专业结构。围绕区域产业发展,对接产业变革和行业企业人才需求,优化专业布局调整,建立区域性产教融合信息服务平台,引导学校对设置雷同、就业连续不达标专业及

[①] 中华人民共和国教育部,教育部等五部门关于印发《职业学校办学条件达标工程实施方案》的通知(教职成〔2022〕5号)[EB/OL]. http://www.moe.gov.cn/srcsite/A07/s7055/202211/t20221116_993393.html,2022-11-09/2022-12-11.

时调减招生计划或停止招生,彻底改变目前职业学校专业设置不合理、大而全的局面。三是依托实训基地建设一批职业教育展示馆或体验馆,打造区域职业教育启蒙中心,开发系列职业教育启蒙课程及读物。四是强化社会服务职能,加大社会培训力度,充分发挥区域和乡村区位优势,结合产业发展,创新开展职业技能培训,提高乡村人才就业创业技能水平,为促进乡村振兴、助力实现共同富裕贡献力量。

(四)进一步完善"职教高考"制度建设

"职业教育20条"首次提出了要构建"职教高考"制度。2022年修订的《中华人民共和国职业教育法》明确规定,要构建适合职业院校特色的考试招生体系。"十四五"期间,要切实落实好这一政策,加强中职学校的学业能力测试,积极探索中职与普通高中课程学分互认、学籍互通的有关管理办法,促进职普协同发展。具体而言,一是研究职教高考内涵和要求。梳理职业高考有关文件,明确"文化素质+职业技能"内涵及要求,明确有关招考办法和有关标准要求,为学生成长成才搭建渠道。二是研制"职教高考"专业测试标准。落实职业技能考试成绩在录取中所占权重达到50%的要求,明确职业教育专科、职业教育本科、应用型本科等不同类型层次的技术技能难易程度、复杂程度,以及达到该类标准需要的操作规范和训练时间,建立中职、职业教育专科、职业教育本科、应用型本科专业技术技能的训练标准。在此基础上,开发形成不同专业的技术技能高考标准。

(五)进一步畅通中职学生升学就业通道

近年来,滨州市积极推进"三二连读"高等职业教育招生工作,为学生升学奠定基础。"十四五"期间,中等职业学校要继续畅通学生升学就业通道。为此,提出以下建议:一方面,搭建专业类合作办学联盟,重视向高层次高职院校输送高质量的生源,让中职院校的毕业生有一个更好的发展途径,打通他们的成才之路,让更多的学生根据自己的个性和兴趣选择中职学校。打通职业教育的上升通道,使之成为高等职业教育的进阶平台或者有效补充,是实现学历型职业教育重大发展的基础。另一方面,要充分发挥中等职业学校的就业职能,以适应不同地区的经济发展需要和变化,满足学生的需要,培养地区经济发展需要的技术技能型人才,为学生发展提供多样化的路径选择。

五、高等职业教育发展展望

滨州市虽然只有一所高等职业院校,但是其办学条件、学生规模、师资队伍、教育教学改革、内涵项目建设等均走在全国前列。"十四五"时期,恰逢职业教育大有可为、大有作为的提质增速发展期,一方面,建议继续强化职业院校基本办学条件建设,拓展延伸职业教育概念,打破普通教育、终身教育、学历教育、非学历教育边界,实现资源协同共享,提高整体竞争力;另一方面,建议聚焦中国特色职业教育体系构建,深化产教融合校企合作,稳步发展职业教育本科,在增强职业教育发展适应性等方面持续深化改革。

(一)加快推进高等职业教育层次制度完善速度

近年来,我国出台了一系列促进职业教育高质量发展的政策文件,其中包括《国家职业教育改革实施方案》《关于推动职业教育高质量发展的意见》等。建议各类高等职业院校从政策层面进一步强化职业教育类型特征、完善产教融合办学体制、深化教育教学改革、打造特色职业教育品牌。各类高等职业院校在落实相关政策的基础上,围绕"技术技能型人才"培养目标,完善基本办学条件,推动学校专业设置与产业结构相对接,以及技术技能型人才培养与市场需求相对接。围绕"学校内涵建设",深化三教改革、1+X证书试点改革、职业教育培训、质量评估等,大幅提升新时期高等职业教育的现代化建设。

(二)调整和优化职业教育布局,增强教育与经济发展适应性

为全面深化产教融合,完善"创新型、发展型、复合型"人才培养体系,滨州市高等职业院校积极与区域产业发展对接,不断优化专业结构,新上"云计算技术与应用"等专业,实现专业与区域产业和数字化转型相契合,有效服务经济社会发展。为进一步调整和优化职业教育布局,增强教育与经济发展适应性,特提以下建议:一是"十四五"时期各类高等职业院校专业设置更应该以区域产业结构转型升级为导向,统筹规划,扎实做好专业调研,动态调整专业设置,促进专业集群式发展。二是健全产业结构和专业设置变动的激励和调节机制,让专业技术人员的培训更具针对性。三是注重特色、高水平专业(群)建设,提高专业技术人员的适应能力。四是加强校企合作,切实提高高职院校的实践性。

(三)增强科研和社会服务水平,提升职业教育社会贡献力

滨州高等职业院校成功入选全国高职高专院校"服务贡献50强",这源于滨州市高等职业教育始终立足当地区域经济发展办学。2019年,滨州市高等职业院校横向技术服务产生的经济效益达16 030万元,纵向科研经费到款额855万元、技术交易到款额100万元,非学历培训服务达65 480人日,职业教育发展对当地经济社会发展的贡献度较高。"十四五"期间,建议高等职业教育继续完善产教融合平台和技术技能创新平台,各省市通过积极参与科技创新活动、各类研究院等形式,助力产业发展,开展关键技术研发,提供行业智库咨询,锻造精英工匠人才,搭建创新创业平台,全力打造区域顶尖技术技能创新高地。紧贴区域、行业企业和个人发展的实际需求,按照育训结合、长短结合、内外结合的要求,开展多种形式的职业技能

培训,扩大培训规模,提升培训质量,努力打造全国知名的社会培训品牌,提升职业教育服务发展,促进就业创业能力提高,助力区域经济转型。

(四)稳步推进职业本科发展

《职业教育提质培优行动计划(2020—2023年)》提出了"把发展本科职业教育作为完善现代职业教育体系的关键一环"[①],《中华人民共和国职业教育法》也把职业本科作为现代职教体系的重要一环,并实现了职业本科发展的法律加持。作为发展职业教育的主阵地,高职院校需顶层设计、系统谋划升格职业本科院校尤其是"双高计划"院校。同时,职业本科院校在办学实践过程中要明晰职业本科教育人才培养规律,系统谋划人才培养定位、师资队伍建设、专业结构调整、产教深度融合、质量评价优化,坚守类型特征,提高学历层次,提高高职院校的适应能力,并在今后的发展中,探索高职院校专业学位研究生的培养,助力建设高质量教育体系。

(五)加大投入、出台政策为职业教育发展提供资金支持

滨州市高等职业教育虽然在办学收入和生均拨款方面持续增加,但随着学生规模的扩大,生均办学条件有所下降。近年来,特别是在高职院校扩招后,平均规模增加了20%,部分高职院校的资源被严重稀释,存在着办学条件不符合要求的问题。基于此,"十四五"期间,滨州市高等职业院校应该加大教育投入,不断完善教育资金投入和相关配套的政策,提升职业院校基础办学能力。一是加强财政保障体系建设。逐步加大对高职教育的财政扶持力度,使其持续稳定地发展。强化教育附加费征收管理,严格执行30%的教育附加费。支持企业向高职教育捐赠,实施教育捐赠免税、减税等税收优惠。鼓励发展民办高职教育,积极引进社会资金。二是在省级财政专项债券中加入职业教育基金。三是要坚持办学形式的多样化和投资主体的多样化。要积极引导社会力量办好职业教育,完善费用分摊机制,落实主办单位的投入义务,扩大资金来源。

六、特殊教育及教育扶贫发展展望

"十三五"期间,滨州市特殊教育在学校数、在校学生数、毕业生数和生师比上产出不足,特殊教育规模收益呈递减状态,师资队伍建设仍有待加强。"十四五"时期,要继续坚持以人为本,秉承融合发展理念,进一步加强政策倾斜和支持保障力度,加快实施教育扶贫工程,增加和优化特殊教育供给,构建终身教育体系,使特殊教育同步实现现代化。

---

① 教育部等九部门关于印发《职业教育提质培优行动计划(2020—2023年)》的通知[EB/OL],[2020-09-16]http://www.gov.cn/zhengce/zhengceku/2020-09/29/content_5548106.htm.

(一)规模办学,进一步整合特教资源

滨州市辖四县二区一市,共有8所特殊教育学校,2019年,全市特殊教育学校在校生人数为854人,不同县区办学规模不一。为发挥教育资源集聚优势,"十四五"期间,在管理方面,建议整合并撤销县区聋哑学校,把聋哑学校合并到市特殊教育学校,由市教育局统一管理。建议县区的特殊教育学校进行重新规划,各县区则负责协调辖区内随班就读的有关事宜,有条件的县区特殊教育学校可办智障学校。形成规模办学,实行统一管理,集中创办一所综合性特殊教育中心学校,以解决目前各县区分散办学、生源不足、资源浪费等问题。

(二)经费扶持,进一步保障特教投入

滨州市重视各级各类教育发展,在特殊教育经费方面也是逐年增加教育投入。在"十四五"期间,建议加大特殊教育事业建设、科研、设备等经费的投入,解决经费投入不足的矛盾。充分运用政策法规,兑现政策规定,坚持特教特办,确保特殊教育事业经费的足额、合理、按时拨入;教育、民政、残联等部门要从教育费附加、救济金、福彩、残疾人就业保障金等项收入中拿出国家规定的比例用于残疾人教育事业;在教育经费扶持方面,要在保证政府投入为主的基础上,广泛组织吸引社会力量筹资,建立多元筹资机制。确保每年每生的公用经费不低于现在的实际拨入标准,并随教育经费增长逐年递增。

(三)整合结构,构建科学合理的特教体系

滨州市特殊教育只涉及义务教育阶段,因此在"十四五"期间,在教育结构、层次上,建议建立完善的一体化残疾人特殊教育体系,包含从残疾人学前教育到高等职业教育,加强残疾人职业教育、就业能力培训、康复训练,发挥不同特殊教育间相互促进、相互衔接作用。其中早期干预和特教职业教育、就业能力培训是至关重要的。家长和幼儿园教师要提高警惕,关注孩子异常举动,早观察,早发现,早治疗,早康复,避免忽视孩子残疾而导致的继发障碍,减弱残疾症状。职业教育关系到残疾学生义务教育后的就业问题和生存发展,我们要站在"以人为本,构建和谐社会"的高度,来考虑职业教育问题。建议设立特殊教育指导中心,对随班就读的残疾学生进行指导,承担随班就读教师培训工作;组织成立市级特殊教育研究会,建设网站,出版内刊,全面开展教学和康复研究,提高特殊教育水平。

(四)多元筹措,进一步健全特教补助机制

"十四五"期间,建议拓宽筹资渠道,在保证政府投入的基础上,积极做好助残日活动筹资工作。建议政府引导企业进行爱心捐助,积极争取民政、残联、福彩的

支持，拓宽多元筹资途径。加强专项补助款的使用管理，制定相应的规章制度，保证专项补助款切实用于特殊教育。鼓励社会力量举办特殊教育机构或者捐资助学，鼓励社会各界包括社会团体、行业企业、企事业单位、协会组织、社会个人等捐助特殊教育，通过非营利的社会团体和国家机关向特殊教育学校捐助。

（五）优化师资，提高特教教学质量

滨州市特殊教育学校在校生人数不断增加，而专任教师数量不足，生师比不断提高。因此，"十四五"期间，建议大力引进特殊教育师资，满足特殊教育教学需要。以提高教师业务水平为着力点，加大全员教师培训力度。不定期邀请专家教授举办讲座，了解特教前沿知识、理论和教法。经常组织全市特教科研比赛，评选全市特教优质科研论文、特教教学能手、特教优秀教师等。创造条件吸引高校优秀特教毕业生，在全国选聘特教优秀教师。完善青年教师成长机制，建立特校名师、骨干教师评选制度。注重教学实绩和教学创新，重奖有突出成绩的教师，鼓励教师积极参与国家课题研究，对承担课题的教师给予一定的精神鼓励和物质支持，在工作时间安排上给予照顾。不断加大图书资料购置经费的投入，及时更新、补充教育理论、教育研究方面的图书资料和电子音像资料，满足教育教学工作需要。加快校本教材的编写力度，根据本地区实际、教学实践和学生实际需要编写适合特教学生的教材。

（六）保障弱势群体平等受教育权利

"十四五"期间，为确保让适龄人口接受全覆盖的基础教育，要持续加大关注留守、特殊儿童的教育问题。为农村留守儿童提供关爱服务，建立助学体系，加大对留守儿童教育、服务和管理工作的力度。探索建立农村留守儿童数据库，逐步建立农村留守儿童普查登记制度，建立个人档案，更为精准地对留守儿童开展救助与管理服务。建议深入宣传教育扶贫政策举措、典型案例，充分发挥学校"宣传堡垒"作用，通过微博、微信公众号和线下的资助政策宣讲课、主题班会、校报、宣传栏等多种形式开展宣传，为全面打赢脱贫攻坚战营造浓厚氛围。

第二节 "十四五"时期提高教育投入产出效率政策建议

"十四五"时期，建议以新发展理念为引领，建设高质量教育体系，重视政府财政投入绩效管理，加大教育投入力度，健全教育投入制度体系及绩效监督机制，适度增加其他教育投入，有效提高教育资源配置效率，推动各教育类型质量变革和效率变革，实现更高质量、更有效率、可持续发展。

第十章 "十四五"时期地方教育发展展望及提高教育投入产出效率政策建议

一、转变绩效管理观念，重视教育投入产出质量效应

教育投入作为一项基础性、战略性投资，是教育事业发展的重要物质基础。"十四五"时期，我国教育事业已步入注重质量提升的内涵发展阶段。进入新发展阶段，面对新发展格局，建议重视加大财政教育投入的必要性和紧迫性，提高教育产出效率，转变绩效管理观念，实现"均衡、效率和协调"的资源配置。

（一）重视教育投入，保证教育优先发展

《国家中长期教育改革和发展规划纲要（2010—2020年）》提出，"提高国家财政性教育经费支出占国内生产总值比例，2012年达到4%"。2012年这一目标得以实现，并连续十年不断巩固。2020年以来，虽然受疫情影响，但国家对教育的财政投入始终坚持逐年只增不减，国家财政性教育经费十年累计支出33.5万亿元，年均增长9.4%，高于同期GDP年均名义增幅（8.9%）和一般公共预算收入年均增幅（6.9%）。[①] 这意味着4%带动教育投入基数持续加大，我国教育事业发展基础更加厚实。在此基础上，一方面建议更加重视加大财政教育投入的重要性和紧迫性。尤其是"三孩政策"开放对学前教育发展产生供需矛盾以及近年来职业教育迅猛发展，只有重视对学前教育及职业教育的财政投入，才能大大缓解其供需矛盾。另一方面建议各级人民政府落实党的教育方针，深刻认识教育投入对教育发展的重要意义，不断提高思想水平。另外，建议各教育有关部门不断增强社会责任感，切实加大对教育的投入力度，确保在经济发展计划中把教育放在首位，保证教育优先发展。

（二）均衡各类教育投入资源共享

通过前期的研究我们发现，不同类型教育的财政投入不同，但同一教育类型规模结构失衡和供需配置错位也能影响教育产出效率。教育投入越多并不意味着产出越多，甚至引起规模收益递减，此时如果继续增加教育投入，则会导致资源浪费，限制自身发展。基于此，一是要优化教育投入供给结构，根据教育投入产出效率水平合理配置教育资源，使得人、财、物各尽其责。同时根据教育规模及需求情况有效增加教育投入，避免资源配置错位导致教育产出效率低下。适当均衡校际教育资源投入，优化资源配置。二是以"高质量发展"为主线，建议各级各类学校做好财政预算，按需分配，确保按照自身发展规律和内在逻辑运行。在政府宏观指导、干预的基础上，做好各级各类学校教育合理投入，与其他学校建立资源共享，减少重

[①] 中工网.教育部:对教育的财政投入始终坚持逐年只增不减[EB/OL]. https://www.workercn.cn/c/2022-09-28/7179262.shtml,2022-09-28/2022-12-04.

复投入带来的资源浪费。

（三）强化教育投入产出分析研究

加强教育投入产出分析研究能够清晰掌握教育投入中人、财、物投入带来的人才培养、社会服务等方面的产出效率，了解本区域实际教育投入产出，从而推进区域教育事业可持续发展。目前很多地区对教育投入产出效率关注度不高，只对于某一类教育投入产出有所涉及，难以窥探区域教育投入产出全貌。接下来，一是建议强化滨州市地方教育投入产出研究，掌握教育资源投入产出效率，对不同教育类型的投入冗余率和产出不足率进行计算，明晰现实情况，促使各级各类学校进一步分析问题产生原因，以真实情况为出发点，有效统筹办学资源，提高利用率。二是建议加强对教育投入产出的检测分析研究。建议滨州市加强对落实教育投入法定增长、提高财政教育支出比重、拓宽财政性教育经费来源渠道各项政策的监测分析和监督检查，及时发现和解决政策执行中的相关问题。

二、加大教育投入力度，缓解教育发展资金供需矛盾

在社会公共性开支构成中，教育投入是非常重要的一部分。教育投入在各级政府的财政支出中，也是非常重要的一部分。愈是发达地区，其教育投入的部分在财政支出和GDP中所占比重愈大。因此，为推动区域社会经济可持续健康发展，从一定程度上来说必须确保教育事业获得稳定健康发展。反观现实，在不同区域、不同类型、不同级别教育发展过程中，受投入规模、资源配置不够优化等因素的影响，教育投入供需关系依然面临着较为尖锐的矛盾，需要不断加大投入力度，缓解教育发展资金供需矛盾。

（一）加大财政性教育投入

"十三五"时期，滨州市教育经费投入实现了稳步增长。财政性教育投入在该市教育投入总量中占比达到75%左右，因此增加教育投入的关键在于增加财政性教育投入。《中华人民共和国教育法》明确规定，"全国各级财政支出总额中教育经费所占比例应当随着国民经济的发展逐步提高"[①]。因此，建议滨州市地方政府财政部门认真贯彻落实相关要求，一是按照事权财权相统一的原则，将教育经费单列，做好财政预算。二是确保教育财政拨款的增长高于财政经常性收入增长，保证教育经费投入的稳定性，逐步提高生均拨款水平。《山东省教育事业发展统计公报》显示，滨州市普通小学、普通初中生均公共财政预算公用经费在近五年总体呈下降趋势；普通高中生均公共财政预算公用经费在2015至2018年间呈增长趋势，

---

① 熊筱燕，王鲁沛.提高财政性教育经费占GDP比例的对策思考[J].江苏高教，2010，(06)：45-47.

2019年有所下降;中等职业学校生均公共财政预算公用经费近五年总体呈增长趋势;高等职业教育生均公共财政预算公用经费在波动变化中有增加趋势。2019年,受二孩政策开放后第一批幼儿开始入园影响,学前教育中幼儿生均校舍面积、幼儿生均图书册数有较大幅度的下降。因此,建议学校举办部门加大学前教育经费投入力度,提升学前教育办学条件,满足学前儿童教育需要和幼儿园发展,同时根据不同区域教育类型实际发展需求,在教育经费财政投入方面予以倾斜。

(二)多渠道筹措资金

《中华人民共和国高等教育法》明确规定,"国家建立以财政拨款为主、其他多种渠道筹措高等教育经费为辅的体制。"[①]一是建立完善的教育成本补偿机制。政府部门首先要保证财政经费向义务教育倾斜。对于学前教育、职业教育、高等教育等,建议政府部门在保证财政经费支持的同时,借鉴西方国家教育经验,像学分制等,可向学生进行合理收费,这样也可以在一定程度上增加教育经费。二是鼓励社会集资、捐资助学活动。截至2019年底,滨州市教育经费投入来源中捐赠收入约占教育投入总量的0.05%,远低于国家总量的平均水平。但是要注意集资捐赠活动在政策上的规范,对于相关活动的审批手续要严格执行。三是大力支持校办产业的发展。《中华人民共和国教育法》中第五十九条明确提出,"国家采取优惠措施,鼓励和扶持学校在不影响正常教育教学的前提下开展勤工俭学和社会服务,兴办校办产业。"职业教育作为与经济社会联系最紧密的教育类型,要深化校企合作、产教融合,通过校办产业搭建合作平台,增加职业教育办学收入。就国家层面而言,"校办产业收入已成为筹措教育经费的重要渠道之一",但就当前具体情况而言,尤其是像滨州等城市,校办产业和社会服务收入中用于教育的经费仍相对匮乏。在后疫情时代,要鼓励职业院校、高等院校充分利用自身教育资源、师资优势,大力举办校办产业,调动相关企业积极性,双向发力,增加校办产业收入,增强对教育发展的经费支持力度。

(三)提高经费使用效率

基于前文关于教育投入产出综合效率分析,随着政府加大教育的投入,经费问题已经不再是制约教育发展的唯一问题,如何科学有效分配、管理、使用经费和设置教育规模应该成为日后教育行政部门关注的重点。一要明确财政教育经费投入范围,科学规划财政教育经费。全面分析不同类型、不同阶段教育性质及特点,因地制宜采取不同教育投入方式,以获得教育经费使用效率最大化。对于义务教育,本着享有公平公正的受教育机会原则,主要以国家财政经费供给为主;对于中等职

---

①王子晨.高等教育与中国经济增长关系的测度研究[D].中国科学技术大学,2015.

业教育,鉴于其职业教育产教融合特性及学生培养特点,其教育经费不应由国家全部包揽,应该由国家、社会、用人单位和个人共同承担;对于高等教育,应本着"权益与义务对等的原则",其教育经费主要由受教育者个人承担,国家财政较少投入。由此看来,义务教育是国家教育财政投入的重中之重,而对其他教育类型而言,国家教育财政投入多以支持和鼓励为主。二是适当调整教育经费各项比例关系,比如事业经费的分配比例、人员经费分配比例,以及两者的分配比例关系。逐步加大教育系统中的人员投入。三是要贯彻落实教育事业单位财务制度,做好收支统管工作。对学校内部财务管理进行进一步深化管理改革,将预算内和预算外资金统一收纳,而后统一管理和使用,确保资金使用能够切实促进教育事业发展。

三、完善相关制度建设,提升教育投入使用效益

建立健全教育投入相关制度,不仅能够规范保障财政教育投入,保证教育优先发展,同时能够规范财政教育经费使用情况,防止教育经费统计流于形式,提升教育投入使用效益。

(一)严格落实教育投入相关的政策

自改革开放以来,党中央和各级人民政府为落实教育优先发展战略,制定了一系列法律法规增加教育投入。建议滨州市各有关部门重视政策的落实工作,实现在落实政策中稳步提升教育发展质量和水平。首先,建议滨州市政府严格落实《中华人民共和国义务教育法》中保证义务教育经费的"三个增长"。其次,要调整支出结构,确保政府投入到位。教育事业是我国发展的战略重点,要坚持教育先导性、长效性、基础性发展,教育投入作为教育事业发展的基础保障必须予以保证。再次,要明确责任,加强监督。能否确保教育经费的投入,取决于相关负责人的态度和行动。滨州市政府要认真落实教育经费投入使用情况,加强教育经费的统计监测,将教育经费投入支出情况作为重要考核内容,建立必要的奖惩制度。

(二)加强关于教育投入经费使用制度建设

国务院印发的《关于进一步调整优化结构 提高教育经费使用效益的意见》中指出,"持续保障财政投入,鼓励扩大社会投入,迫切需要建立适宜的教育投入使用制度。"[1]因此,一是建议滨州市健全教育经费使用公示制度。包括教育经费的预算公示、审批公示和使用公示制度。教育经费使用公示制度的完善能进一步改善我国

---

[1] 中华人民共和国中央人民政府.国务院办公厅关于进一步调整优化结构提高教育经费使用效益的意见(国办发〔2018〕82号)[EB/OL]. http://www.gov.cn/zhengce/content/2018-08/27/content_5316874.htm,2018-08-27/2022-12-11.

教育经费使用不透明、不公开的现状,让教育经费的使用情况更为明晰。二是健全教育经费违规使用"追责制度"。可以通过设立教育经费违规使用的热线电话、建立教育经费使用网站、设立举报专栏等方式,监管教育经费的使用情况。三是建立教育经费评估制度。通过委托第三方机构,或者吸纳来自政府、社会、学校及家长、学生各方意见,对教育经费的使用情况进行评估,重点评估教育经费投入产出的效果。在国家大力发展职业教育的背景下,《国家职业教育改革实施方案》中指出"新增教育经费要向职业教育倾斜"。教育投入经费使用制度的完善,能确保资金使用规范、安全、有效,最大程度地提高教育财政性经费的使用效益。

(三)建立教育经费投融资体系的评估、评议机制

进行教育经费投融资体系的评估、评议的目的是促进教育资源优化配置,提高教育投资的使用效益,减少教育资源浪费。通过建立教育经费投融资体系的评估、评议长效机制,可不断提高政府教育经费投入的力度与效益。首先,评估教育投入的努力程度,也就是评估教育投资的总量,以区域教育发展需求为基准,评估教育投入能否满足教育发展需求。其次,评估教育投入的进步程度,根据教育投入的增长速度,分析其与相关法律法规是否匹配。在分析过程中,需要估算教育经费的增长与经常性财政收入的增长之间的比例,以及生均教育事业费、生均公用经费、人均教育经费的增降等指标。再次,评估教育资源配置的合理性,目的是分析教育投资的分配是否存在不合理的地方。最后,评估教育投资利用效益,也就是分析教育成果数量、质量以及教育人力资源利用效率是否达到预期目标。通过教育投资效益评估,可以为决策部门提供科学合理的教育投资思路,增强教育投资资金使用的适切性。

四、健全绩效监督机制,增强教育投入产出评估效度

受教育资源投入产出监管缺失及绩效评估作用弱化影响,一些学校经费充足,加上利益关系作祟,导致各种项目重复建设,设备资源浪费严重,而一些学校则经费缺乏导致办学受阻。的确,合理高效的教育财政投入必须基于对教育投入产出绩效的分析和有效评价。建议各个学校把提高教育经费投入产出效率作为重要工作,政府要根据各类教育特点构建绩效评价体系,引入第三方督导评估,健全教育经费绩效管理机制,加大对各种资源使用的绩效评估,建立合理的资源利用方案,提高投入产出效率,实现资源配置更合理。

(一)构建教育经费绩效评价体系

建立教育绩效评估制度不应该"一刀切",不同类型、不同发展阶段的学校,其发展目标和发展定位肯定不同,应该制定不同的评价指标体系,对不同类型的学校

区别对待,保证评估的合理性和公平性。一是科学构建投入产出指标体系,适当增加利益相关者社会需求指标,扩大相关信息来源,弱化政府和学校主体在评价中的主导作用,增强指标的导向性。投入产出指标设定时要凸显学校类型特色,展现内涵式发展要求,对于不同教育类型也应改变具体指标体系和权重,增强可比性,在对指标进行赋权或降维处理时,考虑客观科学,减少人为因素影响。二是选取合适的效率测算模型,在本书中通过DEA模型构建较为客观地测算了该区域教育投入产出效率,这一模型比通过专家打分更为科学严谨,一定程度上减弱了专家评分的主观影响,也更为直观地通过选取教育经费作为投入指标,将学校数、在校学生数、生师比、毕业生数、专任教师数等作为产出指标进行分析,以柯布-道格拉斯生产函数为基础,通过经济计量的方法,探讨滨州市各类教育投入对经济增长的贡献。三是选取合适的绩效评价方法。在实际绩效评价过程中,既要尊重测算结果,还应该根据具体评价项目选择一种或者几种方式对目标项目进行评价,尤其是对职业教育、高等教育开展绩效评价时更应该考虑定量和定性评价相结合,多种评价方法组合的方式可适应专项资金支出内容多、范围广的特点,评价方法特点各异,侧重不同,相互组合可以达到取长补短的效果。

(二)引入第三方督导与评估

在政府重视教育经费绩效评估基础上,一是建议在各级各类学校内部设立绩效评价领导小组,从内部管理的角度推进教育经费绩效效益最大化,打破过去散兵游勇式的评价形式,保证各级各类教育经费绩效评价工作的集中性和规范性,促使该项工作得以走向专业化和制度化,不流于表面形式。二是建议对财政支出相关人员定期举行绩效管理等知识培训,增强绩效管理意识,树立"花钱必有效"的财政支出意识,及时将教育财政投入绩效相关评价结果反馈给下属单位,作为各级各类教育财政支出的重要参考。三是建议聘请第三方机构参与教育绩效评价工作,财政部出台了《关于推进政府购买服务第三方绩效评价工作的指导意见》,充分利用现有第三方机构组织开展评价工作,尤其是幼儿园等也应该重视财政投入资金支出的绩效评价与监督,保证财政预算科学合理,财政支出监督与评价公平透明,切实提高教育财政资金的使用效率。

(三)加强教育经费监管和绩效评估

一是坚持依法理财、科学理财。各级各类教育经费投入使用要严格遵守相关财政法规与管理制度,按需投入,提高支出效益。二是要明晰教育经费收支管理的责任。建议地方各级政府建立健全有关经费使用支出管理的制度,加强经费收支管理。明晰各级教育行政部门和各级各类学校在教育经费使用管理中的主体责任,建立起违规使用追责制度,提高经费管理水平。三是要加强教育经费监管及绩效评估工作。进一步完善财务监督制度,强化各类项目经费的全过程审计,包括其他教育资源使用绩效评估,提高投入产出效率,比如对特殊教育、职业教育等办学资源加大投入。着力做好教育基础数据的收集、分析和信息化管理工作,完善教育经费支出标准,健全各级各类学校财务会计和资产监管制度,规范学校经济行为,以绩效导向提高教育经费及其他教育资源利用率。

五、重视其他教育投入,提升教育投入产出效率

不同地区、不同类型、不同级别的学校在教育经费、教育资源投入等方面存在较大差距,也会影响教育产出效率的高低。建议政府、有关教育行政部门及学校除了重视教育经费投入外,还应该重视其他教育投入,合理优化资源配置,兼顾效率与公平,对资源配置做统筹规划。

(一)加大人力资本投入,提升教育产出效率

未来十年,国家财政性教育经费投入要达到GDP的6.4%,全社会教育经费投入要大于GDP的7%。[①] 特别是在"十四五"时期,在建设高质量教育体系背景下,一是探索建立支撑新型基本公共教育服务体系的现代化教育财政制度,加快并显著扩大提升人力资本综合素质的财政性投入。二是建议各地区加大学前教育、义务教育人力资源的投入,尤其是加强对农村义务教育的投入,缩小城乡义务教育差距,进一步提高学前、义务教育整体水平,努力使学前、义务教育适应经济社会发展需要。三是学前教育阶段的人力资本积累产生在非生产性周期内,应不断完善学前教育财政长效供给机制,促进形成面向未来的高质量人力资本,让适龄儿童普遍接受高质量的学前教育,从而创造高质量的人力资本。四是建议着重加大高等教育的投入,加大对高校的"高、精、尖"学科的投资,鼓励核心技术的自主创新,重点发挥高质量、高素质人才的引领带头作用,放大集聚效应和规模效应,从而进一步释放教育人力资本的"增长引擎"功能,保障高水平技术技能型人才的产出,从而更好地服务于经济发展。同时避免盲目地加大初等教育以及高等教育的投入,逐步提升教育投入的效率,使得资源得到最大化利用,这是教育发展的长久之策。五是保障人才资源在市场中的合理配置,发挥人才的最大效能,进而改善我国失业率高、代际流动性差、收入分配不均等民生问题,促进经济高质量发展。

---

① 胡鞍钢,王洪川,鄢一龙.中国教育现代化指标体系研究:赶超美国的路线图[C].国情报告,2013,16(2015):93-113.

(二)加大科技转化率,提升教育产出效率

一是适当增加职业教育和高等教育科研经费投入,为科研活动提供必要的资金保障。为自主研发、升级改造实验设备、改善科研基础环境、聘用高水平科研人才、科研耗材等直接成本补偿、科研绩效激励等创造条件,为科研发展奠定基础。二是合理协调和划拨科研资源,完善科研经费预算管理模式,推进全面预算管理,科学编制预算,加强科研经费使用过程监督。鼓励多种方式合作创新,满足协同创新主体的利益诉求,让科技创新政策真正落到实处,在实现资源共享、信息互换、科研成果有效转移的基础上,提升职业院校和高校科研产出效率和成果转化率。三是搭建政企、高校和科研院所的产学研协同创新平台,建立产学研结合的长效机制。科学研究和社会服务作为教育的另外两大职能,相比于人才培养而言,周期更短,见效更快,因此在不断提高教育质量的进程中,要加快产学研协同创新,加快科研成果的转化。四是加大科研人才队伍建设,组建高水平科研团队。科研团队水平的高低是影响科研创新成果质量最重要的因素,高质量的科研人员在推动科研活动的顺利开展和有效实施过程中发挥着巨大的作用,因此要加强对相关人员的保护和激励政策,为产出高质量的科研成果提供坚实的保障。

(三)加强区域教育资源共建共享

提升区域教育投入产出总体效率,必须重视区域教育的协调发展。一是保障落后地区教育优先发展。将人、财、物等资源适当向落后地区倾斜,科学合理地布局教育投入结构,加快区域间人力资本流动,促进协调发展、城乡共享,使人力资本水平得到优化,从而促进经济发展。二是调整学校布局,提高资金规模收益。调整学校规模及布局,促使教育经费投入规模不会因过大而造成资金浪费,也不会因过小而限制规模效率的提高。合并后优质教育资源会使得教学质量有所改善,教育经费的投入产出效率也会随之提高。

参考文献

[1] 沈百福.地方教育投资研究[M].北京:北京师范大学出版社,2003:2.

[2] Driffield N, Mahambare V, Pal S. How does ownership structure affect capital structure and firm value? Recent evidence from East Asia. Economics of Transition. 2007,15: 535-573.

[3] Stroińska, Ewa. New Public Management as a Tool for Changes in Public Administration. 2022.

[4] Tajnikar M, Debevec J. Funding system of full-time higher education and technical efficiency: case of the University of Ljubljana. Education Economics. 2008, 16: 289-303.

[5] Smith J, Naylor R. Determinants of Degree Performance in UK Universities: A Statistical Analysis of the 1993 Student Cohort. Oxford Bulletin of Economics and Statistics. 2001, 63: 29-60.

[6] Kirjavainen Tanja, Loikkanent Heikki A. "Efficiency differences of finnish senior secondary schools: An application of DEA and Tobit analysis," Economics of Education Review, Elsevier. 1998, 17(4): 377-394.

[7] Hussin M Y, Muhammad F, Hussin M F, Razak A A. Education Expenditure and Economic Growth: A Causal Analysis for Malaysia. Journal of economics and sustainable development.2012, 3: 71-81.

[8] Omojimite B U, Akpokodje G. A comparative analysis of the effect of exchange rate volatility on exports in the CFA and non-CFA countries of Africa. Journal of Social Sciences. 2010, 24(1): 23-31.

[9] Barro R. Economic growth in a cross section of countries. The Quarterly Journal of Economics. 1991, 106 (2): 407-443.

[10] Aristovnik, Aleksander, Obadić Alka. The funding and efficiency of higher education in Croatia and Slovenia: a non-parametric comparison. University Library of Munich, Germany. 2011. MPRA Paper 31466.

[11] Maitra B.Investment in Human Capital and Economic Growth in Singapore.

Global Business Review. 2016, 17(2): 425-437

[12] Tamang Pravesh. The Impact of Education Expenditure on India's Economic Growth. 2011.

[13] Chandra. P. Project Planning, Analysis, Selection, Financing, Implementation, and Review. Tata McGraw Hill Education Private Limited, New Delhi. 2019.

[14] Blankenau W, Camera G. Public Spending on Education and the Incentives for Student Achievement. Economica. 2009, 76(303): 505-527.

[15] Viaene J M, Zilcha I. Public Funding of Higher Education. Journal of Public Economics.2013(108): 78-89.

[16] Aghion P. Howitt P. A Model of Growth through Creative Destruction. Econometrica. 1992(60): 323-351.

[17] Nelson R, Phelps E. Investment in humans, technological diffusion, and economic growth. American Economic Review: Papers and Proceedings. 1966(61): 69-75.

[18] Sharp R, Broomhill R. Budgeting for Equality: The Australian Experience. Feminist Economics. 2002(8): 25 - 47.

[19] Blanden J, Machin S. Educational Inequality and the Expansion of UK Higher Education. Scottish Journal of Political Economy. 2004(51): 230-249.

[20] Lockheed M E, Verspoor A M. Improving primary education in developing countries. Oxford: Oxford University Press for the World Bank. 1991.

[21] Strulik H. Child Mortality, Child Labour and Economic Development. Economic Journal, 2004(114): 547-568.

[22] Bils M, Klenow PJ. Does Schooling Cause Growth? American Economic Review. 2000(90): 1160-1183.

[23] Reinikka R, Svensson J. Fighting Corruption to Improve Schooling: Evidence from a Newspaper Campaign in Uganda. Journal of the European Economic Association. 2005(3): 259-267.

[24] Devarajan S, Swaroop V, Zou H. The Composition of Public Expenditure and Economic Growth. Journal of Monetary Economics. 1996(37): 313-344.

[25] 孙开,沈安媛.财政分权、空间效应与学历教育发展——基于SDM模型的经验研究[J].财政研究,2019(04):42-54.DOI:10.19477/j.cnki.11-1077/f.2019.04.003.

[26] 姚昊,马银琦.局部塌陷:省域内高中生均经费投入的地区差异透视——基于江苏省的实证分析[J].教育学术月刊,2020(08):10-18.DOI:10.16477/ j.cnki.

issn1674-2311.2020.08.002.

[27] 方颃,褚玉静,朱小川.分层级教育投入的国民经济产出效果研究——基于教育投入的时间滞后效应[J].大连理工大学学报(社会科学版),2018,39(01):56-64.DOI:10.19525/j.issn1008-407x.2018.01.008.

[28] 黄佩华,余江,魏星.中国能用渐进方式改革公共部门吗?[J].社会学研究,2009,24(02):39-60+244.DOI:10.19934/j.cnki.shxyj.2009.02.004.

[29] 易雯.官员特征、晋升激励与地方财政教育支出行为[J].西安财经学院学报,2018,31(05):13-19.DOI:10.19331/j.cnki.jxufe.2018.05.002.

[30] 马晓强,彭文蓉,萨丽·托马斯.学校效能的增值评价——对河北省保定市普通高中学校的实证研究[J].教育研究,2006(10):77-84.

[31] 丁延庆,薛海平.高中教育的一个生产函数研究[J].华中师范大学学报(人文社会科学版),2009,48(02):122-128.

[32] 栗玉香.区域内义务教育财政均衡配置状况及政策选择——基于北京市数据的实证分析[J].华中师范大学学报(人文社会科学版),2010,49(01):106-112.

[33] 梁文艳,杜育红.基于学生学业成绩的教师质量评价——来自中国西部农村小学的证据[J].北京大学教育评论,2011,9(03):105-120+191.DOI:10.19355/j.cnki.1671-9468.2011.03.010.

[34] 王甫勤,时怡雯.家庭背景、教育期望与大学教育获得基于上海市调查数据的实证研究[J].社会,2014,34(01):175-195.DOI:10.15992/j.cnki.31-1123/c.2014.01.011.

[35] 李波.父母参与对子女发展的影响——基于学业成绩和非认知能力的视角[J].教育与经济,2018(03):54-64.

[36] 杜诗韵.基于DEA的基础教育绩效评价研究[D].东北大学,2015.

[37] 张羽,刘惠琴,石中英.教育投入产出的人文属性[J].教育研究,2022,43(08):121-140.

[38] 丁维莉,陆铭.教育的公平与效率是鱼和熊掌吗——基础教育财政的一般均衡分析[J].中国社会科学,2005(06):47-57+206.

[39] 何景师.我国高等职业教育投入产出效率及影响因素研究[J].黑龙江高教研究,2022,40(11):129-136.DOI:10.19903/j.cnki.cn23-1074/g.2022.11.019.

[40] 李亚坤,颜俊,陈新武.我国高中教育资源投入产出效率的时空分异研究[J].教育观察,2022,11(20):69-72.DOI:10.16070/j.cnki.cn45-1388/g4s.2022.20.016.

[41] 周小刚,林睿,陈晓,陈熹.系统思维下中国高等教育投入产出效率评价研究——基于三阶段DEA和超效率DEA的实证[J].系统科学学报,2022,30(04):58-62.

[42] 彭莉君,余菡,白丽新,韩云炜.中央部属高校的研究生教育投入产出效率研

究——基于2009—2014年的面板数据[J].现代教育管理,2018(03):104-110. DOI:10.16697/j.cnki.xdjygl.2018.03.017.

[43] 岑家峰.新时代高职院校社会服务现状及能力提升路径研究——基于广西高水平高职学校质量报告的分析[J].职业技术教育,2021,42(18):47-52.

[44] 周均旭,刘子俊.省际均等化视角下我国义务教育投入效率研究[J].现代教育管理,2021(09):1-11.DOI:10.16697/j.1674-5485.2021.09.001.

[45] 王欢.县域职业教育资源配置实证分析——以S市县域为例[J].职业技术教育,2014,35(16):55-59.

[46] 崔玉平,武晓晗.我国初中教育投入与产出省际差异的量化分析[J].教育与经济,2013(01):42-47.

[47] 郝晓伟,闵维方.各级教育投入与经济增长的关系研究[J].清华大学教育研究,2022,43(05):21-29+58.DOI:10.14138/j.1001-4519.2022.05.002109.

[48] 唐文忠.我国高等职业教育投入产出的经济学分析与对策思考[J].福建师范大学学报(哲学社会科学版),2015(02):15-21+166.

[49] 秦澄.高职院校投入产出要素分析与指标体系构建[J].会计之友,2012(20):120-122.

[50] 王超辉,冯彩芸.论高等职业教育投入与产出的关系[J].职业技术教育,2015,36(05):33-36.

[51] 李政云,欧阳河.论教育类型的划分[J].教育评论,2003(01):32-34.

[52] 教育部.中华人民共和国教育法[EB/OL].2022.

[53] 教育部.中华人民共和国职业教育法[EB/OL].2022.

[54] 魏世中.论教育经济[J].河北师范大学学报(教育科学版),2001,(01):53-61.

[55] 靳希斌.教育经济学[M].北京:人民教育出版社,1997:8-9.

[56] 马卓.长江经济带高等教育投入产出效率测度及空间差异研究[D].武汉工程大学,2022.DOI:10.27727/d.cnki.gwhxc.2022.000530.

[57] 赵小峰.涉农高等职业院校教育"投入-产出"效率研究[D].西北农林科技大学,2018.

[58] 李蓓蓓.政府教育投入效率的DEA研究[D].云南师范大学,2021.DOI:10.27459/d.cnki.gynfc.2021.000243.

[59] 马卓.长江经济带高等教育投入产出效率测度及空间差异研究[D].武汉工程大学,2022.DOI:10.27727/d.cnki.gwhxc.2022.000530.

[60] D.B.约翰斯通.高等教育的成本分担:英国、德国、法国、瑞典和美国的学生财政资助[M].北京:人民教育出版社,1986:120.

[61] 李嘉欣.广东省高职教育经费投入现状及其绩效研究[D].广东技术师范大学,2022.DOI:10.27729/d.cnki.ggdjs.2022.000149.

[62] 刘申.基于投入产出理论的洪湖市水环境改善政策动态模拟研究[D].中国地质大学(北京),2018.

[63] Leontief W. Quantitative input-output relations in the economic system of the United States[J]. The Review of Economic and Statistics. 1936,18(3):105-125.

[64] 王春花.基于投入产出理论的河北高校重点学科建设绩效评价研究[D].河北大学,2015.

[65] 王联东.基于DEA的云南省青少年校外活动中心投入产出效率研究[D].云南大学,2018.

[66] 张星星.湖北省高校教育投入与产出效率比较研究[D].武汉工程大学,2022.DOI:10.27727/d.cnki.gwhxc.2022.000266.

[67] 朱青.高等教育效率评价及影响因素研究[D].西南大学,2017.

[68] 张星星.湖北省高校教育投入与产出效率比较研究[D].武汉工程大学,2022.DOI:10.27727/d.cnki.gwhxc.2022.000266.

[69] 张晓第.环境效率经济的理论与实践研究[D].中国地质大学(北京),2008.

[70] 卢钊丞.江苏省高等教育投入产出效率评价及提升策略研究[D].南京师范大学,2021.DOI:10.27245/d.cnki.gnjsu.2021.003221.

[71] 黄婷.贵州制造业发展障碍及对策的研究[D].贵州财经大学,2015.

[72] 董晓花,王欣,陈利.柯布-道格拉斯生产函数理论研究综述[J].生产力研究,2008(03):148-150.DOI:10.19374/j.cnki.14-1145/f.2008.03.054.

[73] 侯荣华.索洛模型中参数确定方法的改进[J].上海大学学报(自然科学版),2000(02):183-185.

[74] 周洛华.信息时代的创新及其发展效应[M].上海:复旦大学出版社,2001.

[75] 李汝.对我国高等教育投入产出效益的实证分析[J].辽宁教育研究,2006(01):34-37.DOI:10.16697/j.cnki.xdjygl.2006.01.010.

[76] 赵正洲,王鹏.高等农业院校科研投入-产出的定量研究[J].绥化学院学报,2005(01):172-175.

[77] Léopold Simar,Paul W Wilson. Estimation and inference in two-stage, semi-parametric models of production processes[J]. Journal of Econometrics. 2007,136(1):31-64.

[78] 欧阳露莎,刘寅,刘敏思.湖北省高等教育投入-产出状况的偏最小二乘回归分析[J].中南民族大学学报(自然科学版),2009,28(04):111-114.

[79] 张玉韬,马宁玲,王松青,王修来.我国博士后教育的投入-产出关系分析[J].科技管理研究,2010,30(03):191-193.

[80] 杨怀宇,平瑛,严芳.经管类实验教学示范中心投入产出探究[J].实验室研究与

探索,2014,33(04):137-141+174

[81] 胡湘洪.基于数据包络分析的质量管理人才投入产出效率研究[D].合肥工业大学,2017.

[82] 侯启娉.基于DEA的研究型高校科研绩效评价应用研究[J].研究与发展管理,2005(01):118-124

[83] 董洁.基于DEA方法的高校科研绩效评价研究[D].华中科技大学,2017.

[84] 吴峰.高等院校教育成本投入与办学效益DEA评价研究[D].第三军医大学,2007.

[85] 戚湧,李千目,王艳.一种基于DEA的高校科研绩效评价方法[J].科学学与科学技术管理,2008,29(12):178-181+186.

[86] 胡博.DEA经典模型发展综述[J].中国市场,2017(28):31-34.DOI:10.13939/j.cnki.zgsc.2017.28.031.

[87] 魏一鸣,冯向前.基于DEA模型的高等学校二级学院绩效评价实证研究——以N大学为例[J].高校教育管理,2014,8(06):66-70+91.DOI:10.13316/j.cnki.jhem.2014.06.004.

[88] 张伟达.我国高等教育财政效率评价研究[D].河北大学,2020.DOI:10.27103/d.cnki.ghebu.2020.000001.

[89] 李欣悦.基于DEA-Malmquist组态的我国高等教育投入产出效率及影响因素探析[D].山西财经大学,2021.DOI:10.27283/d.cnki.gsxcc.2021.000277.

[90] 赵小峰.涉农高等职业院校教育"投入-产出"效率研究[D].西北农林科技大学,2018.

[91] 关燕.基于AHP/DEA的高校二级学院投入产出绩效评价与实证研究[D].北京邮电大学,2017.

[92] 中工网.教育部:对教育的财政投入始终坚持逐年只增不减[EB/OL].https://www.workercn.cn/c/2022-09-28/7179262.shtml,2022-09-28/2022-12-04.

[93] 胡鞍钢,王洪川,鄢一龙.中国教育现代化指标体系研究:赶超美国的路线图[C].国情报告,2013,16(2015):93-113.